世界文学与文化论坛

郝岚　吕超　主编

# 马克思主义文艺理论通论

赵利民　著

南開大學出版社

天　津

**图书在版编目(CIP)数据**

马克思主义文艺理论通论 / 赵利民著. —天津：南开大学出版社，2020.1
(世界文学与文化论坛)
ISBN 978-7-310-05931-7

Ⅰ. ①马… Ⅱ. ①赵… Ⅲ. ①马克思主义理论—文艺理论—理论研究 Ⅳ. ①A811.691

中国版本图书馆 CIP 数据核字(2020)第 006011 号



马克思主义文艺理论通论
MAKESI ZHUYI WENYI LILUN TONGLUN

---

南开大学出版社出版发行
出版人：陈　敬
地址：天津市南开区卫津路 94 号　　邮政编码：300071
营销部电话：(022)23508339　营销部传真：(022)23508542
http://www.nkup.com.cn

---

天津市蓟县宏图印务有限公司印刷　全国各地新华书店经销
2020 年 1 月第 1 版　　2020 年 1 月第 1 次印刷
230×170 毫米　16 开本　13.75 印张　1 插页　251 千字
定价：42.00 元

---

如遇图书印装质量问题，请与本社营销部联系调换，电话：(022)23508339

# 总　序

比较文学作为一门国际性学科，在欧美已有一百多年的发展历史。自 20 世纪初传入中国后逐渐发展壮大，于 80 年代中后期逐渐成为显学。天津师范大学的比较文学教学和研究活动便是在这一背景下展开的。自 1982 年中文系组织编写《比较文学概论》讲义以来，已有三十多年的发展历程。

经过中文系相关教师的多年努力，在各级领导和前辈学者的支持下，天津师范大学比较文学学科发展迅速，在 1993 年国务院第五批学位点申报工作中，成功获批为全国最早招生的比较文学硕士点之一[①]。2003 年，在国务院第九批学位点申报时，该学科顺利获得博士学位授予权。2005 年，“外国文学史”精品课获批国家级精品课。2006 年，该学科成功获批天津市重点学科。2009 年，以该二级学科为基础，文学院中国语言文学一级学科申报设立博士后科研流动站的申请获得批准。2011 年，我校中国语言文学一级学科获得博士学位授予权。

“十二五”期间，该学科教学团队共有教师 10 人，其中博士生导师 6 人，高级职称教师占团队人数的 80%。多年来，该团队教师发挥自身在科研和教学等方面的优势，始终以教学为本，潜心科研。在教学、科研、学科建设等重要中心工作中敢挑重担，勇担责任，为学校、学院发展作出了突出贡献。学科团队老中青相结合，学缘结构合理，研究方向全面，学术实力充沛。

近年来，团队在科研方面取得了丰硕的成果，获批国家社科基金重大项目 2 项，重点项目 1 项，一般项目 6 项，省部级重点项目 2 项，省部级一般项目 7 项。在第十三届（2014）和第十四届（2016）天津市优秀社科成果省部级奖项中，团队成员共获得 、二、二等奖各 2 项。

在努力科研的同时，团队成员也倾心教学，着力提高教学质量，建设精品课程。作为“十二五”综投教学创新团队，本团队原有的国家级精品课“外国文学史”也已成功转型升级并入选“第三批国家级精品资源共享课立项名单”；“比较文学”课程获批天津市级精品课；“中外文学经典与文学精神”成为天津市普通高校“慕课”教学试点课程。在教材出版方面，出版教材 20 余部，其中

① 部分院校原有外国文学硕士点，当时这两个学科尚未合并。1998 年，国家才将原“比较文学”“世界文学”合并为“比较文学与世界文学”一个学科。

“十二五”国家级规划教材4部。指导的学生毕业论文多次获得“天津市优秀博（硕）士学位论文”或“本科优秀毕业论文”，培养了数百名博士和硕士研究生，遍布大江南北，其中相当一部分在国内高等学府任教，成为该领域的学术骨干。

本团队经过多年的努力，获得同行与专家的认可。近年来，团队成员1人获得全国五一劳动奖章；1人入选“教育部新世纪优秀人才支持计划”；3人获得“天津市教学名师”称号；2人获得“霍英东教育基金会高等院校青年教师奖”三等奖及天津市青年教师教学基本功大赛一、二等奖；4人次被评为天津市学科领军人才和天津市高校中青年骨干教师，3人次获天津市“131创新型”第一、二、三层次人才称号；6人次分别赴哈佛大学、牛津大学、斯坦福大学等国际著名大学交流进修。

呈现给读者的这套丛书命名“世界文学与文化论坛”，其出版获得了天津市“十二五”综投教学创新团队的经费支持，也感谢天津师范大学各级相关领导的大力支持。这是我校比较文学与世界文学教学团队多年沉浸于教学科研的特色成果总结。当然，这还只是万里长征的第一步，团队成员将再接再厉，进一步发挥传统优势，融汇创新思维，与时俱进，以科研带教学，用教学促科研，在多方面取得更大的成绩。

天津师范大学“世界文学
与文化论坛”编委会
2017年6月

# 序　言

自1986年参加工作从事文艺理论教学和研究以来，出于自己的理论兴趣和教学的需要，我坚持为本科生讲授“马克思主义文艺理论”，为研究生开设“马克思主义与当代文论”等课程，这本《马克思主义文艺理论通论》是多年来教学成果的总结，其中也融汇着对相关理论问题的思考。

如果用一句话来概括我研究马克思主义文艺理论心得的话，那就是：科学的理论品格和强烈的现实关怀是其最显著的根本特征。

必须承认，马克思、恩格斯不同于康德和黑格尔等文艺理论家或美学家，他们并没有专门的文艺理论著作问世，但这丝毫不影响他们对文艺现象的深刻洞察和独到见解，不会减弱其文艺理论体系的科学性。二者在文艺理论史上的重要地位也是其他理论流派所不能取代的。马克思、恩格斯对文艺问题的研究是建立在辩证唯物主义和历史唯物主义哲学思想之上的，尤其是唯物主义的实践观是他们从事文艺研究和美学研究的出发点。他们天才地发现人类社会的发展与主体人的生成既不存在于纯粹的精神领域，也不是一个完全的自然过程，而是依赖于以人类的劳动为中心的实践活动。在此基础上，马克思和恩格斯对文艺本质、文艺发生发展、现实主义文学艺术、悲剧审美、文学批评方法等方面有关文艺学的基本问题都给予了独到的回答。

任何伟大的理论家的理论都不是在象牙塔中的自娱自乐，柏拉图的“理想国”、康德的“三大批判”、黑格尔的美学王国，既是理论建构又是为时代课题提出的解决方案。中国思想家如孔子、老庄等诸子百家亦曾努力开出解决社会问题的药方。马克思精辟指出，“哲学家们只是用不同的方法解释世界，而问题在于改变世界”。正如马克思、恩格斯的哲学思想一样，他们的文艺思想同样是立足于现实的需要回应社会发展所提出的问题，具有突出的现实情怀。更为重要的是，不同于前人之处在于，他们对人类精神现象和社会发展规律的探讨都是立足于社会现实基础上的。

衡量任何一种理论是否有价值，既要看它在当时的影响，又要考察其在当代社会是否还具有意义。马克思主义文艺理论是在批判地继承前人理论的基础上综合创新的成果，他们对19世纪的文艺创作和文艺理论甚至是社会革命都产生了广泛而深刻的影响，即使在21世纪的今天仍然发挥着重要的作用。列宁深刻指出："马克思主义这一革命无产阶级的思想体系赢得了世界历史性的意义，是因为他们并没有抛弃资产阶级时代最宝贵的成就，相反地却吸收和改造了两千多年来人类思想和文化发展中一切有价值的东西。"美国著名的文艺理论家韦勒克认为，马克思主义批评、精神分析批评与原型批评三足鼎立，是"仅有的国际性的文学批评"。新历史主义的代表人物兰特里齐亚也曾表示：新历史主义、女权主义和马克思主义是当前最有力量的三种理论。马克思主义文艺理论对现实的高度关注和实践品格对当下的理论建构无疑具有重要的指导意义和参考价值。

近年来，我的学术研究的重心虽然主要集中在晚清报刊与中国文学转型关系方面，但马克思主义文艺理论的一些命题常常会萦绕在脑海，这些看起来似很枯燥的理论问题也会带来思索的快乐。2016年，我在《文学评论》上发表的《马克思恩格斯民间文学思想的再阐释》就是基于多年来的思考而写就的。除刘锡诚先生于20世纪60年代发表《马克思恩格斯与民间文学》外，其他论著对马克思、恩格斯的民间文学思想鲜有专门涉及。由于时代和学术自身发展的原因，该文所切入的角度与刘文不同，在一定意义上推进了马克思、恩格斯民间文学思想的研究。

马克思和恩格斯对鸦片战争的精彩论述、对世界文学时代到来的展望、对悲剧观念的研究、对巴尔扎克和歌德创作中矛盾的揭示都直接影响着我对中国文学近代转型的思考，中国文学现代性的发生、中国文学近代转型的渐进性和复杂性等问题的发现与探索虽然需要大量文献与多种理论的支持，但马克思主义经典作家在方法论上所给予我的启示无疑是最为重要的。

需要说明的是，在"马克思主义文艺理论"专题的讲授和写作过程中，参考了相关研究著作和教材，在此特别向有关作者和编者表示衷心感谢。

赵利民

2019年10月

# 目录

第一章　马克思、恩格斯的文艺本质观……1
　第一节　文艺的意识形态性质……1
　第二节　文艺是掌握世界的特殊方式……12
第二章　马克思、恩格斯的文艺发生发展论……25
　第一节　探索文艺起源的各种观点……25
　第二节　艺术发生与人的劳动……29
　第三节　艺术发展的一般规律……33
　第四节　艺术生产与物质生产的不平衡关系……36
　第五节　资本主义与艺术相敌对……44
第三章　马克思、恩格斯的现实主义艺术论……51
　第一节　文艺创作的真实性原则……51
　第二节　文艺的审美倾向性及其与真实性的统一……57
　第三节　文艺创作的典型化原则……62
　第四节　现实主义作家的生活实践与创作主体的自我超越……77
　第五节　马克思、恩格斯的民间文学思想……83
第四章　马克思、恩格斯的审美教育思想与悲剧理论……92
　第一节　马克思、恩格斯审美教育思想综论……92
　第二节　西方美学史上的悲剧观念……98
　第三节　历史悲剧观……101
　第四节　悲剧冲突论……105
　第五节　艺术悲剧观……110
第五章　马克思、恩格斯的文艺批评方法论……115
　第一节　“历史观点和美学观点”的提出……115
　第二节　历史的观点……117
　第三节　美学的观点……122
　第四节　比较的方法……125
第六章　毛泽东的文艺思想……129
　第一节　文艺的服务对象……130
　第二节　文艺与生活的关系……133

第三节　文化遗产的历史继承性……137
**第七章　卢卡契的文艺思想**……139
第一节　能动的反映论原则……142
第二节　文艺反映现实的整体性原则……145
第三节　文艺的审美特质……148
第四节　现实主义文艺论争……150
第五节　关于卢卡契文艺思想的评价……153
**第八章　法兰克福学派的文艺理论**……155
第一节　法兰克福学派的产生及发展……155
第二节　本雅明的艺术理论……157
第三节　阿多尔诺的艺术理论……163
第四节　马尔库塞的文艺思想……173
**第九章　结构主义的马克思主义文艺理论**……180
第一节　阿尔都塞的文艺与意识形态理论……181
第二节　马歇雷的文学生产理论……185
第三节　戈德曼的发生学结构主义理论……190
**第十章　杰姆逊的文化理论及艺术阐释学**……197
第一节　对资本主义当代文化的关注……197
第二节　总体性的历史的辩证批评视角……198
第三节　艺术形式观……201

# 第一章　马克思、恩格斯的文艺本质观

马克思、恩格斯对文艺本质的关注是从两个方面展开的：其一，认为文学艺术是一种意识形态，文艺具有意识形态性质；其二，认为艺术是掌握世界的一种独特方式。

## 第一节　文艺的意识形态性质

### 一、意识形态的含义

“意识形态”一词最早由法国的观念论哲学家和庸俗经济学家德斯杜特·德·特拉西（1754—1836）在1801年提出来，其基本含义是“观念学”的意思。他的观念学强调“感觉”在认识论上的作用，在其著作《观念论》中，特拉西认为人的观念、思想是经过细心加工的感觉，是神经系统的一种活动，人的自觉行动的四个重要方面——知觉、记忆、判断和意志，都需要各种不同感觉的配合。他用“观念学”这一术语意在说明它所指代的这一门科学与那些阐释性的理论、体系和哲学是不同的，希望它能够使人类摆脱偏见，为理性做好准备。在此基础上，他尝试将个人自由的信念和精心设计的国家纲领结合起来，使法国成为一个讲理性、讲科学的社会。

马克思、恩格斯借用“意识形态”的概念，并对之进行了丰富和发展，根据其含义的不同，“意识形态”在马克思著作中的具体使用可分为三个阶段。马克思青年时代所写的论文《关于林木盗窃法的辩论》最早使用这一概念。在文章中，马克思第一次探讨了社会问题，主要从政治、法律的角度抨击了统治者对广大劳动群众所采取的残酷措施，要求保留劳动者捡拾枯枝的习惯权利。马克思指出，我们要维护那些“在政治上和社会上倍受压迫的贫苦群众的利益”，我们要求保留他们的“习惯权利”，这是“一切国家的穷人所固有的习惯权利”[①]。通过这次辩论，他看到了国家“不是按自己本来的性质”，而是“按私有制的性质”来履行它的职能的，“私人利益的代表”力图并且正在“把国家贬为私人利益的工具”[②]。由此可见，马克思认为资产阶级的法律具有很大的欺骗性，因而，开始提出国家、法律与私人利益、等级利益的关系问题，并且认识到国家和法律实际上是维护等级与私人利益的工具。总之，马克思在第一阶段是在“虚假意识”的含义层面上使用“意识形态”概念的。

在马克思、恩格斯合著的《德意志意识形态》一书中，这一概念得以正式运用。他们认为，意识形态虽然也属于社会意识范畴，但并不是任何社会意识都是意识形态。一方面，马克思、恩格斯认为它是一种独特的意识，“而意识必须从社会物质生活的矛盾中，从社会生产力和生产关系之间的现存冲突去解释”；另一方面，马克思、恩格斯还指出，“在每一时代，统治阶级的思想都是占统治地位的思想”，为了保持这一统治地位，在统治阶级内部就分化出一部分人作为统治阶级的思想家，他们的任务就是为本阶级编造幻想和思想。这一阶级为掩饰其阶级利益，不得不把自己的利益说成社会全体成员的共同利益。很显然，马克思、恩格斯认为意识形态在阶级社会中的一大特点是它的阶级性质。在这一阶段中，马克思、恩格斯对“意识形态”这一概念，基本上还是从否定意义上来运用的，把代表资产阶级思想观点的意识形态，看作他们的思想体系，这一思想体系是特定社会集团、阶级或阶层的人们的思想、观念和意识对现实的虚幻的、歪曲的反映。恩格斯在1873年7月14日给梅林的信中讲道：

> 意识形态是由所谓的思想家有意识地、但是以虚假的意识完成的过程。推动他的真正动力始终是他所不知道的，否则这就不是意识形态的过程了。因此，他想象出虚假的或表面的动力。因为这是思维过程，所以它的内容和形式都是从纯粹的思维中——不是从他自己的思维中，就是从他的先辈的思维中得出的。他只和思维材料打交道，他直率地认为这种材料是由思维产生的，而不去研究任何其他的、比较疏远的、不从属于思维的根源。而且这在他看来是不言而喻的，因为在他看来，任何人的行动既然都是通过思维进行的，最终似乎都是以思维为基础的了。[③]

在这里，恩格斯就更加明确地指出了意识形态作为“虚假意识”的具体含义。

---

①《马克思恩格斯全集》（第1卷），人民出版社1956年版，第142页。
②《马克思恩格斯全集》（第1卷），人民出版社1956年版，第155页。
③《马克思恩格斯选集》（第4卷），人民出版社1972年版，第501页。

马克思对“意识形态”这一传统观念改造的最后完成，并使之成为马克思主义哲学体系中的一个重要范畴，是在第三个阶段。马克思在《〈政治经济学批判〉序言》中，从历史唯物主义哲学观出发，立足于整个社会结构来考察意识形态。马克思指出：

> 人们在自己生活的社会生产中发生一定的、必然的、不以他们的意志为转移的关系，即同他们的物质生产力的一定发展阶段相适合的生产关系，这些生产关系的总和构成社会的经济结构，即有法律的和政治的上层建筑竖立其上并有一定的社会意识形式与之相适应的现实基础。物质生活的生产方式制约着整个社会生活、政治生活和精神生活的过程。不是人们的意识决定人们的存在，相反，是人们的社会存在决定人们的意识。社会的物质生产力发展到一定阶段，便同它们一直在其中活动的现存生产关系或财产关系（这只是生产关系的法律用语）发生矛盾。于是这些关系便由生产力的发展形式变成生产力的桎梏。那时社会革命的时代就到来了。随着经济基础的变更，全部庞大的上层建筑也或慢或快地发生变革。在考察这些变革时，必须时刻把下面两者区别开来：一种是生产的经济条件方面所发生的物质的、可以用自然科学的精确性指明的变革，一种是人们借以意识到这个冲突并力求把它克服的那些法律的、政治的、宗教的、艺术的或哲学的，简言之，意识形态的形式。我们判断一个人不能以他对自己的看法为依据，同样，我们判断这样一个变革时代也不能以它的意识为依据；相反，这个意识必须从物质生活的矛盾中，从社会生产力和生产关系之间的现存冲突中去解释。①

这段文字是马克思历史唯物主义原理的经典表述，因此，我们全文引出。在这里，马克思对“意识形态”至少做出了这样几个方面的阐释。

第一，意识形态属于社会上层建筑，意识形态主要作用于社会结构中的精神表现及精神领域的精神活动，属于社会结构中的精神部门，区别于设施性的上层建筑。

把意识形态归为上层建筑范畴，是马克思历史唯物主义的一贯思想。在《德意志意识形态》中，马克思、恩格斯指出：“……直接从生产和社会交往中发展起来的社会组织，这种社会组织在一切时代都构成国家的基础以及任何其他观念的上层建筑的基础。”②他们认为，资本主义的发展使得事物之间都变成了金钱关系，“并把无产者的一切自然形成的和传统的关系，例如家庭关系和政治关

① 《马克思恩格斯选集》（第2卷），人民出版社1972年版，第82–83页。
② 《马克思恩格斯全集》（第3卷），人民出版社1960年版，第431页。

系，都和它们的整个思想上层建筑一起摧毁了”[①]。“观念的上层建筑”和“思想的上层建筑”的基本含义也是意识形态的意思。恩格斯在《反杜林论》中讲得更加清楚，他说：“在按历史顺序和现在的结果来研究人的生活条件、社会关系、法律形式和国家形式以及它们的哲学、宗教、艺术等等这些观念的上层建筑的历史科学中，永恒真理的情况还更糟。”[②]恩格斯明确指出意识形态是观念的上层建筑。

第二，因为意识形态属于上层建筑，所以它为经济基础所决定，受其制约。随着经济基础的变更，全部庞大的上层建筑，包括意识形态诸形式也将发生变革。在《〈政治经济学批判〉序言》中，为了反对对社会历史的各种唯心主义解释，马克思特别强调了经济基础对上层建筑各因素的决定和制约作用。黑格尔在国家、法律、宗教、哲学等背后看到了一个“共同的根”，但他把这个“共同的根”解释为“绝对精神”，走向了唯心主义。为了批判黑格尔的唯心主义哲学和反驳当时的论敌，马克思把研究的重点放在经济基础对上层建筑的决定上面。正如恩格斯后来所言：“最初是把重点放在从作为基础的经济事实中探索出政治观念、法权观念和其他思想观念以及由这些观念所制约的行动。”[③]即经济基础决定和制约上层建筑的原理。但是必须注意，马克思、恩格斯并没有把意识形态看成完全受经济基础决定的消极的、被动的东西。

第三，在阶级社会中，“意识形态”带有阶级性。意识形态在阶级社会中具有阶级性已为社会发展的历史所证明，也是马克思主义经典作家反复说明的。马克思在《路易·波拿巴的雾月十八日》中明确指出：在阶级社会里，意识形态是由整个阶级创造的。他说：“在不同的所有制形式上，在生存的社会条件上，耸立着各种不同情感、幻想、思想方式和世界观构成的整个上层建筑。整个阶级在它的物质条件和相应的社会关系的基础上创造和构成这一切。”在这部著作的第三版序言中，恩格斯明确表述了意识形态领域中阶级斗争的规律：“一切历史上的斗争，无论是在政治、宗教、哲学的领域中进行的，还是在任何其他意识形态领域中进行的，实际上只是各社会阶级的斗争或多或少明显的表现……”[④]从这两段引文中可以看出，马克思、恩格斯对阶级社会中的意识形态的阶级性是持肯定态度的。理解意识形态的阶级性还必须注意，即在阶级社会出现以前和阶级消灭以后，社会生活中存在不存在意识形态？我们认为答案应是肯定的。正如有些学者所指出的那样，在人类初期，就存在着原始文化、

---

①《马克思恩格斯全集》（第3卷），人民出版社1960年版，第432页。

②《马克思恩格斯选集》（第3卷），人民出版社1972年版，第128页。

③《马克思恩格斯选集》（第4卷），人民出版社1972年版，第500页。

④《马克思恩格斯选集》（第1卷），人民出版社1972年版，第602页。

原始艺术和原始宗教，三者三位一体，构成了早期人类社会的“混合型意识形态”。这种意识形态得到了较广泛承认，弗兰尼茨基在《马克思主义史》中就认为，在原始社会中，宗教是“意识形态的唯一形式”。波斯彼洛夫在《文学原理》中也曾指出：在原始社会里，就存在着“没有分门别类的混合性的意识形态”。马克思、恩格斯曾指出：“思想、观念、意识的生产最初是直接与人们的物质活动，与人们的物质交往，与现实生活的语言交织在一起的。”[①]思想、观念、意识就是原始时代的意识形态。尽管人类初期还没有形成能够称得上严密思想体系的“意识形态”，但它的存在是毋庸置疑的。当人类进入没有阶级存在的共产主义社会之后，社会还会有它的思想体系，还会有哲学、宗教、艺术的存在，因此，意识形态不会消失，只是同原始时代一样，这一时期的意识形态是不具有阶级性的。了解这一点，对于我们理解人类社会发展中不同阶段的艺术的特点有着重要意义。

## 二、文艺的意识形态性质

如上所述，马克思在《〈政治经济学批判〉序言》一文中，把作为社会意识形态的形式之一的艺术归入上层建筑的范畴，强调它是为一定的经济基础所决定的。马克思还在《路易·波拿巴的雾月十八日》一文中更为明确地对意识形态所包含的内容要素给予了说明：“在不同的所有制形式上，在生存的社会条件上，耸立着由各种不同情感、幻想、思想方式和世界观构成的整个上层建筑。整个阶级在它的物质条件和相适应的社会关系基础上创造和构成这一切。通过传统和教育承受了这些情感和观点的个人，会以为这些情感和观点就是他的行为和真实动机的出发点。”很明显，情感、幻想、思想方式和世界观四个方面的内容都属于上层建筑的意识形态形式。可见，马克思所阐释的“意识形态”已不仅仅局限于它是一种“思想体系”了。除思想方式、世界观这些属于思想体系的要素外，还包括艺术、宗教，甚至道德等非系统化、非理论化的内容。情感、幻想不仅是文学艺术所表现的内容，也是文学艺术塑造形象、反映社会生活的特有方式。因此，文学艺术当然是属于意识形态范畴的。但是，随着理论研究的日趋深入和活跃，对于文艺的意识形态性质，有不少研究者提出了怀疑。“意识形态论”的反对者们认为，文艺“有超意识形态性”，因此，“不能说文艺的本性是意识形态”[②]。还有人断言，“忽视、排斥和反对非意识形态的研究，

---

①《马克思恩格斯选集》（第 1 卷），人民出版社 1972 年版，第 30 页。

② 栾昌大：《文艺意识形态本性说辨析》，《文艺争鸣》1988 年第 1 期。

正是多年来文艺领域庸俗社会学、教条主义和形而上学观念在方法论的起点上失误和滑坡的地方”，认为“文学艺术的特殊性在于它是意识形态和非意识形态的集合体”①。在下面的文字中，我们将结合“意识形态否定论”者的观点谈谈我们的看法。

首先，对“意识形态论”的批评有人是沿着这样的逻辑思维顺序展开的：意识形态的根本性质是它的阶级性，而原始社会、共产主义社会中的艺术是没有阶级性的，因而，说艺术具有意识形态性质是不能成立的。看上去，这一说法似乎符合三段论推理。然而，可惜的是，它的大前提却完全错了。

把意识形态的属性看作它的阶级性，这一观点是从苏联文学理论家波斯彼洛夫的《论美和艺术》中引申出来的。波氏认为，意识形态带有“积极的社会倾向性”。于是，有些研究者就得出结论，认为意识形态出现于阶级社会，要表现出阶级倾向性，否则就不能成为意识形态。他们对波斯彼洛夫观点的理解是否准确、全面，我们暂且不论。退一步说，即使理解正确，也不能说这就是马克思的观点。马克思、恩格斯在《德意志意识形态》中，不但论述了阶级社会中的“意识形态”，而且从人类史的角度研究了“一般意识形态”，即非阶级社会里的意识形态，分析了“靠狩猎、捕鱼、牧畜，或者最多是靠耕作生活的部落所有制形式”。马克思对此在《〈政治经济学批判〉序言》中已从理论上讲得十分明确，意识形态作为上层建筑的一个组成部分，是建立在一定的经济基础之上的。只要有一定的物质生活条件，有生产力和生产关系的矛盾，就会有一定的社会意识形态出现。波斯彼洛夫在他的《文学原理》中也曾谈到，在原始社会里，存在着“没有分门别类的混合性的意识形态”，随着社会分工的出现，阶级国家制度的产生，意识形态在阶级社会中就必然带有阶级性，这一论述是符合实际的。我们可以清楚地看出，国内某些人对波斯彼洛夫的观点采取了断章取义的态度，把意识形态作为阶级社会的产物，显然也不是波氏的观点。

还有的研究者主观上可能为了反对“非意识形态论”，把艺术分为“观念形态的艺术”和“物质形态的艺术”。物质形态的艺术是物质性产品，包括工艺美术、建筑艺术、书法艺术、摄影艺术等，“它们和社会生活没有本原联系，也不起着反映社会生活的作用”②，我们认为这一划分是不准确的。因为任何艺术都具有观念形态和物质形态两个层面的特点，二者不能截然分开。再者，说物质形态的艺术与社会生活没有本原联系，认为它们没有明显的意识形态性，也很值得商榷。

① 董学文：《马克思主义文艺学当代形态论纲》，《文艺研究》1988 年第 2 期。

② 陆梅林：《观念形态的艺术——意识形态论之二》，《文艺研究》1990 年第 5 期。

我们以谈论较多的建筑艺术为例。杨辛、甘霖合著的《美学原理》列专章比较了故宫和人民大会堂的不同建筑风格，从中探讨不同时代美的创造。通过二者的比较可以帮助我们理解建筑艺术的意识形态性质。故宫是一个严格对称、规模庞大的建筑群，表现为深、宽、高、大等特点。在所有的建筑物中，突出了“太和殿”的中心地位，表现了皇权的至高无上。在封建时代，没有哪一个帝王不通过建筑来强化其威力，为其统治服务。曹魏时期何晏曾作《景福殿赋》专门谈论封建统治者建造宫殿的政治目的：“昔在萧公，暨于孙卿。皆先识博览，明允笃诚。莫不以为不壮不丽，不足以一民而重威灵。不饬不美，不足以训后而永厥成。故当时享其功利，后世赖其英声。”营造宫殿的主要目的在于以强大的声势，显示其精神力量，并教训子孙后代铭记祖宗之功德业绩。与封建统治阶级的宫殿不同，人民大会堂作为新时代的建筑，具有壮丽、严整、亲切、明朗的特点，使人感到庄严却不会产生威严的感觉，它以建筑的特有形式表现了中国人民的精神面貌，体现了社会主义新时代的美学理想。建筑艺术的这种意识形态性质是清晰可见的。在21世纪的今天，虽然西方建筑艺术中，出现了所谓追求独特形式的各种各样的建筑风格，如表现主义、立体主义、构成主义等，五花八门、名目繁多，但透过这些建筑风格，不正可以看出21世纪西方艺术求新、求异、强调自我表现、过分突出个人创造的时代文化精神吗？它们同样渗透着个人或集团的特有意识。

其次，还有一些“非意识形态论”的主张者，用所谓“艺术形式不具有意识性”对“意识形态论”进行批评。他们把内容与形式分割，认为语言、结构、体裁等不具有意识形态性质。实际上，语言、结构、体裁等艺术手段，只有负载着丰富的内容成为一个整体时，才可被称为“艺术形式”。关于此，美国文艺符号的代表理论家苏珊·朗格在她的《艺术问题》一书中也认为形式并不是一种抽象的结构，一件优秀的艺术品所表现出来的富有活力的感觉和情绪是直接融合在形式之中的，形式与情感在结构上是如此一致，以至在人们看来符号与符号表现的意义似乎就是同一种东西。在艺术作品中，既不存在孤立的情感内容，更不存在孤立的符号形式。马克思和恩格斯在《共产党宣言》中就批评过把内容和形式截然分开的观点。有人指出，宗教的、道德的、哲学的、政治的、法律的以及其他的观念在历史发展的过程中是不断改变的，但是，宗教、道德、哲学、政治和法律本身在这种变化中却始终保存着。对于这一指责，马克思和恩格斯从内容和形式辩证关系的角度进行了严厉批评。把“形式”从“内容”中剥离出来，进而否定文艺的意识形态性，显然是不正确的。

再次，还有一种观点认为，宗教的、哲学的和艺术的观点属于意识形态，而认为宗教、哲学、艺术本身不是意识形态因素，而是一种社会意识形式。这种观点来源于苏联。20 世纪 50 年代初，苏联学者提出艺术不是上层建筑的观点，认为艺术观点和艺术之间有着原则上的区别，艺术观点是上层建筑，艺术则不是上层建筑。我国有些学者也认为，按照马克思的原意，把意识形态和社会意识形式区分开来，把政治的、宗教的、艺术的思想理论归属于社会意识形态，而把宗教、政治、艺术等归属于社会意识形式。恩格斯在《反杜林论》和《社会主义从空想到科学的发展》中确实说过，哲学的、宗教的观念属于上层建筑，是一种社会意识形态，“每一时代的社会经济结构形成现实基础，每一个历史时期由法律设施和政治设施以及宗教的、哲学的和其他的观点所构成的全部上层建筑，归根到底都是应由这个基础来说明的”[①]。但是，恩格斯不仅认为某些社会意识形式的观点是意识形态，而且始终坚持政治、哲学、宗教、艺术本身也是意识形态。例如，恩格斯在《反杜林论》中明确指出，“宗教、哲学、艺术等等”是“观念的上层建筑”。恩格斯还在《在马克思墓前的讲话》中说：“马克思发现了人类历史的发展规律，即历来为繁茂芜杂的意识形态所掩盖着的一个简单事实：人们首先必须吃、喝、住、穿，然后才能从事政治、科学、艺术、宗教等等。”[②]因此，我们在讨论文艺的意识形态性质时也不能不顾及马克思主义经典作家的全面论述。

尽管“非意识形态论”者从各个角度提出疑问，试图推翻意识形态论的基本观点，但实际上是难以做到的。因为，马克思主义关于文艺的意识形态性质的理论是建立在历史唯物主义哲学基础之上的。

那么，把文艺作为一种社会意识形态来看待，其基本含义有哪些呢？

第一，认为文艺是一种意识形态的首要意义在于表明文学艺术作为一种意识形态现象，同样是社会存在的反映，这就要求我们在研究文学艺术时，不能把它看成一个不与现实发生任何关系的“空中楼阁”，一个自我封闭的精神圈子。对文学艺术的最后解释应当到特定的“基础”中，到人类特定的社会结构中去寻找答案。文学艺术既然是一种意识形态，是上层建筑的一部分，它必然要由经济基础决定和制约，并为一定的经济基础服务，同经济基础相适应。从最终的意义上讲，是因为物质资料的生产是人类社会生存和发展的基础。人类社会发展中不同时期的不同性质的文学艺术，是在不同的所有制的社会形态的基础上产生的。

---

① 《马克思恩格斯选集》（第 3 卷），人民出版社 1972 年版，第 66 页。

② 《马克思恩格斯选集》（第 3 卷），人民出版社 1972 年版，第 574 页。

第二，文学艺术作为一种社会现象和精神活动，必然要受到其他意识形态因素的影响。也就是说，考察文学艺术的本质特征，除了在特定的经济基础中寻找根源之外，决不能忽视意识形态的其他要素如政治、宗教等对艺术的作用。恩格斯在《致约瑟夫·布洛赫》中特别指出："经济状况是基础，但是对历史斗争的进程发生影响并且在许多情况下主要是决定着这一斗争的形式的，还有上层建筑的各种因素。"①在此，具体谈谈宗教是如何影响文学艺术的。先从思想内容来看，我们以中国的佛教等为例来研究宗教对文学艺术的影响。佛教在魏晋时期从印度传入中国，对中国的整个社会生活发生了很大的影响，文学创作也明显地开始受到佛教影响。鲁迅先生在《中国小说史略》中说："中国本信巫，秦汉以来，神仙之说盛行，汉末又大畅巫风，而鬼道愈炽；会小乘佛教亦入中土，渐见流传。凡此，皆张皇鬼神，称道灵异，故自晋迄隋，特多鬼神志怪之书。其书有出于文人者，有出于教徒者。"②具体讲，宗教对文学题材范围的扩大产生了重要影响。中国自魏晋以后有不少小说或戏剧的题材直接取之于佛教故事，有些从佛教故事中演化而来。再如基督教的经典《圣经》就给西方各国的文化以巨大影响，是西方文学题材的重要来源之一。文艺复兴时期，艺术家们以人文主义思想来表现《圣经》的故事和人物，更是蔚然成风。弥尔顿的《失乐园》直接取材于《圣经·旧约·创世纪》，而他的《复乐园》则根据《圣经·新约·路加福音》中耶稣被诱的故事写成。宗教观念还影响了作家的创作思想。从艺术方面看，宗教对文学的影响表现在扩大了艺术的表现形式。首先，宗教宣传创造了新的文体，从而影响文学。例如，我国初盛唐时期出现了一种韵文和散文相结合的新文体——变文，它就是适应佛教宣传的需要而产生的，大部分是演述佛经故事，以丰富的想象、曲折的情节来吸引更多的听众。变文虽然在唐代以后由盛转衰，但对后来的白话小说、讲唱文学有很大的影响。其次，宗教影响文学还表现在形象的塑造上。再次，宗教还常常对世俗文学的艺术表现手法乃至叙述模式产生影响。欧洲文学中，寓意和象征成为文学中普遍使用的手法，就受到了宗教的影响。我国古典小说和戏剧中讲故事有头有尾，特别是叙事模式中的"大团圆"结局主要受到佛教因果报应思想的影响。

总之，作为意识形态要素之一的宗教同政治、哲学、道德一样都对文学艺术产生影响。当然，这其中政治对文艺的影响要大些，这是一般常识了。

第三，文学艺术是一种意识形态，它在意识形态中有特殊地位。不同的社

---

①《马克思恩格斯选集》（第4卷），人民出版社1972年版，第477页。

② 鲁迅：《中国小说史略》，人民文学出版社1973年版，第29页。

会意识形态在上层建筑中与经济基础的距离是不等同的。意识形态的各要素在上层建筑中分别处于不同的位置，并以各自特殊的方式同经济基础发生关系。恩格斯在《路德维希·费尔巴哈和德国古典哲学的终结》中，分析了政治、法律等上层建筑与经济基础的联系后，接着指出："更高的即远离物质经济基础的意识形态，采取了哲学和宗教的形式。在这里，观念同自己的物质存在条件的联系，愈来愈混乱，愈来愈被一些中间环节弄模糊了。但是这一联系是存在着的。"①这就是说，意识形态中各因素同"物质存在条件"即经济基础的关系并不完全一样，其中有的离经济基础较近，有的则"更远离物质经济基础"。后来，恩格斯在给康·施米特的信中再次指出："至于那些更高地悬浮于空中的思想领域，即宗教、哲学等等，那么它们都有它们的被历史时期所发现和接受的史前内容，即目前我们不免要称之为谬论的内容。"显然，恩格斯所说的"更高地悬浮于空中的思想领域"当然应包括文学艺术在内，它是更"远离物质基础"的意识形态。从马克思在《〈政治经济学批判〉序言》中的论述看，把艺术作为意识形态是排列在宗教和哲学之间的。如上所引，恩格斯在《反杜林论》中又把艺术放在哲学、宗教之后。恩格斯还在1894年1月25日致符·博尔吉乌斯的信中说："政治、法律、哲学、宗教、文学、艺术等的发展是以经济发展为基础的。"可见，艺术在上层建筑中的位置，是在哲学、宗教之后或与它们并列。文学艺术同样属于"更高的即更远离物质经济基础的意识形态"。艺术同宗教、哲学一样并不总被经济基础直接决定。

第四，由于文学艺术具有意识形态性质，在阶级社会中，它必然带有阶级的倾向性。这也是为长期的艺术实践所证明了的。但是，我们不能把包括艺术在内的意识形态诸种形式具有阶级性的观点简单化、庸俗化。

马克思指出：

> 统治阶级的思想在每一时代都是占统治地位的思想。这就是说，一个阶级是社会上占统治地位的物质力量，同时也是社会上占统治地位的精神力量。支配着物质生产资料的阶级，同时也支配着精神生产的资料，因此，那些没有精神生产资料的人的思想，一般地是受统治阶级支配的。占统治地位的思想不过是占统治地位的物质关系在观念上的表现，不过是以思想的形式表现出来的占统治地位的物质关系；因而，这就是那些使某一个阶级成为统治阶级的各种关系的表现，因而这也就是这个阶级的统治的思想。此外，构成统治阶级的各个个人也都具有意识，因而他们也思维；既然他

① 《马克思恩格斯选集》（第4卷），人民出版社1972年版，第249页。

们正是作为一个阶级而进行统治，并且决定着某一历史时代的整个面貌，不言而喻，他们在这个历史时代的一切领域中也会这样做，就是说，他们还作为思维着的人，作为思维的生产者而进行统治，他们调节着自己时代的思想的生产和分配；而这就意味着他们的思想是一个时代的占统治地位的思想。①

尽管这种占统治地位的思想有着“虚幻”的、“歪曲”的性质，但它毕竟要渗透到那个时代的文艺创作中去，使文学艺术带有统治阶级的思想色彩。即使伟大的优秀作家也不能例外，歌德是马克思、恩格斯十分喜爱的作家之一，恩格斯把歌德放到产生他的那个时代中去研究，对他创作中所表现的复杂情形做了具体分析。在德国当时的特殊环境中，恩格斯认为，歌德作为德国资产阶级的一员，在他的作品中就表现出了两面性：一方面，对德国社会是“敌视的”，“向他报以靡菲斯特菲勒司的辛辣的嘲笑”；另一方面，歌德又“亲近它”“迁就它”，甚至“称赞它”“保护它”“帮助它抵抗那向它冲来的历史浪潮”。原因很明显，这正如恩格斯在另一处所指出的，“他们的思想不能越出小资产者的生活所越不出的界限，因此他们在理论上得出的任务和作出的决定，也就是他们的物质利益和社会地位在实际生活上引导他们得出的任务和作出的决定”②。各阶级在思想上的代表人物不能完全超越其阶级界限，即使是劳动人民创作的文学作品如某些民间歌谣、故事，也常常带有统治者思想的烙印，因为，占统治地位的统治阶级的思想已采取各种各样的形式渗透到人民中去了。这就要求我们在分析古代文学作品时要注意其思想内容方面的复杂性，我们在批判继承古代文化的优秀遗产时应特别注意具体分析。

另外，在理解文艺的阶级性时，要认识到意识形态中的各种形式的阶级意蕴是不完全等同的，其各自的表现方式也是不同的。文艺也是如此，有的表现得明显、强烈，有的可能是曲折的、隐晦的。

总之，马克思主义文艺美学在历史唯物主义的哲学基础之上指出了文艺具有意识形态性质的观点，并对之进行了更加具体的探讨、研究，这是马克思、恩格斯对文艺本质的最基本的界定。文艺是一种社会意识形态的命题对于我们把握社会大结构中的文学艺术的本质特征具有重要的方法论意义。

---

①《马克思恩格斯选集》（第 1 卷），人民出版社 1972 年版，第 52 页。

②《马克思恩格斯全集》（第 8 卷），人民出版社 1961 年版，第 152 页。

## 第二节　文艺是掌握世界的特殊方式

### 一、艺术掌握世界方式的提出

马克思、恩格斯不但把文艺的一般本质界定为意识形态，认为文学艺术具有意识形态性质，同时，他们也特别强调指出了文艺的独特性：它通过“艺术的”这一方式来掌握世界。马克思主义文艺美学的这一思想是在马克思《〈政治经济学批判〉导言》中提出的。为了完整地理解马克思的这一理论命题，我们把有关文字照录如下：

> 从实在和具体开始，从现实的前提开始，因而，例如在经济学上从作为全部社会生产行为的基础和主体的人口开始，似乎是正确的。但是，更仔细地考察起来，这是错误的。如果我抛开构成人口的阶级，人口就是一个抽象。如果我不知道这些阶级所依据的因素，如雇佣劳动、资本等等，阶级又是一句空话。而这些因素是以交换、分工、价格等等为前提的。比如资本，如果没有雇佣劳动、价值、货币、价格等等，它就什么也不是。因此，如果我从人口着手，那末这就是一个混沌的关于整体的表象，经过更切近的规定之后，我就会在分析中达到越来越简单的概念；从表象中的具体达到越来越稀薄的抽象，直到我达到一些最简单的规定。于是行程又得从那里回过头来，直到我最后又回到人口，但是这回人口已不是一个混沌的关于整体的表象，而是一个具有许多规定和关系的丰富的总体了。第一条道路是经济学在它产生时期在历史上走过的道路。例如：十七世纪的经济学家总是从生动的整体，从人口、民族、国家、若干国家等等开始；但是他们最后总是从分析中找出一些有决定意义的抽象的一般的关系，如分工、货币、价值等等。这些个别要素一旦多少确定下来和抽象出来，从劳动、分工、需要、交换价值等等这些简单的东西上升到国家、国际交换和世界市场的各种经济学体系就开始出现了。后一种显然是科学上正确的方法，具体之所以具体，因为它是许多规定的综合，因而是多样性的统一。因此它在思维中表现为综合的过程，表现为结果，而不是表现为起点，虽然它是现实中的起点，因而也是直观和表象的起点。在第一条道路上，完

整的表象蒸发为抽象的规定；在第二条道路上，抽象的规定在思维行程中导致具体的再现。因而黑格尔陷入幻觉，把实在理解为自我综合、自我深化和自我运动的思维的结果，其实，从抽象上升到具体的方法，只是思维用来掌握具体并把它当作一个精神上的具体再现出来的方式。但决不是具体本身的产生过程。举例来说，最简单的经济范畴，如交换价值，是以人口、以在一定关系中进行生产的人口为前提的；也是以某种形式的家庭、公社或国家等为前提的。它只能作为一个既与的、具体的、生动的整体的抽象片面的关系而存在。相反，作为范畴，交换价值却有一种洪水期前的存在。因此，在意识看来——而哲学意识就是被这样规定的：在它看来，正在理解着的思维是现实的人，因而，被理解了的世界本身才是现实的世界——范畴的运动表现为现实的生产行为（只可惜它从外界取得一种推动），而世界是这种生产行为的结果；这——不过又是一个同义反复——只有在下面这个限度内才是正确的：具体总体作为思维总体、作为思维具体，事实上是思维的、理解的产物；但是，决不是处于直观和表象之外或驾于其上而思维着的、自我产生着的概念的产物，而是把直观或表象加工成概念这一过程的产物。整体，当它在头脑中作为被思维的整体而出现时，是思维着的头脑的产物，这个头脑用它所专有的方式掌握世界，而这种方式是不同于对世界的艺术的、宗教的、实践—精神的掌握的。实在主体仍然是在头脑之外保持着它的独立性；只要这个头脑还仅仅是思辨地、理论地活动着。因此，就是在理论方法上，主体，即社会，也一定要经常作为前提浮现在表象面前。①

马克思在这里主要论述了研究政治经济学的两种方法：一种是从具体到抽象，“完整的表象蒸发为抽象的规定”；另一种是从抽象到具体，即“抽象的规定在思维行程中导致具体的再现”，而这第二种方法并不是返回到作为现实从而也作为直观和表象的起点的具体，而是上升到把许多规定和多样性综合成为一个结果的具体总体。前者是“表象中的具体”，后者是“精神上的具体”；后者更能揭示对象的本质底蕴。在马克思看来，后者不仅是研究政治经济学的方法，也是其他学科普遍适用的方法，这是一种从科学或理论上掌握世界的方式。同这种方式并列，马克思指出掌握世界的方法还有艺术的、宗教的、“实践—精神”的方式。

由于马克思在上述引文中只是顺便提及对世界的理论掌握方式不同于艺术等掌握方式，没有充分展开讨论，在其他著作或文章中也不再见到类似的提法，

① 《马克思恩格斯选集》（第 2 卷），人民出版社 1972 年版，第 102-104 页。

而这一命题又是马克思主义文艺美学的一个很重要的出发点，因此，国内外学者对之有着各不相同的理解。特别是近几年来，随着文艺美学研究的深入和对文艺自身规律的重视，马克思主义经典作家的这一重要思想又引起了空前热烈的讨论。总体来看，对掌握方式的理解大体上可概括为四种有代表性的观点：第一，认为理论、宗教、艺术、“实践—精神”是四种并列的对世界思维的方式；第二，认为这是指从四个不同角度、观点和要求去观察、理解和认识世界；第三，认为“掌握世界的方式”就是“认识”“反映”世界的形式，因而人们对世界就有四种并列的“认识”或“反映”方式，而“实践—精神”的掌握方式则是“以实践要求为准则”的认识，“直接处理实际事物的设想”；第四，认为四种不同的精神形态在对世界反映的内容和方式上的区别，在于理论诉诸概念，宗教诉诸信仰、艺术诉诸情感，“实践—精神”诉诸意志。最近，又有一种观点，认为“艺术的、宗教的、实践—精神的”这三者实际上属于同一类，都归属于“实践—精神”方式，因此，认为马克思的四种掌握方式实际上只是两类，即理论的方式和“实践—精神”的方式。

在此，不可能逐一分析评论以上全部观点，但我们认为，讨论对世界的“掌握方式”这一问题所引起的争论，可以概括为两个方面，即“掌握”的含义和掌握方式的具体分类。

首先，来看一看“掌握”一词在马克思主义经典作家的著作中其含义究竟是什么。蔡仪在批评苏联格·涅多希文把“掌握世界的方式”等同于“意识形态”的错误时，指出而且论证了所谓“掌握世界的方式”，主要的意思就是“认识世界的样式”或“反映世界的形式”。他说：“所谓‘掌握’，在这里主要的意思就是‘认识’或‘反映’，那么，所谓‘掌握世界’，主要意思就是‘认识世界’或‘反映世界’。而所谓‘方式’主要是‘样式’或‘形式’的意思，有时也含有‘方法’的意思，或者说是一定的‘方法’形式的‘样式’。于是‘掌握世界的方式’主要的意思就是‘认识世界的样式’或‘反映世界的形式’。它指的主要是意识活动的方式而不是意识活动的成果。”①对“掌握”的这种理解有一定道理，但不全面。“掌握”一词在德文原文中有“学会”“获得”“占有”“使什么东西成为自己的”等意思。因此“掌握”一词并不直接就是“认识”或“反映”的意思。“掌握世界”就是使世界变成头脑自己的东西而在头脑中呈现出来，在这一过程中，主体是能动的、积极的，是动作的发出者，带有主动占有的性质，因此，对世界掌握的过程不仅仅是对世界的认识和反映，更重要的是在这一过程中主体发挥其主体能力，进而在对象中肯定自身的价值。

① 《美学论丛》（第1辑），中国社会科学出版社1979年版，第5页。

其次，对“掌握方式”的分类要注意从两个层面来入手。

第一层面，应区别理论掌握世界的方式与艺术的、宗教的、“实践—精神”的掌握世界的方式，马克思在讲从抽象上升到具体方法时专门批判了黑格尔的唯心主义“幻觉”。他说：“在第二条道路上，抽象的规定在思维行程中导致具体的再现。因而黑格尔陷入幻觉，把实在理解为自我综合、自我深化和自我运动的思维的结果。”针对黑格尔的观点，马克思指出：“只有在下面这个限度内才是正确的：具体总体作为思维总体、作为思维具体，事实上是思维的、理解的产物。”从马克思的思路看，马克思是从“现实世界的整体”作为思维总体、作为思维具体在头脑呈现这一角度提出了掌握世界不同方式的论断。马克思在此主要从“思维总体”上来阐述理论的方式同其他方式的区别，而不是从具体的思维过程、思维规律作出精细区别。既然整体作为理论思维的整体在头脑中的呈现是以概念的形式存在着，那么马克思就很自然地提到与理论方式不同的有艺术的、宗教的、“实践—精神”的掌握方式。后三种方式是把整体作为思维整体在头脑中呈现的，是形象的形式，而不是理论的抽象概念的形式。这一区分显然是极为重要的。

第二个层面我们应注意进一步考察艺术的、宗教的和“实践—精神”的方式之间的联系与区别以及各自的特性。尽管马克思是从与理论方式比较的角度提出其他三种方式的，但并没有理由认为其他三种就可归于同一种方式。以为四种掌握实际上是两类的观点，始于苏联美学家格·涅多希文1956年发表的《美学科学的对象》一文。这一见解对我们的理解产生了影响。朱光潜先生在《生产劳动与人对世界的艺术掌握》中把艺术纳入“实践—精神”的掌握方式，明确提出了“科学的理论性的掌握和艺术的实践性的掌握方式”。朱立元同志认为“实践—精神”的掌握方式概括了艺术、宗教等掌握方式的基本特点，其理由有二：第一，他认为“实践—精神”一词显然比艺术、宗教两词的抽象、概括程度要高，概括的内容要丰富些，内涵外延要广些，三者不是并列的，后两者从属于前者；第二，艺术、宗教又是实践活动。另外，朱立元认为，把艺术当作实践活动，在心理上也有依据。总之，朱立元等认为，“实践—精神”是一个并列的词组，这一掌握方式既有实践成分，又有精神成分，它最能“科学地概括宗教、艺术的掌握方式的两重性，即实践性和认识性的特点”，宗教和艺术也都应属于这一掌握方式。我们认为，这一结论可以商榷。因为马克思所提出的掌握世界的方式是就人对世界的掌握方式而不是掌握成果来谈的，而把艺术、宗教划入“实践—精神”范畴显然是就掌握成果而言的。艺术虽然是一种实践活动，但这种实践性的活动同“实践—精神”的方式也有不同，下文将具体论述。宗教带有内省、冥想、神秘的性质，宗教虽然有一定的实践倾向，但这完全是想象中的、虚幻的，类似黑格尔所讲的精神实践，同马克思对实践的界定显然有截然不同之处。因此，简单地将宗教、艺术的方式归于“实践—精神”方式显然有不妥之处，也不利于突出艺术自身的特性和规律。

马克思把人对世界的掌握方式分为四种，一方面接受了黑格尔等人的思想影响，另一方面又对之进行了创造性的发展。

西方哲学史上，将人类心灵功能划分为知、情、意三种，从古希腊的柏拉图就开始了。康德又提出与三者相应的领域：知——知识、理论；情——艺术、审美；意——实践（伦理）。谢林把精神的发展分为“理论活动”“实践活动”和“艺术活动”三个阶段，他认为“艺术活动”是自我发展过程的最高阶段，人只有通过“艺术活动”才能直观到“绝对”。黑格尔把世界的本质看作一种理念，世界就是理念异化的产物。理念在其发展过程中又可以分为主观精神、客观精神和绝对精神三个阶段，而艺术、宗教、哲学就是绝对精神认识自身、实现自身、向自身回复的三种形式。[①]黑格尔所谈的就是三种掌握世界的方式。由于其客观唯心主义哲学思想的局限，他把三种掌握方式完全看作绝对理念的自我意识，否定了掌握世界方式的实践性。费尔巴哈人本学的、直观的实践观点，虽然对黑格尔的唯心主义进行批判，但却比黑格尔倒退了。正如马克思所指出的：“费尔巴哈想要研究跟思想客体确实不同的感性客体，但是他没有把人的活动本身理解为客观的活动。所以，他在《基督教的本质》一书中仅仅把理论的活动看作真正人的活动，而对于实践则只是从它的卑污的犹太人活动的表现形式去理解和确定。所以，他不了解‘革命的’‘实践批判的’活动的意义。”[②]马克思批判了黑格尔的唯心主义和费尔巴哈的形而上学及其历史唯心主义，把人的物质生产活动看作人的实践活动，从历史唯心主义的实践观出发，马克思看到同人的实践活动直接保持着密切联系的经验性的意识也应是人对世界掌握方式的一种。因此，马克思又在黑格尔的艺术的、宗教的、哲学的三种方式的基础之上，又提出了“实践—精神”的方式。

## 二、艺术掌握方式的特点

为了更好地理解艺术掌握方式的特点，让我们先来探讨一下“实践—精神”的方式和宗教方式的特点。

“实践—精神”的方式是争论最多，也是最难把握的，格·涅多希文认为理

① 黑格尔：《美学》（第 1 卷），商务印书馆 1979 年版，第 129 页。

②《马克思恩格斯选集》（第 1 卷），人民出版社 1972 年版，第 16 页。

论是以“普遍的形式”，“实践—精神”的则是“通过单一的现象来认识现实世界”。朱光潜先生在《生产劳动与人对世界的艺术掌握》一文中根据格·涅多希文的二分说，认为“对世界的艺术的、宗教的、实践精神的掌握方式，不同于科学理论的掌握方式……除了形象思维和抽象思维的分别以外，这里主要的分别还是理论认识与实践的分别，从而得出‘用艺术方式掌握世界’这句话可以理解为重点在实践，而艺术本身就是一种实践”。朱立元同志在朱光潜先生研究的基础之上进一步发挥，同朱光潜先生的观点略有不同，认为“实践—精神”的掌握既不是单纯的实践方式，也不同于一般的“精神”（认识或理论）方式，而是合实践的和理论的掌握方式为一体的一种特殊的掌握世界的方式，“实践—精神”的基本含义是：它首先是实践的方式，其次是精神的方式，是一种精神创造或精神生产的方式，是精神领域自由幻想地（非现实的）“创造世界”的方式。

我们认为将“实践—精神”的方式理解为“实践”的方式首先不符合情理，既然有现成的“实践”一词，马克思为什么置之不用而再造一个“实践—精神的”呢？更为重要的是，如果从语义分析的角度来看其基本含义将会有助于问题的解决。参考国内学者的研究，我们认为“实践—精神”的一词其中心词是“精神的”，这个复合词显然不是一个并列结构，而应是一个偏正结构，主词应是“精神的”，这种精神是具有实践性质的，也可以说“实践”是达到精神占有的途径。因此，可以概括地说，马克思所讲的“实践—精神的”方式是人们在改造世界的实践过程中，从日常生活的经验中直接获得的在精神上对世界占有的方式。

再来看宗教的方式的特点。

首先，从宗教产生的根源看，它是“人的自我异化”的产物。宗教作为一种精神文化现象，它的产生、发展以及终结都有其合理的一面。从本质上讲，宗教对现实的反映是虚幻的，甚至是歪曲的，带有神秘主义的性质。但是，它也曲折地反映了人与现实的关系。正如罗马尼亚学者泰纳谢·亚在《文化与宗教》中所指出的：“一方面，在宗教现象中，反映着某种真实的东西以及人与现实相联系的一定方式，它们与人的迫切需要相适应。……另一方面，反映在宗教形式中的世界具有颠倒的和虚妄的性质。”①马克思更是精辟地指出宗教是“人的自我异化的神圣形象”②。

让我们先从自然宗教的产生谈起。人类社会意识的产生，一开始就有虚幻

① 泰纳谢·亚：《文化与宗教》，中国社会科学出版社1984年版，第89页。

②《马克思恩格斯全集》（第1卷），人民出版社1956年版，第453页。

的宗教成分。马克思、恩格斯在《德意志意识形态》一书中说："意识起初只是对周围的可感知的环境的一种意识……同时，它也是对自然界的一种意识，自然界起初是作为一种完全异己的、有无限威力的和不可制服的力量与人们对立的，人们同它的关系完全像动物同它的关系一样，人们就像牲畜一样服从它的权力，因而，这是对自然界的一种纯粹动物式的意识（自然宗教）。"①马克思、恩格斯十分明确地找到了人类早期宗教意识产生的真正根源。早期人类在自然面前基本上是无能为力的，人是受自然奴役和支配的，"生存的困难，同自然斗争的困难使原始人受到十分沉重的压抑"。②原始人不能将自己同自然界分开，几乎没有"主体意识"，由于自身条件的限制，他们无法自觉地改造自然界，更不能对所谓"超自然"的"神秘力量"做出合理的解释，因此，他们就在自觉或半自觉的意识中企图以虚幻的形式来解释，甚至是达到征服自然的目的。如原始人的"交感巫术"原则便是"征服自然力"的重要手段。著名英国文化人类学家弗雷泽对之有较深入的、广泛的研究。弗雷泽对文化人类学研究做出的独特贡献主要表现在他发现了作为原始民族思维和行动规则的"交感巫术"原则。通过研究大量的原始材料，弗雷泽指出，原始初民都有这样一个共同信念：人类与自然之间始终存在着某种交互感应的关系，他们认为可以通过各种象征性的活动把自我的情感、愿望与意志投射到外在自然之中去，这样就可以达到对客体的控制目的。交感巫术具有两种基本形式，即"模仿巫术"和"染触巫术"。"模仿巫术"遵循"同类相生"（like produces like）的信念即"相似律"（law of contact）为基础。这一原则是了解原始民族一切生活行为、思想行为的钥匙。例如，原始人常常在春天举行一种巫术仪式：

> 人们常常在同一时间内，用同一行动把植物再生的戏剧表演同真实的或两性交媾结合在一起，以便促进农作物的丰产，以及动物和人类的繁衍。对他们而言，生命和繁殖的原则，不论就动物而言还是就植物而言，都只是一个不可分割的原则。
>
> 埃及和西亚人民在奥息里斯、塔穆斯、阿都尼斯和阿提斯的名下，表演一年一度的生命兴衰，特别是把植物生命的循环人格化为一位年年都要死去并从死亡中复活的神。在名称和细节方面，这种仪式在不同的地点不尽相同，然而其实质却是相同的。③

这种庆祝神的死而复活的仪式是出于获得丰收的愿望。原始人相信通过他们的表演活动就可把自我的愿望作用于自然。这也正是原始自然宗教产生的

---

①《马克思恩格斯全集》（第3卷），人民出版社1960年版，第34-35页。

②《列宁全集》（第5卷），人民出版社1959年版，第89页。

③ 叶舒宪：《神话——原型批评》，陕西师范大学出版社1987年版，第50页。

根源。

自然宗教之后便是多神教，再往后是抽象的一神教。如果说自然宗教的产生起因于人对自然的恐惧的话，那么，到了阶级社会之后，宗教意识产生的原因则表现为人的现实异化。随着社会的发展，在自然力以外，又出现了社会的力量，“在更进一步的发展阶段上，许多神的自然属性与社会属性之综合，转移在一个全能的神身上，这个神本身仍只是抽象的人的反映。这样，一神教就发生了”①。一神教是阶级社会的产物。我们以基督教为例来看一神教的产生。基督教的前身是犹太教，以色列人定居巴勒斯坦之初，耶和华是各部落信奉的主神。国家形成之后，耶和华成为国家的保护神。公元6世纪之前，犹太民族受着其他民族的侵略，也受着本民族统治者的压迫。两河流域的古老传统以及他们所受到的残酷压迫使得他们渴求救世主的来临，波斯帝国灭新巴比伦之后，犹太人重回耶路撒冷，成立了神权政体，耶路撒冷成为他们的首都。这里的祭司贵族为信徒规定教条，只许崇拜耶和华，不准崇拜任何其他的神，犹太教从此就产生了。从犹太教的产生以及耶稣教义和《圣经·新约》可以看出，最初的基督教是下层劳动人民的宗教，是受压迫人们的“幻想”。

总之，宗教的产生有着现实基础，但在宗教世界里，人与自然是“疏离”的，人与社会也是对立的，宗教的产生也正是以丧失人的主体性为代价的。中世纪大神学家奥古斯丁在《忏悔录》里说：“我的天主，假如你不在我身上，我便不存在。而且一切来自你，一切通过你，一切在于你之中。”人的主体性是不复存在的。宗教总是通过彼岸世界（而不是此岸世界）的虚无缥缈的目标来规范人们的行为，要求人们忍受痛苦，进行自我抑制，放弃自由情感。

其次，宗教掌握世界的具体方式是以情感为基础，通过幻想制造“幻象”。恩格斯指出“一切宗教都不过是支配着人们日常生活的外部力量在人们头脑中的幻想的反映，在这种反映中，人间的力量采取了超人间的力量的形式。”②黑格尔也曾明确讲到，宗教是“想象（或表象）的意识”，它“利用艺术，来使我们更好地感到宗教的真理，或是用图像说明宗教真理以便于想象”，并由此赢得教徒们的“虔诚态度”。“虔诚态度”是“教众崇拜的最纯粹最内在最立体的形式，在这种崇拜里客体性相好像被吞食化了，客体性相内容脱离了客体性相本身而变成了心胸情绪所特有的东西”③。宗教传播主要是借助“情”的力量而不是“理”的力量来实现的。在《反杜林论》中，恩格斯认为宗教是“有感情的形式”，马克思也在《摩尔根〈古代社会〉一书摘要》中谈到过“宗教的情感”。

---

①《马克思恩格斯论宗教》，人民出版社1955年版，第119页。

②《马克思恩格斯选集》（第3卷），人民出版社1972年版，第354页。

③ 黑格尔：《美学》（第1卷），商务印书馆1979年版，第129-132页。

在宗教掌握世界的方式中，幻想也是重要的手段。通过幻想制造出一个“幻象”，即神或上帝来供人们膜拜，从而将人的精神从现实世界提升到“理想”世界。如上所述，黑格尔把宗教理解为“想象（或表象）的意识”，费尔巴哈则更为明确地指出，宗教没有自己独特的形式，但有艺术创造所必需的想象与幻想：“一个神就是一个被想象的实体，就是一个幻想实体；并且，因为幻想是诗的主要形式或工具，所以人们也可以说：宗教就是诗。”①费尔巴哈认为“幻想”之于宗教同它对于艺术创造一样重要。恩格斯也肯定地认为宗教是人的存在在人脑中的“幻想”的反映。因此，宗教掌握世界的方式是“幻想”式的，其结果是制造一个“幻象”。

下面，具体讨论艺术掌握方式的特征。艺术掌握方式与宗教的、“实践—精神”的方式相比，既有区别，又表现出某种程度上的综合性。

首先，艺术的掌握是一种审美的掌握。艺术家要完成对生活的反映，最为重要的是作家要有对生活的审美感受和审美体验。欣赏者也总是抱着审美态度去欣赏艺术，在艺术中感受美、发现美，艺术是体现人们审美理想的最高形式。

其次，从思维活动看，想象和情感是艺术思维中最重要的心理因素。

关于艺术中想象的重要性的论述，马克思、恩格斯虽没有系统的研究，但从他们的著作中我们同样可以发现一些极为精彩的言论。在《摩尔根〈古代社会〉一书摘要》中，马克思指出：“在野蛮时代低级阶段，人类的较高的属性便已开始发展起来了。个人的尊严、口才、宗教感情、正直、刚毅和勇敢这时已成为性格的一般特点，但同时也表现出残忍、诡诈和狂热。宗教中的对自然力的崇拜，关于人格化的神灵和关于一个主宰神的模糊观念，原始的诗歌、共同的住宅、玉蜀黍面包，都是这个时期的东西。”②马克思接着说，所有这些都离不开想象：“对于人类的进步贡献极大的想象力这一伟大的才能，这时已经创造出神话、故事和传说等口头文学，已成为人类的强大的刺激力。”这里可以明显看出，神话、故事和传说这些文艺的早期形态都是人类想象的产物。马克思在谈到艺术生产同物质生产的不平衡关系时，明确地使用了“艺术方式”这个概念。他说：“希腊艺术的前提是希腊神话，也就是已经通过人民的幻想用一种不自觉的艺术方式加工过的自然和社会形式本身。”这种艺术方式就是想象。马克思说：“任何神话都是用想象或借助想象以征服自然力，支配自然力，把自然力加以形象化。”③马克思的意思非常明显，所谓“艺术方式”就是用想象力来创造艺术形象，这就指出了艺术掌握方式的想象性特点。尤其应引起我们注意的

① 《费尔巴哈哲学著作选集》（下卷），三联书店1962年版，第683页。

② 《马克思恩格斯全集》（第45卷），人民出版社1985年版，第384页。

③ 《马克思恩格斯选集》（第2卷），人民出版社1972年版，第113页。

是，马克思在提出艺术方式的想象性特点之后，还指出了想象的本质，他说："想象消除自然美的缺陷，然而是在纯主观的形式上，亦即仅仅在想象活动主体内心的意象中。但是，对直观主体来说，美是本质的现象。想象本身感到这种缺陷迫切要求解决。最好产生一个第三者，客观上如自然美，主观上如想象。"①

想象是人在头脑中创造出没有直接感知过的事物的形象的心理过程，它的本质，是在大脑中对记忆表象的改造，使创造出的新形象能在异乎寻常的新结合和新联系中反映现实。文艺创作中的想象是能动的，作家、艺术家要把自己的审美感受转化为艺术形象，就必须"精骛八极，心游万仞"，让自己的想象跨越时空界限，去重新组合记忆表象，完成艺术美创造。想象并非文艺所专有，科学研究也需要想象的参与，但是科学的想象绝不同于艺术的想象，科学研究中的想象只作为整个科学思维的一个环节起作用，随着结论的获取，想象也就丧失了单独存在的意义。而在文艺创作中，想象犹如它的伴侣，不仅始终不能脱离，而且还以某种方式永久地留在思维的成果里。高尔基曾比较过科学中的想象与艺术创造过程中的想象的不同，他认为，科学工作者在研究公羊的时候，没有必要把自己想象为一只公羊。但是文学家虽然是慷慨的，却必须把自己想象成吝啬鬼；虽然是毫不贪婪的，却必须感觉到自己是一个贪婪的守财奴；虽然是意志薄弱的，却必须令人信服地描写出一个意志坚强的人。一个有才能的文学家，正是凭借这种十分发达的想象力，才能常常取得这样的效果；他所描写的人物在读者面前，要比创造他们的作者本人出色和鲜明得多，心理上也和谐而完整得多。因此，我们可以这样认为，科学想象并不是为了满足人们的审美需要，而是出于对客观事实的认识需要，同时要受到理性思维的严格控制。而艺术想象主要是一种创造性想象，它表现得更为灵活、自由，甚至如马克思所指出的，它常常伴随着随意性和偶发性而发生发展，是一种无控制性思维。当然，我们必须强调，文艺想象也要有理性的渗入，只不过理性是以潜在的形式存在于艺术想象背后的。

宗教也离不开想象，如前所述，马克思曾指出，"宗教把人的本质变成了幻想的现实性"，恩格斯也说，宗教是"人的存在在人脑中的幻想的反映"。虽然艺术的方式和宗教的方式都运用幻想和想象，它们幻想和想象的结果却有着根本不同。艺术的方式想象结果是基于现实世界之上的人的形象，而宗教的方式幻想和想象的结果则是神仙世界中的"神的形象"。

艺术想象必然伴随着强烈的情感活动，情感的因素在艺术掌握世界的方式中占有十分重要的地位。文学艺术家所面对的是活生生的生活现实，是具体的、

---

① 转引自汉斯·科赫：《马克思主义和美学》，漓江出版社 1985 年版，第 336 页。

有血有肉的人以及人与人之间错综复杂的关系。对于这一切，他不可能不动感情。在艺术创作过程中，情感更是作家创作的不可缺少的内在推动力，情感在艺术创作中的作用可以概括为三点：其一是“移入作用”。文学艺术家要把自己主观的情绪、感受和体验灌注到他所描绘的具体对象上，使客观事物浸透在一种主观情绪的色彩中。从而使客观事物获得审美的属性，成为文学艺术家头脑中的一种审美意识。其二是提炼作用。文学家对生活中丰富而散乱的素材进行选择和提炼时，并不是凭理智去认识的，有时是凭着直感的经验、凭着感情上的好恶来对素材加以鉴别和选择。其三，情感在作家创作的构思过程中还起着结构上的连贯作用。艺术创作必须以情动人，在情感感染的基础上使读者获得审美享受和教益。艺术家在塑造艺术形象时总是自觉或不自觉地把自己的情感融注到艺术形象中去。马克思曾经说过，弥尔顿非创造《失乐园》不可，就像蚕非生产丝不可一样。①这是因为，弥尔顿内心有着强烈的情感需要，非要以艺术的形式将它表达出来不可。“愤怒出诗人”也是这个道理。

宗教也具有情感的特性，但它的情感带有恐惧、敬畏的特点，是教徒对神灵的皈依感和虔诚感，对于宗教世界中的情感本质特征，马克思在《黑格尔法哲学批判》导言中有精辟的论述：“宗教的苦难是现实苦难的表现，又是对这种现实苦难的抗议。宗教是被压迫生灵的叹息，是无情世界的感情，正像它是没有精神状态的精神一样，宗教是人民的鸦片。”从严格意义上讲宗教情感是以人的主体性的丧失为代价的。与之相反，艺术情感则是自由的，甚至是多样的，个体的情感是受到尊敬的。二者有本质上的区别。

最后，形象化是艺术加工的方式和结果。艺术掌握除了重要的心理因素如想象、情感的参与之外，还是一个物化艺术形象的过程。艺术家以感性的形象作为运动的形式，它要通过形象的取舍、改造、生发、夸张、虚构、连缀等构成思维运动。在整个艺术创造过程中，作家始终沉浸在创造性的想象世界里，始终处理着活生生的形象。通过想象的“处理”，丰富、生动的感性材料不断变化、推移，变得越来越鲜明、独特、丰富。也就是说，在这一艺术的掌握过程中，最初的生动、具体、鲜明的感性材料不被全部舍弃掉，反而通过渐渐的累积，而互相辉映、渗透、叠加而更加充实丰富，更加具体生动起来。

理论的方式和“实践—精神的”方式也离不开具体的感性材料，但它们与艺术中的“形象化”有着根本区别。在艺术掌握过程中，主体不仅从一定的审美心理结构出发，依据一定的感性的材料进行艺术创造，而且还必须借助一定的物质手段塑造出可感的艺术形象。例如画家要依靠色彩、线条进行创造，音

---

①《马克思恩格斯论艺术》（第1卷），人民文学出版社1963年版，第279页。

乐家要依靠节奏、乐音在时间的流程中进行思维，而文学家主要依靠语言进行创作，因此，物质媒介和艺术形式对艺术来讲显得更加重要。马克思、恩格斯也特别强调它们的重要性，马克思说过，“颜色和大理石的物理性质没有超出绘画和雕刻的范围”①，还说：“……我们像从前一样坚持一句古代明智的格言：‘涂抹并不是绘画’。”②因此，艺术家必须学会熟练地驾驭物质材料的技巧。就文学创作讲，马克思、恩格斯更为重视艺术形式方面的问题。马克思在评论拉萨尔的《济金根》时指出，作者既然用韵文写作，“就应该把你的韵律安排得更艺术一些”。恩格斯也指出，“如果首先谈形式的话，那么，情节的巧妙的安排和剧本从头到尾的戏剧性使我们惊叹不已。在音律方面您确实给了自己一些自由，这给读者带来的麻烦比给上演时带来的麻烦还要大”，提醒拉萨尔要在技巧方面下些功夫，否则，剧本将不能上演。可见，马克思、恩格斯对艺术创作中的技巧是十分重视的。科学研究过程中尽管不能没有感性的生活材料做基础，但就其思维过程而言，抽象思维不断舍弃具体、感性的东西，经过概念、推理、判断形成抽象的结论，不是感性的艺术形象，更不需要艺术的形式、技巧，因为抽象思维不是物化形象的活动而是获得科学结论的过程。理论的掌握虽以实践为基础，但由于其思辨的性质，使得它必须按照知识之间固有的内在联系，在意识中把它加以系统化、条理化，使之成为一个严密而又完整的理论系统，所以马克思把理论说成是“思维着的头脑的产物”。“实践—精神的”掌握是通过实践活动对对象世界达到精神上的占有，其本质还是“精神的”，因此，它不依赖于形象。

形象化在宗教中是很重要的，仅就这一点而言，宗教和艺术亦有更多的相似之处。宗教思维有一重要特征就是“概念形象化”。为了使抽象的教义、宗教意识得以传播，宗教活动总是将宗教观念和宗教情感具体化、形象化，如十字架、羔羊、善良的牧者、佛像，等等。英国文化人类学家泰勒在《原始文化》中说:“野蛮人的世界观就是给一切现象凭空加上无所不在的人格化的神灵的任性作用。”③这种思维方式就是宗教的思维方式，其特点是“概念形象化”。

艺术和宗教虽然都有“形象化”的特点，但二者却有着根本的区别。第一，艺术形象塑造的基础是真实的社会生活，艺术形象是生活中人物的典型化，而宗教却是对生活的扭曲，用颠倒的世界观反映客观世界，在虚幻的形式中表达人的理想和愿望，因此，它所创造的是“幻象”。第二，宗教采用“概念形象化”的思维方式把握对象，被把握的对象是无个性特征的，产生的“形象”被看作

---

①《马克思恩格斯全集》（第46卷·上册），人民出版社1979年版，第121页。

②《马克思恩格斯全集》（第13卷），人民出版社1962年版，第695页。

③ 转引自朱狄：《艺术的起源》，中国社会科学出版社1982年版，第131页。

与客观真实没有差别，具有实在的真实性。费尔巴哈说："对于自然的依赖感，再加上那种把自然看成一种任意作为的有人格的实体的想法，就是献祭这一自然宗教的基本行为的基础。"[①]费尔巴哈在《宗教本质演讲录》中又指出："艺术认识它的制造品的本来面目，认识这些正是艺术制造品而不是别的东西；宗教则不然，宗教认为它幻想的东西仍是实实在在的东西。艺术并不要求我们将这幅风景、这幅肖像看作实在的人；但宗教则非要我将这幅画看作实在的东西不可。纯粹的艺术感，看见古代神像，只当看见一件艺术品而已；但异教徒的宗教感则把这件艺术品、这个神像看作神本身，看作实在的、活的实体，他们服侍它就像服侍他们所敬爱的活人一般。"列宁根据费尔巴哈的论述，曾得出一个著名的文艺美学命题——"艺术并不要求把它的作品当作现实"。因此，宗教中的形象只是宗教观念、宗教情感的寓所，没有个性特征，只是"象征"某种观念的工具或傀儡。艺术形象则是具体的、独特的，如黑格尔所言，其本身就是一个完整的、丰富的世界。

马克思、恩格斯都认为宗教的"概念形象化"是与艺术的规律相违背的。马克思曾指出："用诗句来说明神学的争论，这是多么愚蠢的想法！一个作曲家要把教义学搬到音乐里去吗？"他认为主张把教义学搬到音乐里去是对艺术规律的"胡说"[②]。恩格斯在谈到德国民间故事时，赞扬它"不是用直接的演绎法"去揭示生活趋向的"真实性和合理性"，否定了用直接演绎法揭示生活真实性和合理性的思维方式。

总之，通过以上分析比较，可以看出艺术掌握世界方式这一理论命题的提出在文艺美学史上有开创性的意义，这一理论对于文艺学研究有着同样重要的作用和指导意义。首先，把文艺看成掌握世界的方式，肯定了艺术在社会实践活动中的重要作用。同其他方式一样，它能够认识世界和改造世界，并在对世界的"占有"过程中体现出人的自由自觉的本质力量。其次，认为文艺是一种掌握世界的独特方式，是对"文艺是一种社会意识形态"的丰富和发展，进一步强调了文艺自身的规律和特性。最后，文艺掌握方式还应包含"文艺是一种生产"的理论，这是我们将在后面讨论的另一个问题。

概括而言，艺术掌握世界的命题是在实践的基础上，在主客体的相互关系中，对人的主体意识的强调，是对人的历史主动性的充分肯定。

---

① 《费尔巴哈哲学著作选集》（下卷），生活・读书・新知三联书店 1962 年版，第 684-685 页。

② 《马克思恩格斯论艺术》（第 4 卷），人民文学出版社 1960 年版，第 178 页。

# 第二章　马克思、恩格斯的文艺发生发展论

## 第一节　探索文艺起源的各种观点

### 一、文艺起源于模仿

艺术起源于人类模仿本能的理论始于古希腊。其总的意思是，最初的文艺起源于人类对客观外在世界的一种模仿意识。古希腊哲学家赫拉克利特、德谟克利特一致认为“艺术模仿自然”。德谟克利特就曾说过，在许多事情上，人们“模仿禽兽”，“从蜘蛛织网我们学会了织布和缝补”，“从天鹅和黄莺等歌唱的鸟学会了唱歌”。德谟克利特这一朴素的唯物主义文艺起源观，被文艺理论家亚里士多德所继承。他说：“一般来说，诗的起源仿佛有两个原因，都是出于人的天性。人从孩提时候就有模仿的本能，人对模仿的作品总是感到快感，经验证明了这一点：事物本身看上去尽管引起痛感，但惟妙惟肖的图像看上去却能引起我们的快感……”[①]柏拉图在其《法律篇》中关于音乐模仿“善或恶的灵魂”的观点也被亚里士多德进行了充分的发挥。由亚里士多德丰富和发展起来的模仿说在欧洲文艺理论发展中产生很大影响。即使是在当代，还有不少理论家进一步发挥模仿说，试图解释艺术的起源。冈布里奇在他的《艺术与幻觉》中指出：当我们以适当的方式去看待模仿性绘画时，即把它看作某事物的模仿时，我们就受幻觉的支配，以为我们面对的不是模仿性绘画，而是绘画所模仿的事物。苏珊·朗格也说：“在通常情况下，由直觉活动描绘的对象只能是那种使艺术家感到可以从中构想出某种形式并愿意创造出这种形式的对象，而原始艺术

① 亚里士多德：《诗学·诗艺》，人民文学出版社 1962 年版，第 11 页。

的创作冲动也正是来自于对所发现的上述具有表现性的自然形式的模仿。虽然这种原始的模仿忠实于原始人所看到的事物，但它永远也不可能是普通意义上的复制和仿制。它本质上是一种具有偏见的解释，摹写下的东西仅仅是那些使原始艺术家觉得有意味的东西；假如原始艺术家全神贯注于他所要模仿的对象之中,他对这一对象所做出的那种简化的或忠实的描绘就是他真正看到的一切。原始艺术，由于很少受到各种理论的干扰，因此……更富于表现性，其风格也更加纯化。但是，原始时代的那些艺术评论家们却十分天真地相信，这种对形式的创造只不过是一种对现实事物的忠实模仿。”[①]苏珊·朗格认为艺术是人类经验的一种象征表现，是认识的象征形式。苏珊·朗格尽管认为艺术从根本上并不是现实的模仿或复制，模仿不是艺术起源的动因，但艺术有着由模仿得来的外观，模仿起码是一种手段。模仿说在某种意义上，有其合理因素，从考古学的角度看，在人类史前时期有不少雕刻、绘画具有模仿的性质。但是，模仿说也有其片面性，不能完全合理地解释艺术产生的真正动因。这可以从两个方面来看：一方面，原始时代一些非常抽象的几何图形图案就很难看到模仿的痕迹；另一方面，还有些史前艺术出于主体感情的发泄，既不以物质的媒介表述，也不模拟现实的任何现象和过程，例如原始的抒情诗和某些歌舞等。因此，模仿又是原始文艺的基本手段，并不是原始文艺产生的动因。我们必须弄清楚当时的人们为什么要模仿，才能揭开文艺起源的秘密。

## 二、文艺起源于游戏

这一理论的首倡者是席勒和斯宾塞。席勒以他敏锐的思想意识到人类审美观念的产生是人类脱离动物界的标志。他认为模仿的本能虽然是不可忽视的因素，但它并不就是产生艺术的真正动力。在模仿冲动的背后，还有更为原始的动力，这就是推动着模仿得以产生的游戏。所以，游戏的冲动才是产生艺术的真正根源。那么游戏的冲动是怎样产生的呢？席勒用精力过剩的说法来解释。狮子饱食后的吼叫、昆虫在阳光下的飞跃、鸟儿的鸣叫都是生命力过剩的游戏。人类的过剩精力使人产生了装饰自己、追求不具实用目的的审美外观的需要。喜悦的无规则的跳跃成为舞蹈，无定形的手势成为优美而和谐的手势语言，发之于情感的混乱声音得到发展，开始服从节奏而编成歌曲。

英国学者斯宾塞进一步明确并发挥了席勒的观点，认为游戏和艺术都是过剩精力的发泄，美感起源于游戏的冲动。他认为，虽然游戏对于维持生活所必

① 苏珊·朗格：《艺术问题》，中国社会科学出版社 1983 年版，第 91 页。

需的活动过程没有直接帮助，它并不直接追求功利目的，但在游戏中所得到的各种器官的练习，无论对于个体或群体都是有用的。就像猫追逐滚动的线团一样，动物的游戏就是一种假装的搏斗，它具有一种生物学上的价值，低等动物机体的一切力量都消耗在维持生命所必需的活动上，但在动物发展到较高的阶段，由于有了较好的营养，机体中积聚着一些要求出路的剩余力量。动物的游戏正是服从这个要求，所以游戏是力量的一种非自然的练习。动物的游戏所表明的是追逐猎物的戏剧性表演。儿童的游戏是成年人活动的戏剧性表演。审美活动实质上也是一种游戏活动。他说："我们称之为游戏的那些活动是由于这样的一种特征而和审美活动联系起来，那就是它们都不以任何直接的方法来推动有利于生命的过程。"①

游戏说在某种程度上揭示了艺术起源的主体方面的原因，认为艺术是游戏，得出艺术的本质是自由的结论，有很大的进步性，但它同样也有不足之处。它偏重于从生物学和生理学的意义上来看待游戏(艺术)，而忽视了其他社会因素。一旦使艺术完全摆脱一切功利目的，完全脱离具体的社会内容，它本身也就只是一种超历史的、形而上学的抽象概念，鲁迅先生曾对游戏说进行过批评："画在西班牙的亚勒泰米拉洞里的野牛，是有名的原始人的遗迹。许多艺术史家说，这正是'为艺术而艺术'，原始人画着玩玩的。但这种解释未免过于'摩登'，因为原始人没有十九世纪的文艺家那么有闲，他画一只牛，是有缘故的，为的是关于野牛，或者是猎取野牛、禁咒野牛的事。"②因此，游戏说探讨艺术起源，脱离了原始人的社会实践。

## 三、文艺起源于巫术说

文艺起源于巫术的理论主张，最早是英国著名人类学家爱德华·泰勒提出来的。泰勒有一种"万物有灵论"的理论。他认为，在原始时代人们在一切现象之上都加上人格化的神灵的作用。人们在当时对自己生存中的诸多现象不能加以解释。为了生存，他们进行一些巫术仪式活动，而艺术正产生于此。英国文化人类学家弗雷泽进一步发展了泰勒的观点，认为早期人类相信可以通过自身的象征性活动——仪式，达到干预、控制自然环境的目的。他也用巫术理论来解释艺术的发生。美国心理学家弗洛姆在他的《健全的社会》一书中指出，人类曾经历了一个巫术无所不能的自我陶醉阶段，经历过图腾崇拜和自然崇拜

① 转引自朱狄：《艺术的起源》，中国社会科学出版社 1982 年版，第 121 页。

②《鲁迅全集》(第 6 卷)，人民文学出版社 1958 年版，第 68-69 页。

的阶段，在人类历史最后四千年中，它发展并催熟了人的想象力，这是一种由埃及、中国、印度、巴勒斯坦、希腊和墨西哥人的伟大先驱者以没有多大差别的方式表现出来的想象力。

大量的材料显示，人类早期阶段确实存在着一个巫术与艺术难解难分的阶段。最早产生的艺术内容，总是把劳动和超自然的意识紧密地联系起来，如在半坡出土的文物中一些陶器上有人头鱼身的图案。研究者认为，当时的人们希望自己能像鱼一样在水中游，以便抓到鱼。因此，我们可以认为原始艺术中的许多作品确实与巫术有联系，但是，我们也不能不看到巫术活动又与人们当时的劳动生活紧密联系在一起。

## 四、文艺起源于交流思想和感情的需要

持这种观点的学者不同意文艺起源于巫术的理论主张。如克罗齐的追随者科林伍德就曾经说过，“巫术”这个词通常并没有确定的意义，它常常用来表示“野蛮”社会中的革命实用的倾向。他认为关于巫术的理论对当代的人类学是种灾难，因为想用这种理论寻求答案的人为实证主义的影响所支配，这种观点完全不顾及人类情感的本性并且贬低了人类经验的智力水平，抹杀所有的智力活动，这种偏见才导致他们把野蛮人的巫术实践活动和文明人利用科学知识去控制自然的实践活动进行比较。

艺术起源于情感和思想交流需要的观点是 19 世纪以来欧洲所兴起的多种心理流派提出来的。他们从心理学的角度来观察文艺现象，认为表现情感是人类的一种本性，而最早的文艺就是原始人类情感的表现。英国 19 世纪著名诗人雪莱说：“一般说来，诗可以解作‘想象的表现’，自有人类便有诗。人是一个工具，一连串外在和内在的印象掠过它，有如一阵阵不断变化的风，掠过埃奥利亚的竖琴，吹动琴弦，奏出不断变化的曲调。”“野蛮人之于历史年代，犹如儿童之于人生岁月，表达周围事物所感发他的感情，也是如此；语言、姿势乃至塑像的或绘画的模拟，不外是事物及野蛮人对事物的理解两者结合而成的表象罢了。”①他认为，野蛮人的所有艺术只有一个最主要的推动力，就是他们通过各种艺术表达他们的情感，从而促使了艺术的产生与发展。为了情感不至于消散，艺术形式充当了情感的载体，它给无形式的东西以形式，使一纵即逝的东西成为永恒的作品。俄国文学家列夫·托尔斯泰也认为艺术起源于感情传达的需要：“艺术起源于一个人为了要把自己体验过的感情传达给别人，于是在自

① 《古典文艺理论译丛》（第 1 册），人民文学出版社 1965 年版，第 77-78 页。

己心里重新唤起这种感情，并用某种外在的标志表达出来。”①

这一理论抓住了艺术的情感特征，讨论艺术的起源不失为一个角度，原始艺术也必然表现着创造者的某种情感需要。但是艺术源于情感表现的理论用现代的、形态完备的艺术的本质去解释最初的艺术，就显得简单了。

## 第二节　艺术发生与人的劳动

芬兰美学家希尔恩在其著作《艺术的起源》中专门讨论艺术与劳动的关系。他说：“这一点是意味深长的。劳动的歌和舞蹈最典型的例子可以在大洋洲的部族那里遇到。岛国的生活甚至在其他方面也是对于艺术的发展有利的。那里个人与个人之间需要一种最亲密的合作，例如，由于划船动作需要同一的和固定的节奏来加以调节，因此那里的划独木舟舞和造船得到了发展。同样的需要当然就产生出同样的结果，差不多在所有原始公社那里，生活方式造成了集体活动的必需，而在以牧畜为主的部族中，艺术的表现形式就不会造成这样大的作用，因为在畜牧部族中，个人之间即使没有互助，也能工作得很好。”②他认为对艺术的起源重要的并不在于游戏或艺术中对劳动的模仿，而在于那些伴随着实际的劳动操作而产生的审美活动。如节奏感的审美作用的发展首先是通过它的实用方面的利益而进步的。

另外，格罗塞也主张艺术起源于劳动说。但他们的观点往往具有实证主义色彩，不能从根本上解决艺术为什么发生于劳动实践之中。普列汉诺夫研究了毕歇尔的观点和资料之后，就指出其不足：“原始社会的生产者所按照的拍子又是由什么决定的呢？为什么在他的生产动作中恰好遵照着这种而非另一种的节奏呢？这决定于一定生产过程的技术操作和性质，决定于一定生产的技术。在原始部落那里，每种劳动有自己的歌。歌的拍子总是十分精确地适应于这种劳动所特有的生产动作的节奏。”③而对劳动过程及劳动特性的重视正是马克思主义经典作家研究文艺发生的最重要基础。马克思、恩格斯认为文艺起源于劳动的观点其理论基础是马克思历史唯物主义的实践观。综观马克思、恩格斯的有关论述，我们可以从以下几方面来说明文艺起源于劳动的观点。

---

① 列夫·托尔斯泰：《艺术论》，人民文学出版社 1980 年版，第 46 页。

② 转引自朱狄：《艺术的起源》，中国社会科学出版社 1982 年版，第 109 页。

③ 普列汉诺夫：《没有地址的信》，人民文学出版社 1962 年版，第 39 页。

第一，劳动为艺术的发生创造了主体条件。主体条件就是指早期艺术创作者的基本条件。首先，艺术的发生需要人体器官的一定发展。马克思指出："劳动首先是人和自然之间的过程，是人以自身的活动来引起，调整和控制人在自然之间的物质变换的过程，人自身作为一种自然力与自然物质相对立。为了在对自身生活有用的形式上占有自然物质，人就使他身上的自然力——臂和腿、头和手运动起来。当他通过这种运动作用于他身外的自然并改变自然时，也就同时改变他自身的自然。他使自身的自然中沉睡着的潜力发挥出来，并且使这种力的活动受他自身控制。"①马克思明确提到人的手的发展是在劳动过程中进行的。当人类在劳动中获得了手的自由之后，他们就能够不断地获得新的技巧，而这种在劳动中取得的灵活性便遗传下来。恩格斯指出："由于手、发音器官和脑髓不仅在每个人身上，而且在社会中共同作用，人才有能力进行愈来愈复杂的活动，提出和达到愈来愈高的目的。劳动本身一代一代地变得更加不同、更加完善和更加多方面。除打猎和畜牧外，又有了农业，农业以后又有了纺纱、织布、冶金、制陶器和航行。同商业和手工业一起，最后出现了艺术和科学……"②显然，劳动先于艺术，艺术是在人类长期的劳动实践过程中逐渐萌生的，它是一个长期的、渐进的过程。在这一过程中，恩格斯首先指出了人的手对劳动的重要。原始人灵活、自由的手的意义还不仅仅在于它成为创造原始艺术的必备器官，更为重要的是，手的活动促使人脑的发育。经过长期进化，手和脚分工，"完成了从猿到人的具有决定意义的一步"。考古学研究表明，大约1500万年前，一种腊玛古猿集中生活在东非海岸、阿拉伯半岛以及印度、东南亚热带森林中。由于雨量减少，茂密的森林变得稀稀拉拉，以至消失。自然条件的变化给古猿带来生存危机，为了生存下来，他们被迫由在树木上生活改变为在地面生活。为了采摘果实和防卫侵略，逐渐地将偶然的直立姿势稳定下来，就产生了手和脚的分工。手和脚的分工当然也是猿人长期"劳动"（不同于人的劳动）的结果，但只有手和脚分工之后才有了真正意义上的人的劳动。这样，直立行走为脑的改进提供了条件，进而，手的使用促进了脑量的增加和脑质的改善。研究资料表明，距今约300万年的前期猿人平均脑量仅600毫升到700毫升，约100万年前的后期猿人脑量增到800毫升到1000毫升；待到20万—30万年前的智人，脑量已增至1400毫升，与现代人的脑量相当。另外，还有资料说明，现代人脑的重量为体重的1/50，而黑猩猩和大猩猩脑重量仅为体重的1/500。人脑的绝对重量，男性为1424克，女性为1242克。男性人

① 马克思：《资本论》（第1卷），人民出版社1975年版，第201-202页。

②《马克思恩格斯选集》（第3卷），人民出版社1972年版，第515页。

脑量每年增长 0.66 克，女性人脑量每年增长 0.62 克。这种进化还在继续进行。[①]因此，人脑是早期人类从事活动的重要条件，当然也是原始艺术产生的根本条件之一。语言和思维都离不开人的大脑，而艺术的创作又离不开思维和语言。那么，人脑是怎样发展起来的呢？恩格斯对此做了明确讲述："首先是劳动，然后是语言和劳动一起，成了两个最主要的推动力，在它们的影响下，猿的脑髓就逐渐地变成人的脑髓；后者和前者虽然十分相似，但是就大小和完善的程度来说，远远超过前者。在脑髓进一步发展的同时，它的最密切的工具，即感觉器官，也进一步发展起来了。""脑髓和为它服务的感官，愈来愈清楚的意识以及抽象能力和推理能力的发展，又反过来对劳动和语言起作用，为二者的进一步发展提供愈来愈新的推动力。……由于随着完全形成的人的出现而产生了新的因素——社会，这种发展一方面获得了有力的推动力，另一方面又获得了更确定的方向。"[②]

语言也是在劳动中产生的。劳动的发展必然促使社会成员紧密地互相结合起来，因为它使互相帮助和共同协作的场合增多了，而且使每个人都清楚地意识到这种共同协作的好处。也就是说，这些正在形成中的人已经到了彼此间有些什么非说不可的地步了。

如果以上所述的如手、脑、语言等艺术得以产生的条件主要侧重于生理方面的条件，而这些条件也都是在劳动中产生的。首先是意识。最初意义上的意识只是对外在的可以感知到的环境的一种意识，环境与人是对立的，因而意识也是狭隘的。随着劳动的开展，主体的人不断"将自然人化"，即"人懂得按照任何物种的尺度来进行生产，并且随时地都能用内在固有的尺度来衡量对象；所以人也按照美的规律来塑造"[③]。自然界打上了人的烙印，成为人生活的一部分，也正是在这一过程中人才产生了马克思所说的人类的"自意识"。所谓"自意识"是指人类开始按照头脑已经存在的某种观念有目的地改变自然物形态的创造性活动。"劳动过程结束时得到的结果，在这个过程开始时就已经在劳动者的表象中存在着，即已经观念地存在着。他不仅使自然物发生形式变化，同时，他还在自然物中实现自己的目的。"[④]"自意识"是推动艺术产生的主体的重要心理因素。黑格尔说："艺术的普遍而绝对需要是由于人是一种能思考的意识，这就是说，他由自己而且为自己造成他自己是什么和一切是什么。"他认为人类有一种冲动，"要在直接呈现于他面前的外在事物之中实现他自己，而且就在这

---

① 邓福星：《艺术前的艺术》，山东文艺出版社 1986 年版，第 20 页。

②《马克思恩格斯选集》（第 3 卷），人民出版社 1972 年版，第 512 页。

③ 马克思：《1844 年经济学哲学手稿》，人民出版社 1979 年版，第 50-51 页。

④《马克思恩格斯全集》（第 23 卷），人民出版社 1972 年版，第 202 页。

实践过程中认识他自己”。也就是说，人有满足心灵自由的需要，它是“自意识”的重要表现，也是“艺术以及一切行为和知识的根本和必然的起源”[①]。

任何艺术的创造都离不开想象这一人类“高级属性”的发展。对原始人来说，一切动物、植物以至于整个自然界都是充满着神秘色彩的，他们不得不用想象或借助想象以征服自然力，支配自然力，把自然力加以形象化，如古希腊神话就是“通过人民的幻想用一种不自觉的艺术方式加工过的自然和社会形式本身”，是古希腊人那种“神话地对待自然的态度和一切把自然神话化的态度”[②]的产物。

人的审美感觉的形成是艺术得以产生的必备条件。马克思在《1844年经济学哲学手稿》中，充分论证了人的审美感形成于“人化自然”的过程中。在这一过程中劳动工具的使用对美感的形成无疑起着重要的作用。李泽厚在美学研究中曾给予了充分注意：“在最原始的生产中，从人类利用最简单的工具——如石器、弓箭等开始，在这种创造、使用工具的合规律性的活动中，逐渐形成了人对自然秩序的一种领悟、想象、理解、感受和感情。……而当在改造客观世界中达到自己的目的，合规律性与合目的性在感性结构（劳动活动本身）中得到统一时，就产生情感愉快，这便是最早的美感。”[③]原始艺术创造者的审美感觉可能无法与后来的艺术家相比，但缺少一定的美感艺术是难以产生的。总之，劳动为艺术的产生创造了一切主体方面的条件。

第二，从原始文艺产生的动因看，原始人类劳动中出现的需要是产生最初文学的直接动因。在以上的文字中，我们多次提到马克思对神话产生的看法。神话之所以产生，其现实基础是人对自然的无能为力。从心理上讲，它的产生又主要依靠想象和幻想。从产生的动因看，显然是为生存而进行的劳动的需要促成了它的产生。我们甚至可以认为原始人的巫术活动也是起因于生产劳动的需要。如前面提到的半坡的人头鱼身的图案就是运用象征的手法表现人希望在劳动中能游水而抓到鱼的愿望。弗雷泽所言“交感巫术”的动因和目的都是获取庄稼丰收的结果，其推动力还是人们的生产劳动。

组织劳动的需要也是推动艺术产生的一个重要因素。由于自身条件的限制，人类在旧石器时代，个体还不能单独从事活动，人们往往群居在一起，用简单的工具进行着集体劳动，用简单的语言交流思想感情，为了协同动作，提高效率，原始人类便哼起具有某种节奏的歌谣。如《淮南子·道应训》所记载：“今夫举大木者，前呼‘邪许’，后亦应之，此举重劝力之歌也。”“前呼‘邪许’，

① 黑格尔：《美学》（第1卷），商务印书馆1979年版，第40页。

②《马克思恩格斯选集》（第2卷），人民出版社1972年版，第113页。

③ 李泽厚：《美学四讲》，生活·读书·新知三联书店1989年版，第193页。

后亦应之”正是为了“举重劝力”，协调动作、激发劳动热情。普列汉诺夫认为人的节奏感是在劳动过程中产生的，原始人的音乐几乎与之同时产生，这正如鲁迅所说：“假如那时大家抬木头，都觉得吃力了，却想不到发表，其中有一个叫道‘杭育杭育’，那么，这就是创作……”①

第三，从原始文学的内容看，劳动生活是原始文学直接的描写对象。马克思认为，随着人的实践活动的发展，自然不再作为人的“异己”的力量存在，客观世界逐渐成为人们的认识和改造的对象，也成为艺术的对象。“从理论方面来说，植物、动物、石头、空气、光等等，部分地作为自然科学的对象，部分地作为艺术的对象，都是人的意识的一部分，都是人的精神的无机自然界，是人为了能够宴乐和消化而必须事先准备好的精神食粮；同样地，从实践方面来说，这些东西也是人的生活和人的活动的一部分。”②劳动实践活动为艺术提供了直接的表现对象。1879 年首次发现第一个欧洲史前艺术洞穴——西班牙阿尔塔米拉洞穴壁画。1940 年发现了拉斯科克斯洞穴壁画，接着又发现了许多这样的壁画。这些壁画的主要对象是动物的形象，还有半人半兽的图画，这证明原始洞穴艺术反映的是原始人类劳动的生活和对象，在这一时期，由于他们的主要活动是猎取野兽，所以画的内容基本上都是动物，很少有植物图案。原始艺术中出现有关植物的内容是在有了农牧生产之后的事。

总体来讲，我们认为促成艺术发生的因素可能是多方面的，但劳动实践无疑是最根本的。劳动为艺术发生创造了必备的主体条件，劳动是艺术创造的直接动因，劳动为艺术创造提供了对象内容。

## 第三节　艺术发展的一般规律

艺术的发展有着自己的规律，中外古今的文艺理论家们都承认这一点。但具体到艺术发展的规律究竟是什么时，却存在着较大分歧。

黑格尔认为艺术是向前发展的。他把艺术发展同艺术类型结合起来，在物质和精神、内容和形式的矛盾运动中，考察艺术发展的阶段性。黑格尔认为，从艺术发展史来看，每个历史阶段都有着与之相适应的独特的艺术类型。他把

① 《鲁迅全集》（第 6 卷），人民文学出版社 1958 年版，第 75 页。

② 马克思：《1844 年经济学哲学手稿》，人民出版社 1979 年版，第 49 页。

艺术分为三类，即象征型、古典型、浪漫型。人类历史最初阶段的艺术是象征艺术。在这个阶段中，人类的心灵力图把它所朦胧认识到的理念表现出来，但还不能找到适合的感性形象，因此，便用符号来象征理念。黑格尔认为印度、埃及、波斯等东方民族的建筑如神庙、金字塔等，都是典型的象征艺术。艺术发展的第二个阶段是古典型艺术阶段，如果说，象征艺术的内容和形式不完全吻合的话，那么，古典型艺术的内容和形式则达到了完美的融合。古典艺术是完美的艺术类型，但它的完美不只在形式方面，"相反地，古典型艺术中的内容特征在于它本身就是具体的理念，唯其如此，也就是具体的心灵性的东西；因为只有心灵性的东西才是真正内在的"[①]。内容本身是具体确定的，适宜于艺术表现的。黑格尔认为希腊的雕塑艺术是古典型艺术的代表，其特点在于静穆和悦。黑格尔认为，精神是无限的、自由的，而古典艺术所借以表现神的人体形态毕竟是有限的、不自由的。因此，尽管古典艺术是完善的艺术，但它毕竟要被"更高的艺术"即浪漫型艺术所代替。在浪漫型艺术里，无限的心灵不能被有限的物质完满地表现，理念便从物质世界退回到心灵世界。

从黑格尔对艺术发展阶段的描述中，我们可以明确地看到黑格尔的艺术发展观具有辩证法思想，有着较大的进步性。总体来讲，他认为艺术越向前发展，物质的因素就越下降，精神的因素就越上升。在象征型艺术阶段，感性显现的物质形式超过了精神的"理念"，即物质超过精神。在古典型艺术阶段，感性显现的物质形式与精神"理念"相吻合，即物质和精神平衡。浪漫型的艺术显然是精神超过了物质。因此，黑格尔把艺术的发展看成精神因素克服物质因素的演变。艺术史也就是感性显现中的理念史。但艺术最终要被宗教和哲学所取代，艺术也只是绝对精神自我发展的过程中的一个阶段。黑格尔的艺术发展观与其哲学观是一致的，具有唯心主义色彩，其辩证法和历史感特征也并没有贯彻到底。

与唯心主义艺术发展观相对立，西方文艺理论史上还有唯物主义的历史发展观。如丹纳从社会学的角度来考察艺术的发展，认为艺术是受种族、环境、时代三要素所决定和制约的。由于受实证主义哲学思想的影响，丹纳用自然界的规律来解释作为社会精神文化现象的文学艺术，特别是他把种族力量，即先天的、生理的、遗传的因素看作决定艺术发展的主要因素，显然带有机械唯物主义色彩，不能从根本上找到艺术发展的原因。

马克思、恩格斯创立了历史唯物主义哲学观，把文艺作为上层建筑的一部分来考察，认为文艺的发展要受到经济基础的制约。马克思、恩格斯从整个人

---

① 黑格尔：《美学》（第1卷），商务印书馆1979年版，第97页。

类历史发展的角度考察文艺发展，把文艺发展分为三个阶段，即前资本主义阶段、资本主义阶段和共产主义阶段。每一阶段的艺术都是在不同的所有制形态上产生的。恩格斯在《反杜林论》中曾经指出，古希腊的奴隶制社会，创造了希腊的文化和艺术。没有奴隶制，也就没有希腊的科学、文化和艺术。随着古代奴隶制的崩溃和瓦解，封建制形成，就出现了封建主义的欧洲中世纪的教会文学和艺术。马克思还从资本主义的生产方式出发，研究了资本主义的文艺，得出了资本主义同文艺相敌对的观点，发现了资本主义艺术的内在矛盾性，而矛盾的解决途径只能是未来的共产主义社会的实现。根据马克思的设想，共产主义社会是消灭了剥削制度的社会，人的自我异化也将得到消除，马克思指出，它是“人和自然界之间、人和人之间的矛盾的真正解决，是存在和本质、对象化和自我确证、自由和必然、个体和类之间的斗争的真正解决。它是历史之谜的解答，而且知道自己就是这种解答”[①]。在这样的社会形态中，人是真正的自由的人，艺术能够真正表现人的本质力量。同时，艺术也不再由于分工而受到局限，它将成为人的全面发展的一个重要组成部分，马克思曾这样来展望共产主义社会的艺术：“而在共产主义社会里，任何人都没有特定的活动范围，每个人都可以在任何部门内发展，社会调节着整个生产，因而使我有可能随我自己的心愿今天干这事，明天干那事，上午打猎，下午捕鱼，傍晚从事畜牧，晚饭后从事批判，但并不因此就使我成为一个猎人、渔夫、牧人或批判者。社会活动的这种固定化，我们本身的产物聚合为一种统治我们的、不受我们控制的、与我们愿望背道而驰的并且把我们的打算化为乌有的物质力量，这是过去历史发展的主要因素之一。”[②]同样，作为专门从事艺术创作的艺术家也不再存在，他们也将变成全能的人，“在共产主义社会里，没有单纯的画家，只有把绘画作为自己多种活动中的一项活动的人们”[③]。可见，马克思对未来共产主义社会艺术的估计和预见，是基于社会发展、人的发展之上的，是历史唯物主义原理的运用和贯彻。

总之，艺术发展依赖于社会的经济发展。恩格斯说：“政治、法律、哲学、宗教、文学、艺术等的发展是以经济发展为基础的。”[④]从文艺发展的历史实践中，我们确实可以看到，经济的发展对艺术的内容和形式都会产生直接影响。如古希腊的伯里克利时期、古罗马的奥古斯都时期、英国的文艺复兴时期等历史时期艺术的辉煌成就的取得与当时经济的繁荣和高涨是分不开的。恩格斯在

---

①《马克思恩格斯全集》（第 42 卷），人民出版社 1979 年版，第 120 页。

②《马克思恩格斯选集》（第 1 卷），人民出版社 1972 年版，第 37-38 页。

③《马克思恩格斯全集》（第 3 卷），人民出版社 1960 年版，第 460 页。

④《马克思恩格斯选集》（第 4 卷），人民出版社 1972 年版，第 506 页。

谈到18世纪法国和19世纪德国的哲学和文学繁荣的根源时，曾写道："不论在法国或是在德国，哲学和那个时代的文学的普遍繁荣一样，都是经济高涨的结果。"[①]艺术形式的产生和消亡也受到社会物质生产的影响。例如，古希腊社会创造了史诗和神话，随着自然科学的发展，失去了其产生的基础，这些艺术形式也不会再出现。电影、电视等艺术形式当然是现代社会工业技术和科学技术高度发展的产物。

## 第四节　艺术生产与物质生产的不平衡关系

### 一、艺术的生产性

首先，我们讨论一下"艺术生产"概念的提出。马克思第一次使用"艺术生产"概念是在《〈政治经济学批判〉导言》中。但把艺术看作一种生产的思想早在《1844年经济学哲学手稿》中就已经萌芽了。马克思指出："宗教、家庭、国家、法、道德、科学、艺术等等，都不过是生产的一些特殊的形态，并且受生产的普遍规律的支配。"[②]马克思把艺术看成与人的一般生产和一般精神生产不同的一种特殊的精神生产。马克思的这一思想在和恩格斯合著的《德意志意识形态》中得到了进一步发展，明确提出了"精神生产""科学劳动""艺术劳动"的概念，并专门讨论物质生产与精神生产的关系。他们还特别指出："思想、观念、意识的生产最初是直接与人们的物质活动，与人们的物质交往，与现实生活的语言交织在一起的。观念、思维、人们的精神交往在这里还是人们的物质关系的直接产物。表现在某一民族的政治、法律、道德、宗教、形而上学等的语言中的精神生产也是这样，人们是自己的观念、思想等等的生产者。"[③]马克思、恩格斯虽然没有直接提到"艺术"，但"观念""意识"的生产显然是包括艺术生产在内的。马克思主义经典作家把艺术作为一种特殊的精神生产的思想在后来的著作中又得到了进一步充实和发展。1847—1848年，马克思、恩格斯合著的《共产党宣言》中再次论证了精神生产与物质生产的关系，认为随着

① 《马克思恩格斯选集》（第4卷），人民出版社1972年版，第485页。

② 马克思：《1844年经济学哲学手稿》，人民出版社1979年版，第78页。

③ 《马克思恩格斯选集》（第1卷），人民出版社1972年版，第30页。

物质生产中世界市场的形成，精神生产也就成了世界性的，“于是由许多种民族的和地方的文学形成了一种世界的文学”。19 世纪 50 年代和 60 年代是马克思主义经济学思想发展较快的时期，为了研究的需要，马克思的著作常常涉及文艺美学的问题。在《〈政治经济学批判〉序言》中，马克思将文学艺术界定为一种社会意识形态，又在《导言》中把艺术看作一种精神生产，并揭示了艺术生产与物质生产发展的不平衡关系。“艺术生产”概念在这一时期正式确立。另外，《政治经济学大纲》和《资本论》更为集中地讨论了资本主义时代艺术生产的问题。所有这些对于我们研究艺术发展的特性和发展规律都具有指导意义。

马克思主义文艺美学将艺术生产作为一种特殊的精神生产来研究，论证了它既不同于一般生产，又不同于一般精神生产的特殊规律。我们首先将艺术生产与一般生产（主要是物质生产）进行一些分析比较。首先，在马克思看来，艺术生产和物质生产一样都属于实践范畴，都具有实践性。把艺术生产同物质生产一样当作实践考察，也就是把它们都看作一种感性的、客观的活动，艺术生产之所以具有客观性、感性，其原因在于三个方面：第一，作为艺术反映对象的客体是一种客观的社会存在，是生动的、鲜活的社会生活；第二，作为实践主体的人也是一种感性的、客观的存在；第三，从生产过程看，物质生产和精神生产都有一个将主观精神物化的过程，并且都要运用一定的物质媒介和手段。其次，艺术生产同一般生产一样，是一种有目的、有意识的活动。

了解了艺术生产同一般生产的共同性之后，我们还必须进一步弄清二者的区别，只有真正做到了后者，才能更为深入地认识和把握艺术作为精神生产的特质。总体来讲，在物质生产中，人类活动的主要目的在于满足物质生活需要，精神生产的目的在于满足人们精神上的审美需要。艺术创作的主体必须将意识和思维成果对象化，创造出精神产品。也就是说，艺术生产与物质生产相比，是一种意识活动、精神活动，这一特质导致了艺术生产中的主体和客体、主观和客观的具有与一般生产不同的性质。

艺术生产既是一种精神生产，又有别于一般精神生产的性质，关于这一点，我们已在“文艺本质论”部分做过详细的分析，指出了艺术掌握世界方式与一般精神方式（如理论方式、宗教方式）的不同，此处不再重复。

总之，马克思主义经典作家提出“艺术生产”理论不但为我们的文艺美学研究提供了新的方法和角度，同时它还开辟了文艺美学研究的新领域。如关于艺术生产的主客体问题、艺术生产的生产力和生产关系问题、艺术生产和消费问题，马克思、恩格斯都有所涉及，也是我们应注意深入研究的问题。

## 二、物质生产与艺术生产的不平衡关系

马克思主义文艺美学认为，在人类发展的历史上，特别是阶级对立的社会中，物质生产与精神生产之间存在着不平衡的关系。在《〈政治经济学批判〉导言》中，马克思明确指出：“关于艺术，大家知道，它的一定的繁盛时期决不是同社会的一般发展成比例的，因而也决不是同仿佛是社会组织的骨骼的物质基础的一般发展成比例的。例如，拿希腊人或莎士比亚同现代人相比。”①

对于马克思的这一“不平衡”学说，学术界一直存在着争论，至今似乎也没有一个统一的认识。我们认为，考察物质生产和精神生产的不平衡关系，可以从两个方面着眼，即“不平衡”的表现和“不平衡”产生的原因分别是什么。我们首先看“不平衡”的表现。马克思从两个方面说明了物质生产与艺术生产的不平衡性。

第一，某些精神产品只是物质发展的某一历史阶段的产物，并不是任何历史阶段都会出现这样的艺术产品。马克思说：“在艺术本身的领域内，某些有重大意义的艺术形式只有在艺术发展的不发达阶段上才是可能的。”② 马克思以希腊神话来说明这一点。马克思认为希腊神话是用想象和借助想象以征服自然力，支配自然力，把自然力加以形象化。神话只能出现在生产力状况低下，“自然力”不被人们所支配的时代。随着人对周围世界的控制，自然力被支配，神话也就消失了。因此，马克思认为，在英国曼彻斯特生产机器的罗伯茨公司面前，罗马神话中的火神和锻冶之神武尔坎就不可能产生了；在避雷针面前，罗马神话中的雷神丘比特也就不可能存在了。荷马史诗《伊利亚特》中的著名英雄阿喀琉斯也不能同火药和弹丸并存。所以，马克思明确指出某些艺术形式只有在艺术发展的不发达阶段上才有可能。

马克思在对希腊神话产生的原因做了分析之后，又极为严谨地提出了另一个问题，努力将研究引向深入。马克思说：“困难不在于理解希腊艺术和史诗同一定社会发展形式结合在一起。困难的是，它们何以仍然能够给我们以艺术享受，而且就某些方面说还是一种规范和高不可及的范本。”③马克思提出了希腊艺术的魅力问题。根据马克思的分析，我们可以从这样几个角度分析魅力产生的原因。从社会历史角度看，古希腊神话是当时社会历史的产物，透过它们，我们可以看到那个时代的社会情况，有一定史料价值。从人类学的角度看，古

马克思恩格斯选集》（第 2 卷），人民出版社 1972 年版，第 112–113 页。

克思恩格斯选集》（第 2 卷），人民出版社 1972 年版，第 113 页。

思恩格斯选集》（第 2 卷），人民出版社 1972 年版，第 114 页。

希腊神话代表着"人类童年"时代。马克思把古希腊比作"人类童年",也就是他在《剩余价值理论》中所说的社会的"幼稚形式"。马克思在《政治经济学批判》中指出:"人,不管是处在怎样狭隘的民族的、宗教的、政治的规定上,毕竟始终表现为生产的目的。"因此"稚气的古代世界显得较为崇高",这种"崇高"就是马克思在《导言》中所说的"儿童的天真"。而"儿童的天真"一去不复返,"一个成年人不能再变成儿童,否则就变得稚气了"。因此,我们认为马克思之所以认为希腊神话具有魅力,其主要原因就在于现代人类可以从希腊神话中发现"人类童年"时代的生存方式、精神面貌。希腊人是正常的儿童,最具儿童的天真,对现代人来说,它作为永不复返的阶段而具有永久的魅力。另外,如马克思所说,希腊神话不只是希腊艺术的宝库,而且也是它的土壤,从艺术发展的角度而言,古希腊神话和古希腊艺术一起成为后来欧洲艺术创作的不尽源泉,艺术家从中汲取精神养料,从中借鉴艺术题材,对现代艺术家来讲,它有着永久的魅力。

第二,物质生产和精神生产不平衡的另一个表现是,某些物质生产繁荣的国家,艺术生产不一定发达,而某些政治、经济状况落后的国家或某一历史时期,也可能出现伟大的艺术作品。这种情况在整个文艺发展史上常常有所表现。如 19 世纪后半期的俄国,与西欧国家的生产发展相比,经济上显然是落后的,在政治制度方面,虽然宣布废除了农奴制,但专制统治的阴影依然笼罩着整个俄国大地。与经济不发达相比,俄国这一时期的文艺创作却达到了前所未有的繁荣,出现了果戈理、车尔尼雪夫斯基,涅克拉索夫、列夫·托尔斯泰等伟大的文学大家,俄国文学的成就大大超过了欧洲各国。

恩格斯还在《德国状况》中指出,17 世纪末叶的德国,在政治和社会方面是可耻的,国内的手工业、商业和农业都很落后,农民、手工业者和企业主遭到双重的苦难——政府的搜刮、商业的不景气,"一切都很糟糕,不满情绪笼罩了全国","一切都烂透了,动摇了,眼看就要坍塌了,简直没有一线好转的希望",但是,"在德国文学方面却是伟大的",在这一时期出现了伟大的诗人歌德、席勒,哲学家康德、黑格尔和费尔巴哈。这同德国当时的经济状况是不相称的。

以上只是"不平衡"的两种关系,在此基础上我们应进一步考察马克思的"不平衡"原理的最基本含义,也就是要进一步了解马克思是在什么背景下,在哪种意义上提出"不平衡"命题的。

马克思在写作《政治经济学批判》的时候,毕希纳等人为代表的庸俗唯物主义已开始出现。他们抛弃了黑格尔的辩证法,以机械的方法企图用自然界的规律来解释社会历史的发展规律。他们把资本主义的生产、劳动、资本、交换、消费、货币等经济学范畴抽象化,认为它们是早已有之的抽象规定,是脱离了历史发展的永恒的“自然规律”。于是资产阶级关系便被当作社会一般的颠扑不破的自然规律进入了当时政治经济学的研究之中。因此，如果真正地坚持唯物主义原理不被歪曲，就需要了解政治经济学研究的方法论问题。马克思正是在讲述政治经济学的范畴时指出“不平衡”的，从原著中，我们可以看到，马克思是在“生产、消费、分配、交换（流通）”的总标题下谈这一问题的。更具体地讲，是在生产、生产资料和生产关系、生产关系和交往关系、国家形式和意识形式同生产关系和交往关系的关系，以及法的关系、家庭关系的标题下谈论这一问题的。马克思所说的“物质生产的发展同艺术生产的不平衡关系”是他研究的八种关系的一种，它们相互之间有着紧密的关系，马克思所讲的以下几点可以帮助我们理解“不平衡”原理：

1. 第二级和第三级的东西，即派生的、转移来的、非原生的生产关系；
2. 生产力（生产资料）的概念和生产关系的概念的辩证法；
3. 观念的历史编纂法同现实的历史编纂法的关系；
4. 进步的概念绝不能在通常的抽象意义上去理解；
5. 在承认必然的同时也承认偶然。

马克思针对当时庸俗唯物主义思潮的兴起，显然是对他们的错误的思维方法做出认真分析之后才提出以上诸问题的，马克思为了历史唯物主义的观点不被曲解，在这里，他表现得特别谨慎。关于生产力和生产关系的辩证法，对于政治经济的概念不能在抽象的意义上去理解，以及对于偶然的强调都有着极为丰富的内涵，也是我们理解“不平衡”关系的出发点。以此为基点，我们可以围绕马克思主义经典作家的研究来理解“不平衡”的提出角度及“不平衡”产生的原因。

首先，理解物质生产和精神生产不平衡之间的关系，不能把物质生产理解为“生产一般”，即抽象的范畴，而应首先确定其“特殊性”，即从一定的历史发展形式来考察。马克思明确讲道：“困难只在于对这些矛盾做一般的表述。一旦它们的特殊性被确定了，它们也就被解释明白了。”这就是说，马克思所说的艺术的一定的繁荣时期绝不是同物质基础的一般发展成比例的。“物质基础的一般”就是指“生产一般”，也就是指脱离一定生产关系制约的物质生产。显然，仅从“一般”出发解释“不平衡”是困难的，必须从“特殊性”着手才能真正解决问题。

马克思所说的物质生产不是脱离了与一定生产关系相联系的抽象的“生产”。“生产一般”是舍弃了社会生产在各历史阶段所特有的生产关系，然后其“共性”的结果。因此，“生产一般”不能说明任何具体的、特定的历会生产。因此，要解释一定历史时期的艺术生产，就应做到“要研究精神生产和物质生产之间的联系，首先必须把这种物质生产本身不是当作一般范畴来考察，而是从一定的历史的形式来考察”。“例如：与资本主义生产方式相适应的精神生产，就和与中世纪生产方式相适应的精神生产不同。如果物质生产本身不从它的特殊的历史的形式来看，那就不可能理解与它相适应的精神生产的特征以及这两种生产的相互作用。从而也就不能超出庸俗的见解。”① 显然，马克思的意思是，在解释物质生产与艺术生产的关系时，应把物质生产同与之相适应的生产关系联系起来考察，而不应将它视为一个与生产关系无关的抽象范畴。只有把握到了特定历史时期的具体的物质生产实践，物质生产和精神生产之间的关系才能说得清楚。因此，艺术的一定繁荣时期不是同社会及其物质基础的一般发展成比例，就是说不能用“生产一般”直接同艺术进行类比，否则，就会认为艺术的发展一定同物质生产的发展成比例，即马克思所说的“庸俗见解”。

其次，文学艺术受经济基础的支配，是“归根结底”的“最终”原因，并且是在“该领域本身所限定的那些条件的范围内”。而且，在经济基础和文艺之间还有着许多的“中介”因素在起作用。在研究文艺的发展时，如果把任何时候、任何条件下的一切文艺现象机械地、直接地从经济状况中寻找原因，把经济因素当成唯一起决定作用的因素，就是对马克思历史唯物主义原理的极大歪曲。针对有些人对历史唯物主义原理的庸俗化理解，恩格斯曾严肃申明：“根据唯物史观，历史过程中的决定性因素归根到底是现实生活的生产和再生产。……如果有人在这里加以歪曲，说经济因素是唯一决定性的因素，那末他就是把这个命题变成毫无内容的、抽象的、荒诞无稽的空话。经济状况是基础，但是对历史斗争的进程发生影响并且在许多情况下主要是决定着这一斗争的形式的，还有上层建筑的各种因素……这里表现出这一切因素的交互作用，而在这种交互作用中归根到底是经济运动作为必然的东西通过无穷无尽的偶然事件向前发展。”②在《致符·博尔吉乌斯》（1894 年 1 月 25 日）一文中，恩格斯又说：“政治、法律、哲学、宗教、文学、艺术等的发展是以经济发展为基础的。但是，它们又都互相影响并对经济基础发生影响。并不是只有经济状况才是原因，才是积极的，而其余一切都不过是消极的结果。这是在归根到底不断为自己开辟道路的经济必然性的基础上的互相作用。”③从恩格斯的论述中，我们可以看到，文艺的发展归根到底是被经济基础决定的，但具体地看，经济对文艺的制约和决定并不是直接的，中间有政治的、哲学的、宗教的等因素都会对文艺发生作

①《马克思恩格斯全集》（第 26 卷·第 1 册），人民出版社 1972 年版，第 296 页。
②《马克思恩格斯选集》（第 4 卷），人民出版社 1972 年版，第 477 页。
③《马克思恩格斯选集》（第 4 卷），人民出版社 1972 年版，第 506 页。

用。例如，古希腊的经济生活状况与后来发展到资本主义时代的欧洲相比是非常低下的，但公元前 5 世纪的雅典城邦民主政治使人们较少受到清规戒律的约束，激发了希腊人的聪明和才智，创造出了古希腊辉煌的艺术成就。相比之下，欧洲中世纪的神学统治对人性的压制达到了惊人的程度，使艺术家的创造力受到严重束缚。基督教还敌视希腊、罗马的文化艺术和各地民间的异教文化，对艺术的发展无疑起到了阻碍作用，因此，漫长的中世纪没有出现艺术的繁荣，反而比古希腊艺术落后了许多。

另外，一些设施性的上层建筑如“政治、法律的设施”，即国家的权力和机构对经济的促进作用和束缚作用，是造成物质生产和精神生产不平衡的一个重要因素。如我国元代由于强权统治，文人地位低下，同下层人民取得更多的联系，出现了一大批具有较强人民性的文艺作品，以关汉卿、王实甫的杂剧为代表显示出元代文学的繁荣，与黑暗的政治统治、落后的经济状况形成极为鲜明的对照。

再次，一个时代的哲学思潮、宗教信念有时与经济生活也不一定同步发展，这些意识形态因素对文艺产生影响，也会造成物质生产与艺术生产的不平衡状况。如我国的魏晋南北朝时期，由于社会动荡，经济极为落后，民不聊生，从经济上看，甚至不如汉代。但是，这一时期儒、释、道、玄各家思想出现，形成了一个思想大解放的时代，其直接结果就是促进了个体意识的觉醒，从而产生了艺术的繁荣。《世说新语·品藻》载：“桓公少与殷侯齐名，常有竞心。桓问殷：‘卿何如我？’殷云：‘我与我周旋久，宁作我。’”殷浩与桓温的对话充分表现出强烈的自我意识。以阮籍、嵇康为首的“竹林七贤”，蔑视礼法，率性任情，潇洒旷达，即所谓“魏晋风度”。个性意识觉醒，审美意识就会迅速得到发展，必然在文学中得到表现，促进艺术创作的繁荣，如这时期大量出现的诗作、诗论、文论、画论、乐论，等等。艺术的繁荣与凋敝的经济条件，无疑形成了鲜明的对比。

最后，物质生产与艺术生产之间的不平衡的出现，还源于艺术生产自身的发展规律。艺术的自身规律，主要指它的相对独立性和历史继承性。关于历史继承性，马克思、恩格斯在《德意志意识形态》中曾指出：“历史的每一阶段都遇到有一定的物质结果，一定数量的生产力总和，人和自然以及人与人之间在历史上形成的关系，都遇到有前一代传给后一代的大量生产力、资金和环境，管一方面这些生产力、资金和环境为新的一代所改变，但另一方面，它们也规定新的一代的生活条件，使它得到一定的发展和具有特殊的性质。”①人

思恩格斯选集》（第 1 卷），人民出版社 1972 年版，第 43 页。

类社会的物质生活条件是历代相续的，前代的遗产（包括物质的和文化的）不仅是后代发展的基础，而且影响着后代发展的方向和性质。任何创造都不能“随心所欲地创造，并不是在他们自己选定的条件下创造，而是在直接碰到的、既定的、从过去继承下来的条件下创造”。[①]“作为分工的一个特定的领域”的哲学，它的发展也“由它的先驱者传给它而它便由此以出发的特定的思想资料作为前提”[②]。艺术也同哲学一样，它的发展需要借鉴前代遗产。18、19 世纪欧洲各国文学的发展与繁荣是与意大利兴起的“文艺复兴”运动分不开的，它们从文艺复兴那里吸取了人文主义精神。

文学用形象反映生活的特殊形式，使它比其他意识形态具有更加明显的相对独立性。文学并不像政治那样随经济基础的消亡而消亡，它有自己相对独立的形式和发展的特殊过程及规律性，有历史的继承性，当它赖以产生和存在的物质条件根本改变之后，它也未必立即随之消失。同时，一种艺术形式还会接受其他艺术形式的影响，并接受不同国家、不同民族的文化思想和艺术形式的影响。艺术生产与物质生产在发展上的“不平衡关系”，正是文学这种相对独立性的一种表现。

在关于“不平衡”的争论中，有一种观点认为，物质生产和艺术生产是“平衡”的，根本不存在“不平衡”的情况。因为这种观点有一定的代表性，所以我们将对其重点做出分析。为了说明艺术生产和物质生产的平衡，论者举了很多例子，如：希腊艺术的繁荣与“希腊奴隶制经济的高度发展”；文艺复兴与当时“物质生产的高度发展”；古典主义，启蒙运动，批判现实主义，19 世纪末挪威、俄国等文艺繁荣与当时资本主义的发展；我国春秋战国时期百家争鸣，盛唐诗歌与当时物质生产的繁荣；等等。其实，马克思所说的“不平衡”或“不成比例”，是指文艺发展过程中出现的情形，是以一个时代的经济发展与文化发展情况同另一个时代的经济发展与文化发展情况相比较而言的，或者是以一个国家的经济发展与文化发展状况同另一个国家的经济发展与文化发展状况的比较。对于前者，马克思以希腊艺术同现代的关系给予了说明，这可看作“纵”的不平衡；对于后者，恩格斯以 18 世纪的法国同英国相比较，以后来的德国同英法两国相比较，说明了“横”的不平衡。因此，不管是纵的还是横的“不平衡”，都不能缺少四个量，即一个时代的物质生产、艺术生产，同另一个时代的物质生产、艺术生产。而认为“平衡”的观点，是将同一时代同一国家的物质生产与艺术生产比较而得出的结论。在这里，论者犯了一个常识性的错误，两

①《马克思恩格斯选集》（第 1 卷），人民出版社 1972 年版，第 603 页。

②《马克思恩格斯选集》（第 4 卷），人民出版社 1972 年版，第 485 页。

个不同性质的量是不能拿来比较的。同一时代的同一国家的文艺与经济发展之间只有适应或不适应的关系，不存在平衡或不平衡的关系，如希腊神话的产生显然是适应时代经济发展状况要求的，希腊艺术的发展也离不开经济的发展，甚至可以说是经济发展的产物。但是希腊神话同莎士比亚时代或现代的关系，就表现出不平衡或不成比例的关系，因为莎士比亚时代，特别是现代，物质生产远远超过了希腊时代，但神话这种艺术形式却不再复现而是消失了，因此，从这个意义上说，物质生产与艺术生产之间才有“不平衡”现象出现。所以，在讨论“不平衡”时一定要将“适应”与“不适应”同“平衡”与“不平衡”区分开，这样才能不曲解马克思主义经典作家的原意，才能更好地坚持历史唯物主义原理。

## 第五节　资本主义与艺术相敌对

如前所述，马克思研究文艺生产与物质生产的不平衡关系，不是把物质生产作为抽象的范畴来考察的，而是特别突出了生产关系对艺术生产的影响作用。马克思在详细考察了资本主义的生产关系之后提出了资本主义生产同某些精神生产部门如艺术和诗歌相敌对的著名观点。在此，马克思从资本主义物质生产与艺术生产内部矛盾的揭示中，又从另一个侧面强调了物质生产与艺术生产的不平衡性质：资本主义的物质生产虽然取得了很大的进步，但艺术生产并没有出现相应的繁荣，反而逐渐走向危机。

关于资本主义与艺术生产存在矛盾甚至对立的观点，在马克思之前，就有不少哲学家、美学家、文艺理论家在某种程度上指出来了。19 世纪空想社会主义者傅立叶曾深刻地指出，资产阶级的“商业精神”导致文明衰落；另一位空想社会主义者欧文也认为，资本主义社会中“为了个人发财致富而进行的斗争，在社会各个部分造成了许多极不合理的现象和挥霍浪费，损害了人的本性最美好和高尚的素质，同时也在培植和鼓励一切卑鄙的感情和贪欲”①。资本主义的社会状况对艺术的发展是极为不利的。19 世纪的德国古典美学家对资本主义限制、阻碍艺术发展的现象看得更加清楚，批判也更为激烈。美学家席勒从人

①《欧文选集》（中文版下卷），第 15 页。转引自狄其骢主编《马克思恩格斯艺术哲学》，山东文艺出版社 1991 年版，第 316 页。

本主义美学思想出发，认为资本主义损害人的尊严，艺术也就受到了摧残，他指出："事变的运行给时代的天才一个方向，它迫使他越来越远离理想的艺术，这种理想的艺术必须脱开现实，必须堂堂正正地大胆超越需要；因为，艺术是自由的女儿，她只能从精神的必须，而不能从物质的最低需求接受规条。可是，如今是需要支配一切，沉沦的人类都降服于它那强暴的重扼。有用是这个时代崇拜的大偶像，一切力量都要侍奉它，一切才智都要尊崇它。在这架粗糙的天平上，艺术的精神功绩没有分量，艺术失去了任何鼓舞的力量，在这个时代的喧嚣市场上艺术正在消失。甚至哲学的研究精神也一点一点地被夺走了想象力，科学的界限越扩张，艺术的界限就越狭窄。"①席勒的这一思想对 20 世纪西方哲学家、美学家如海德格尔、马尔库塞的影响也是巨大的。

大家知道，美学大师黑格尔曾对古希腊艺术发出由衷的赞叹，他称颂希腊世界是"美丽自由的王国"，是"最优美的世界"，希腊性格的中心是"美"的个性。艺术家的任务在于用大理石和绘画把这些美的形态客观地表现出来。黑格尔认为，希腊人之所以能创造出如此伟大的艺术，在于"希腊人生活在自觉的主体自由和伦理实体的这两领域的恰到好处的中间地带"②。这段话同样也适用于黑格尔。与对古希腊社会和古希腊艺术的崇拜相对，黑格尔对资本主义生产方式造成的异化及其对艺术的摧残进行了批判。黑格尔认为："在文明国家的情况里，被统治者实际上在各方面都是依存的，被压迫的，而他们的情欲和意图也是完全受外在必然性压抑和限制的——因为在他们后面的那种市民社会秩序有不可动摇的威力，对于这种威力他们简直无法抵抗，而且他们的主子们的专横意志就等于法律，他们也非受它支配不可。现存关系所产生的这些局限就把被统治者的一切独立自主性都破坏无余了。"③因此，黑格尔认为在资本主义时代，从君主到市民，都失去了真正的独立自主性，人成了异化的人。通过对罗马（认为罗马的"政治道德原则是和真正的艺术不相容的"）和现代资本主义社会生产方式、政治、道德、法律关系的考察，黑格尔认为在现代社会"法的人格"代替了"美的个性"，"平庸的个人"代替了"诗意的个人"。他认为现代资本主义社会中人的独立自由性显然已经失去，艺术也就失去了创造理想的形象和美的个性的社会基础，因此，黑格尔宣告："希腊艺术的辉煌时代以及中世纪晚期的黄金时代都已一去不复返了"，"我们现时代的一般情况是不利于艺术的"，"艺术对于我们现代人已是过去的事了，因此，它已丧失了真正的真实

① 席勒：《审美教育书简》，北京大学出版社 1985 年版，第 13 页。
② 黑格尔：《美学》（第 2 卷），商务印书馆 1979 年版，第 170 页。
③ 黑格尔：《美学》（第 1 卷），商务印书馆 1979 年版，第 245 页。

的生命”。[1]黑格尔确实看到了资本主义与艺术相敌对的现象，也揭示出了它产生的一定原因，但他的立足点还只是资本主义社会的政治、法和伦理的关系，他还没有真正从资本主义生产方式的角度即对资本主义不利于艺术发展的角度研究问题。

那么，根据马克思、恩格斯的观点，资本主义同艺术相敌对产生的原因是什么呢？

首先，从资本主义的生产目的看。资本主义的生产目的已经不是人们的精神需要和审美需要，而是为生产而生产，使劳动过程服从于剩余价值积累过程。恩格斯说："封建奴隶制的消灭使'现金交易成为人们之间唯一的纽带'。因此，财产——这是天然的、冷酷无情的准则，和人类应有的合乎人性的准则正相对立——就被捧上宝座，最后，为了完成这种异化，金钱——财产的异化了的空洞的抽象——就成了世界的统治者。人已经不再是人的奴隶，而变成了物的奴隶；人们的关系被彻底歪曲。"[2]因此，在资本主义社会里"人本身扮演着极卑微的角色"。艺术劳动成了资本家投机的对象，艺术就成了谋利的工具，艺术创造的主体精神自由受到极大限制。按照马克思主义的观点，文学艺术的创造本来是一种自由的、精神性的创造活动，在这一活动中，作为创作主体的作家必须是自由的，他要占有他自己的本质。但是，在资本主义生产关系之下，人的劳动（包括艺术创作）具有强烈的异化特征，劳动者陷于饥饿和贫困，使他们在物质上和精神上受到奴役，因此，从事自由的精神创造的艺术家，实际上变成了像工人一样受雇佣的劳动者。高尚的艺术劳动不再具有从前的荣耀，艺术家不再为人尊崇，艺术活动实际上沦为制造特殊商品的活动。马克思指出："作家所以是生产劳动者，并不是因为他生产出观念，而是因为他使出版他的著作的书商发财，也就是说，只有在他作为某一资本家的雇佣劳动者的时候，他才是生产的。"[3]马克思举例说明作为"非生产劳动者"的艺术家是如何变成"生产劳动者"的。马克思这样说道："例如，密尔顿创作《失乐园》得到5镑，他是非生产劳动者。相反，为书商提供工厂式劳动的作家，则是生产劳动者。密尔顿出于同春蚕吐丝一样的必要而创作《失乐园》。那是他的天性的能动表现。后来，他把作品卖了5镑。但是，在书商指示下编写书籍（例如《政治经济学大纲》）的莱比锡的一位无产者作家却是生产劳动者，因为他的产品从一开始就从属于资本，只是为了增加资本的价值才完成的。一个自行卖唱的歌女是非生产劳动者。但是，同一个歌女，被剧院老板雇佣，老板为了赚钱而让她去唱歌，

① 黑格尔：《美学》（第1卷），商务印书馆1979年版，第14-15页。

②《马克思恩格斯全集》（第1卷），人民出版社1956年版，第663-664页。

③《马克思恩格斯全集》（第26卷·第1册），人民出版社1972年版，第149页。

她就是生产劳动者，因为她生产资本。”[①]在资本主义生产方式下，作家不可能做到像弥尔顿创作《失乐园》那样是为了精神上的真正需要，艺术创作不是出于“他的天性的能动表现”，而是服从于资本主义的剩余价值规律。资本主义剥夺了作家的创作自由。概而言之，资本主义的生产改变了劳动的固有性质，把艺术家的本来意义上的劳动，变成了为增加资本而进行的劳动，这样它就不利于生产的审美内容和作家的创作个性，从而，破坏了艺术生产。这正如马克思所指出的：“资产阶级抹去了一切素被尊崇景仰的职业的庄严光彩。它使医生、律师、牧师、诗人和学者变成了受它雇用的仆役。”[②]

其次，马克思认为，社会分工到了资本主义阶段，使作家、艺术家越来越受到局限，不能发展自己的性格和才能。物质生产的发展促进了社会分工，物质劳动和精神劳动，是人类社会出现的第一次真正分工。精神劳动同物质劳动的分离，带来了高级意识形式的出现，使得一部分人可以专门从事精神性活动（包括文学艺术的创作）。因此，我们可以认为，由于分工才增加人们的劳动兴趣和热情，提高了劳动生产率；由于分工，才有人能够专门从事艺术创作，从而使艺术脱离了原始状态。但是，随着资本主义生产关系的确立，分工越来越细，人们只能拘泥于某一特殊的专门职业。人们长期从事某一职业，发展了该职业所特有的技能和知识，使得外行人难以涉足，其结果必然是造成人的片面发展，甚至是人同人、人同社会的对立。马克思说：“只要人们还处在自发地形成的社会中，也就是说，只要私人利益和公共利益之间还有分裂，也就是说，只要分工还不是出于自愿，而是自发的，那末人本身的活动对人说来就成为一种异己的、与他对立的力量，这种力量驱使着人，而不是人驾驭这种力量。”[③]因此，就产生了这样一些结果，“不仅是工人，而且直接或间接剥削工人的阶级，也都因分工而被自己活动的工具所奴役；精神空虚的资产者为他自己的资本和利润欲所奴役；律师为他的僵化的法律观念所奴役，这种观念作为独立的力量支配着他；一切‘有教养的等级’都为各式各样的地方局限性和片面性所奴役，为他们自己的肉体上和精神上的近视所奴役，为他们的由于受专门教育和终身束缚于这一专门技能本身而造成的畸形发展所奴役，——甚至当这种专门技能纯粹是无所事事的时候，情况也是这样。”[④]人的“畸形发展”与马克思所设想的“人的全面发展”是相违背的。对于资本主义社会中人的畸形发展，西方马

① 《马克思恩格斯全集》（第 26 卷 • 第 1 册），人民出版社 1972 年版，第 432 页。书中“弥尔顿”译为“密尔顿”。

② 《马克思恩格斯全集》（第 4 卷），人民出版社 1958 年版，第 468-469 页。

③ 《马克思恩格斯选集》（第 1 卷），人民出版社 1972 年版，第 37 页。

④ 《马克思恩格斯选集》（第 3 卷），人民出版社 1972 年版，第 331 页。

克思主义者、法兰克福派的代表人物马尔库塞曾有专门研究。在《单面人》中，马尔库塞认为，单向度的社会、单向度的文化，只能造就单面的人，人只能成为工具理性的被动零件，丧失人的一切局限性。马尔库塞还认为，艺术既受现实社会的限制，同时，艺术还有否定的功能，它可以拯救人性。

总之，不论从个人的地位还是从人格的发展看，资本主义生产方式下的精神生产者还不能真正自由地创作，创作只是一种谋生的手段而不是目的。同时，资本主义的分工，也使得广大人民群众的艺术天才受到压抑，失去了艺术发展的肥沃土壤。总之，马克思从历史唯物主义原理出发，从资本主义生产方式的特性分析入手，分析了资本主义的艺术生产与物质生产之间的关系，得出了资本主义与艺术相敌对的结论。这一结论经得起文学实践的检验，是非常正确的。但是，在理解马克思的这一文艺思想时，必须首先注意防止这样一种错误观点的出现，即资本主义与艺术相敌对，就意味着资本主义时代艺术就不发展了。众所周知，马克思和恩格斯曾十分清楚地指出，艺术和文学在资本主义时代并没有停顿，而且还有长足的发展。他们不但高度评价过《荷马史诗》和莎士比亚悲剧，而且还高度评价了19世纪的现实主义小说。他们曾研究过塞万提斯、莎士比亚、巴尔扎克等伟大作家，而且，还十分欣赏拜伦、雪莱和俄国的小说家。敌对性，也并不意味着资本主义时代的一切艺术家都完全被资本主义的金钱关系所控制，心甘情愿地成为资本家赚钱的工具，很多有良知的艺术家会努力争取创作的独立和自由，充分发挥创作的主体性，创造出真正反映时代的艺术精品，如以上提到的几位作家都是如此。作家在创作上有超前意识，他们甚至不惜打破规范系统的束缚，和社会相对抗，甚至当一个“叛逆”者来呼唤人类的新精神。我们如果把目光投入20世纪的艺术家行列中去，不难发现这样的一些作家，奥地利小说家卡夫卡便是其中的一位。阶级社会的发展、私有观念的加强、金钱拜物教深深地渗入了人们的意识之中，人们之间的关系变成了简单的金钱关系，人们经常会产生孤独感、隔膜感，正如马克思、恩格斯所指出的：“资产阶级撕破了笼罩在家庭关系上面的温情脉脉的纱幕，把这种关系变成了单纯的金钱关系。”[①]卡夫卡对资本主义的批判当然不可能达到马克思、恩格斯那样的理论深度，但他却以其艺术创作，极为形象地展示了资本主义社会由“异化”而带来的人与人之间的被扭曲了的关系。尤其值得一提的是卡夫卡的著名短篇小说《绝食艺术表演家》（也译为《饥饿艺术家》），其写出了资本主义时代艺术家的可悲命运。一个表演绝食特技的艺术家被关在笼子里任人观赏，艺

① 《马克思恩格斯全集》（第4卷），人民出版社1958年版，第469页。

术家的特长是忍耐饥饿的能力。他最苦恼的是观众对他的不信任：观众总是怀疑他偷偷进食，有的夜间观众甚至设计赌博的骗局，暗中窥察他是否偷吃东西，实际上并没有一个人连续几天几夜来观察他，因此最后只有艺术家本人明白自己是诚实无欺的。更让他感到恼怒的是，看守者只许他最多每次绝食40天，因为一过40天，对观众的新鲜刺激就会完全失去。而艺术家本人则坚持更长时间地表演下去，他感到自己有无限的饥饿表演能力。然而不久，观众的兴味很快就发生转变，再也没有人来理会他了，他甚至连动物也不如，最终的命运就是被抛弃到稻草堆里奄奄一息地等待死亡。这就是真诚艺术家的状况，而实际上也是卡夫卡们的真实写照。

马克思所提出的资本主义与艺术相敌对的思想的意义在于，它揭示了资本主义发展的深刻矛盾性对艺术发展的影响作用。如前所述，资本主义的生产方式从根本上讲是与艺术相敌对的，但是资本主义代替封建主义是时代的伟大进步。资本主义社会完全打破了以前各个时代原有的一切宗法制幻想和以对“自然界的神话化”为基础的审美理想，它使人们学会如何运用“冷静的眼光”认识外部世界，认识人与人之间的新型关系，正如马克思、恩格斯在《共产党宣言》中所指出的，在资本主义时代，“一切固定的东西都烟消云散了，一切神圣的东西部被亵渎了。人们终于不得不用冷静的眼光来看待他们的生活地位、他们的相互关系”①。资本主义的发展还丰富了艺术表现的领域，为艺术的发展提供了一定的物质条件，并且，它“在人类历史上破天荒第一次创造了这样的可能性：在所有的人实行合理分工的条件下，不仅进行大规模生产以充分满足全体社会成员丰裕的消费和造成充实的储备，而且使每个人都有充分的闲暇时间从历史上遗留下来的文化——科学、艺术、交际方式等等——中间承受一切真正有价值的东西；并且不仅是承受，而且还要把这一切从统治阶级的独占品变成全社会的共同财富并促使它进一步发展”②。因此，资本主义时代艺术发展中出现的矛盾是进步中的矛盾。

马克思的“资本主义与艺术相敌对”的命题实际上是对“两种生产”不平衡思想的进一步发展与丰富。马克思在研究资本主义时代的艺术发展时，无疑是从纵向比较的角度得出“相敌对”结论的，我们用表1来说明③：

---

①《马克思恩格斯选集》(第1卷)，人民出版社1972年版，第254页。

②《马克思恩格斯选集》(第2卷)，人民出版社1972年版，第478-479页。

③ 本表参见周仁强的《美的理想和社会理想》，略有改动。载《马克思主义文艺理论研究》第6卷，文化艺术出版社1986年版。

**表 1　前资本主义私有制与资本主义的区别**

| 类别 | 前资本主义私有制 | 资本主义 |
| --- | --- | --- |
| 社会矛盾 | 自然经济手工生产与生产资料私有制（主要是家庭形式）基本协调，社会矛盾处在不发达的未展开状态 | 劳动者与所有权（对于生产条件的所有权）分裂、对立，私有制与社会大生产的社会矛盾尖锐到不可调和 |
| 生产特征 | 自然经济、独立自足的手工生产 | 高度的专门化分工和大规模的机械生产 |
| 劳动特点 | 人是生产过程的主人，同时发挥自己的体力和脑力，“劳动保持有限的艺术感” | “压抑工人全面的生产志趣和才能，人为地培植工人片面的技巧”，劳动成为一种机械活动，劳动者在劳动中像机器一样，没有自己的意志，“劳动越来越失去它的一切艺术性” |
| 生产目的 | 以人为目的，目的与手段、劳动与享受是统一的 | 以生产资本为目的，人表现为手段，目的与手段、劳动与享受分裂 |
| 剩余产品 | “很大一部分剩余产品用于非生产性支出——用于艺术品，用于宗教和公共的建筑” | “把剩余产品变为资本” |
| 个人的特点 | “单个人比较全面”，各种本质力量处于“原始的丰富”，感性和理性不发达地统一，人与人直接发生联系 | 分工导致人的片面性以及“感觉和精神之间的抽象的敌对”，感性异化为单纯的占有欲，“艺术天才完全集中在个别人身上，因而广大群众的艺术天才受到压抑”，人与人的联系表现为人的依赖关系 |
| 艺术地位 | 艺术是劳动的一个环节，是大众生活中不可缺少的一部分 | 艺术依附商品经济，成为一种交换价值，服从于资本运动规律 |
| 物质生产与精神生产的关系 | 纵向比较，可见出艺术发展的不平衡 | |
| 结论 | 希腊人是“正常的儿童”，希腊艺术反映了人类的“儿童天真” | 资本主义生产与艺术相敌对 |

总之，物质生产与艺术生产的不平衡原理、资本主义与艺术相敌对的理论命题都是马克思主义经典作家从历史唯物主义哲学观出发研究艺术自身规律所得出的科学结论。这些思想与历史唯物主义原理不但不矛盾，而且是对它的丰富和发展，对文艺美学研究具有十分重要的指导意义。

# 第三章　马克思、恩格斯的现实主义艺术论

马克思、恩格斯的整个理论体系有着强烈的革命性和实践性，马克思、恩格斯研究文艺问题当然也较多地从文艺与现实的关系入手，考察文艺是否真实地反映了现实，是否真实地表现了进步的审美理想和社会理想。出于革命斗争的需要，并结合当时文艺创作的实践，马克思、恩格斯提出了有别于传统现实主义的新现实主义文艺思想，现实主义艺术理论成为马克思主义文艺理论的重要组成部分。

## 第一节　文艺创作的真实性原则

### 一、从现实出发反映生活

对现实的关注是随着马克思、恩格斯世界观的转变而产生的。青年时代的马克思曾一度信奉康德、费希特的主观唯心主义哲学。特别是费希特的哲学思想和美学思想对大学时期的青年马克思影响更大。费希特认为，人们对应有的东西的追求是世界向前发展的动力，因此，人们不应重视过去和现在，而只重视未来。费希特充分注意到了艺术创作和艺术哲学中主体的能动作用，但否定了艺术所反映的对象的客观性。他把艺术创作仅仅看作作家主观情绪的自我表现，把作品中的形象仅仅看作这种主观精神的“躯体或字义”。费希特的思想对当时的浪漫主义文学思潮产生了重要影响。勃兰克斯在《十九世纪文学主潮》中指出，费希特的理论“鼓舞了年轻的一代。所谓绝对的自我，人们认为不是神性观念，而是人的观念，是思维着的人，是新的自由冲动，是自我的独裁和独立，而自我则以一个不受限制的君主的专横，使它所面对的整个外在世界化为乌有，这种自由狂热在一群非常任性的、讽嘲而又幻想的青年天才中发作起

来了。在狂飙时期，人们所沉湎的自由是十八世纪的启蒙，狂飙精神以更精致、更抽象的形式重复着，而人们所沉湎的自由则是十九世纪的这种随心所欲，为所欲为了”①。青年马克思由于受到费希特思想的影响，也曾醉心于浪漫主义，写出了一些充满“理想主义”的诗篇。随着马克思不断深入革命实践，他逐步认识到费希特以“自我”为核心的“理想主义”的弊端，并注意到它给自己的创作所带来的危害。这一转变是在马克思从费希特主观唯心主义转向黑格尔的客观唯心主义时期发生的。马克思在 1837 年 11 月 10 日给父亲的信中明确地表示了抛弃原来的虚幻的理想主义倾向。他说，他感到先前信奉的“最神圣的东西毁灭了”，立志“从唯心主义……转到现实本身中寻求观念”，试图解决“现实的东西和应有的东西之间的对立”。接着马克思对自己的文学创作、文学思想进行了严肃批判，毅然否定过去崇奉的“纯粹理想主义”，决心逃出诗作中创造的“宛如远方的仙国”。总结这一阶段马克思的文学主张，大体上有这样几点：第一，艺术不能“凭头脑编造一切”，而应当保持“自然的本色”；第二，艺术不能将“现实的东西都扩散开了”，应当忠于现实、凝聚现实；第三，艺术不应当去追求“空泛的和不定形的”纯粹理想主义和纯粹艺术形式，而应将内容和形式、思想和语言统一，成为一种“鼓舞人心”“令人振奋的精神活动”。

这一时期的恩格斯也同马克思相似，他的眼光从“青年的文学”转到了人民的文学，从“空洞的热忱”转到了“当代的真正精神”，从“奥妙的神秘主义”转到了朴素的现实主义。

从 19 世纪 40 年代开始，马克思、恩格斯共同努力，在他们的文章中明确提出并深化了现实主义的真实性原则。

从现实出发反映时代生活，表现作家的革命理想的文艺思想的哲学依据是马克思的历史唯物主义原理。他们在《德意志意识形态》中明确而完整地阐述了历史唯物主义原理：“我们不是从人们所说的、所想象的、设想的东西出发，也不是从只存在于口头上所说的、思考出来的、想象出来的设想出来的人出发，去理解真正的人。我们的出发点是从事实际活动的人，而且从他们的现实生活过程中我们还可以揭示出这一生活过程在意识形态上的反射和回声的发展。”②在马克思、恩格斯看来，哲学中的唯物主义同艺术中的现实主义在基本精神上是一致的。从现实出发，就是要求作家首先承认存在于人们意识之外的现实生活是不以人们的意志为转移的，因此，对客观的现实生活的观察和描绘，也绝不能从主观意识出发，绝不能有任何的主观随意性。正是基于这样一种认识，

① 勃兰兑斯：《十九世纪文学主流》（第 2 分册），人民文学出版社 1981 年版，第 26-27 页。

②《马克思恩格斯选集》（第 1 卷），人民出版社 1972 年版，第 30 页。

马克思和恩格斯在《神圣家族》一书中，对欧仁·苏的长篇小说《巴黎的秘密》及其吹捧者青年黑格尔派进行了批判。批判的锋芒所指，主要是作者出于他的资产阶级世界观，投合读者又害怕又好奇的心理，对小说主人公的人性及其社会关系进行了一些歪曲的描写。其具体表现是，作者从主观需要出发，把抽象、空洞的概念和原则变成了体现现实生活的独立主体。欧仁·苏宣扬他的“赏善罚恶”的思想，任意歪曲现实，把人物变成了抽象观念的化身。

恩格斯在1888年给哈克奈斯的信中提出了“现实主义的真实性”命题的同时，还对女作家在创作中表现出来的“真正艺术家的勇气”大加赞赏，恩格斯说：“这种勇气不仅表现在您敢于冒犯傲慢的体面人物而对救世军所做的处理上，这些人物也许从您的小说里才第一次知道救世军为什么竟对人民群众发生这样大的影响。而且还主要表现在您把无产阶级姑娘被资产阶级男人所勾引这样一个老而又老的故事作为全书的中心时所使用的简单朴素、不加修饰的手法。……您觉得您有把握叙述一个老故事，因为您只要如实地叙述，就能使它变成新故事。”[①]这段文字完全可以看作马克思主义经典作家对艺术真实性命题的深刻而具体的表述。所谓真正艺术家的勇气可以从两个方面来考察：一方面是指作家不为传统的偏见或成规所束缚，敢于从自己对生活的认识和感受出发去反映生活；另一方面，表现在具体创作过程中，是作家能够“如实地叙述”，也就是说，作家在忠实于自己的认识和体验的基础上，在对现实生活的表现过程中不人为地掩饰或美化生活的真实情况，用“简单朴素、不加修饰”的手法展现生活的某些本质和规律，揭示生活中的矛盾。马克思在《英国资产阶级》一文中赞扬了现代英国的杰出小说家，恩格斯在给哈克奈斯的信中认为巴尔扎克提供了一部法国社会的特别是巴黎上流社会的卓越的现实主义历史，等等。这都是从作家忠实于现实、对现实关系做出了真实性的描绘而言的。

与从现实出发的主张相对，马克思、恩格斯一贯反对没有任何现实依据的空想、幻想。这就如前所述，我们从青年马克思和恩格斯的早期世界观的转向中可以看出他们对当时流行的“浪漫主义”（有别于一般所说的积极浪漫主义）的批判。马克思对于法国浪漫主义前驱者夏多布里昂非常厌烦，马克思称他是一个“文学制造商”，“以一种最惹人生厌的方式把十八世纪显著的怀疑主义和伏尔泰主义同十九世纪显著的感伤主义和浪漫主义结合起来”，他穿着“一身浪漫主义的化装，在新造的词句中炫耀出来的虚伪的深刻，拜占庭式的夸张，感情的卖弄，五光十色的变幻（文字的雕琢），戏剧式的表现（崇高的形式）。总

①《马克思恩格斯选集》（第4卷），人民出版社1972年版，第461-462页。

之，是一大堆废话，在形式和内容上是从来没有过的”[①]。对“理想化”的批判更是体现在马克思、恩格斯后来的著作中。在《神圣家族》中，马克思认为《巴黎的秘密》中的主人公鲁道夫以及浪漫女子都是理想化的人物。1850 年，马克思、恩格斯在《新莱茵报·政治经济评论》第 4 期上撰文指出，当时描写革命派领导人物的文艺作品，由于把这些革命者描画成一种脚穿厚底鞋、头绕灵光圈的官场人物，始终没有把这些人物真实地描绘出来，“在这些形象被夸张了的拉斐尔式的画像中，一切绘画的真实性都消失了”。马克思、恩格斯认为，如果能像画家伦勃朗一样用强烈的色彩，把人物“栩栩如生地描绘出来，那就太理想了”[②]。拉斐尔绘画主要表现宗教题材，在艺术上表现为构图的和谐对称和色调的优美典雅。拉斐尔追求纯粹美、理想美。拉斐尔说世间美的妇女是如此之少，以至于自己不得不“求助于我头脑中已形成了的和我正在搜寻的理想美的形象”。基于这一创作观念去进行艺术创作，其中的人物肯定是非常美的，但不是尘世生活的反映，而是天国的真理，是理想化的。比如拉斐尔从《圣经》和天主教教义出发，把《圣经》中的人物表现得超凡脱俗，无论是圣母、圣子或圣徒都非常庄严、圣洁、崇高，确实充满着神圣的“灵光”。与之相反，伦勃朗在处理宗教题材时，也给耶稣基督画上灵光圈，但给人的印象不是天上的，而是人间的；不是宗教的，而是世俗的。马克思曾说：“伦勃朗曾把圣母玛丽亚的像画成尼德兰的农妇。”[③]这真正抓住了伦勃朗创作的基本精神。这种精神就是忠实现实，表现现实，反对理想化的创作精神。

## 二、正确描写“现实关系”

恩格斯在给敏·考茨基的信中提出社会主义倾向小说要对现实关系做真实描写，这一理论命题适合于一切现实主义文学。

马克思、恩格斯对人的研究和规定可以从两个方面来看。从个体角度，马克思、恩格斯强调人的感性，肯定个体的感觉、情感、愿望、意志和兴趣爱好等。马克思又从群体的角度对人的本质给予了限定，认为“人的本质并不是单个人所固有的抽象物。在其现实性上，它是一切社会关系的总和”。在社会的人身上汇集着一切现实冲突和社会关系的因素，人是社会的存在物，不是纯粹自然的人、生物的人，而是具有社会现实性的。因此，从这个意义上讲，马克思、恩格斯所讲的现实关系是人的现实生活中的各种各样的社会关系，它应涵盖人

① 《马克思恩格斯论艺术》（第 2 卷），人民文学出版社 1963 年版，第 251 页。
② 《马克思恩格斯全集》（第 7 卷），人民出版社 1959 年版，第 313 页。
③ 《马克思恩格斯全集》（第 1 卷），人民出版社 1956 年版，第 83 页。

类在经济、政治、文化，以及伦理、道德、法律等领域里结成的同一定生产关系相适应的一切社会联系。它不仅包括人类生存中所产生的物质关系，而且也包括人与人之间的精神关系，如思想关系和情感关系。现实主义创作强调从现实生活的本质状态出发，冷静、深刻地对社会生活进行观察和描绘。这也应该包括两层意思：一方面，作家要对社会生活现象做出感性的把握；另一方面，也是更为重要的方面，要求作家对现实中的人与人之间的复杂联系从理性的高度在更高层次上展示出来。按照马克思、恩格斯的意思，现实主义创作不能仅仅停留在对社会现象的如实描写上，还要通过对现实关系的再现，揭示出社会生活的本质和规律，只有这样，作品才能具有更为深刻的认识价值和审美价值。

对"现实关系"做真实描绘的思想在马克思和恩格斯的文艺美学思想中也是一贯的。在写于1844年的《神圣家族》中，马克思就提出了"真实地评述人类关系"的原则性要求。1847年，马克思在《神圣家族》中指出，青年黑格尔分子施里加"把现今人世的一切关系都看作秘密"，"他的本领不是要揭露被掩盖的东西，而是要掩盖已经被揭露的东西"。[①]而欧仁·苏的小说《巴黎的秘密》之所以被施里加作为他思想的图解也正在于作品用抽象的"善人—富人"与"恶人—穷人"的所谓矛盾斗争掩盖了资本主义社会真实的现实关系。马克思对施里加的反动思想和欧仁·苏的错误一并进行了严肃的批评。恩格斯根据现实主义文学要正确揭示现实关系的理论对德国的"真正的社会主义"思潮也做了尖锐的批判。"真正的社会主义"的理论家和文学家尽管自称"非常了解现实关系"，甚至认为"比那些'崇高实际的人们'更好地估计到这种关系"。[②]而实际上，他们根本不了解当时德国以及欧洲的社会现实，"真正的社会主义"文学用抽象的"爱"和"人道"来代替、掩盖真实的现实关系。恩格斯讽刺"真正的社会主义"是一个很大的"忧郁症患者"[③]，又指出诗人倍克"不是在现实世界中生活和创作诗歌的活动着的人，而是一个飘浮在云雾中的'诗人'，但这些云雾不过是德国市民的朦胧的幻想罢了"[④]。马克思、恩格斯还在致拉萨尔的信等文章中多次申明"现实关系"的重要性。

有一段时间我们错误地将现实关系等同于阶级关系，否认现实关系的复杂性。其实除了阶级关系之外，现实社会中的人还会有各种各样的关系，如血缘关系、家庭关系等等，都不是阶级关系所能代替的。在私有制社会里，阶级关系在现实关系中的确占有重要地位，人们的行为方式和思维方式都会或轻或重、

---

①《马克思恩格斯全集》（第2卷），人民出版社1957年版，第69页。

②《马克思恩格斯全集》（第4卷），人民出版社1958年版，第468页。

③《马克思恩格斯论艺术》（第3卷），人民文学出版社1963年版，第126页。

④《马克思恩格斯论艺术》（第3卷），人民文学出版社1963年版，第171页。

自觉或不自觉地打上阶级的痕迹。因此，处理好阶级关系是作家和艺术家的一个重要任务。针对欧洲发展了的社会现实，马克思、恩格斯特别指出："资产阶级在他已经取得了统治的地方，把一切封建的、宗法的和田园诗般的关系都破坏了。它无情地斩断了把人们束缚于天然尊长的形形色色的封建羁绊，它使人和人之间除了赤裸裸的利害关系，除了冷酷无情的'现金交易'，就再也没有任何别的联系了。"[①]金钱关系是资本主义制度下人与人之间关系的秘密，莎士比亚、巴尔扎克对之都有极为形象、生动而又深刻的描写，马克思、恩格斯都曾高度评价过他们在这方面所做出的重要贡献。莎士比亚的剧作描绘了英国16、17世纪之后"封建关系解体时期"的广阔社会生活，展现了各个阶级、阶层之间的矛盾和冲突，在他的作品中构成了"福斯泰夫式的背景"。在这一背景下，君主、教会、贵族、骑士、绅士以及处于社会下层的市民和农民之间的错综复杂关系得到了淋漓尽致的描绘。封建时代的阶级关系逐渐被资本主义的新型关系所代替，其突出表现是金钱关系的出现。在《1844年经济学哲学手稿》《德意志意识形态》《资本论》等重要著作中，马克思、恩格斯多次引用莎士比亚在《雅典的泰门》中关于金钱的描写，称赞他"把货币的本质描写得非常出色"，揭示了金钱作为联结人与人之间的纽带，"是一切纽带的纽带"的本质。而巴尔扎克被马克思誉为"是以对现实关系具有深刻理解而著名的"，马克思认为巴尔扎克的《人间喜剧》是"用诗情画意的镜子反映了整整一个时代"。两位文学大师之所以在文学创作中取得了如此之大的成就，关键在于他们在深层上把握到了时代的现实关系，而且特别注意到随着社会关系的变化所引起的人们的心态变化，他们抓住了时代的脉搏，抓住了时代的社会心理。

总之，文学所表现的主要对象是人和以人为中心的广泛的社会生活。但是，对人的认识、对人的本质的把握，以往时代的理论家、文学家都在不同程度上打上了唯心主义的烙印或具有某些实证主义的色彩，这就极大地影响了现实主义反映社会生活的深度和广度。马克思、恩格斯从哲学上提出人性应是"历史发展了的人性"，人的本质是社会关系的总和的理论。对于文学创作，他们又提出真实地描写现实关系的要求，要求通过多种关系的描写，表现人物性格的独特性和鲜明性。因此，我们完全可以说"现实关系的真实描写"原则使现实主义获得了更丰富的内涵，是对传统现实主义的创造性发展。

---

① 《马克思恩格斯选集》（第1卷），人民出版社1972年版，第253页。

## 第二节 文艺的审美倾向性及其与真实性的统一

马克思、恩格斯强调文艺的真实性原则，并不意味着他们是“为真实而真实”论者，更不意味着真实就是纯客观地记录生活。恰恰相反，马克思、恩格斯的“现实主义”理论是有感于自然主义创作思潮在英国和法国文学界的影响而提出来的。恩格斯在给哈克奈斯的信中一再声明“我说的现实主义”，实际上就是严格划清现实主义和自然主义的界限。左拉尽管也把自然主义叫作现实主义，但其实质是同巴尔扎克的现实主义特别是马克思的现实主义完全不同的。左拉在其理论著作中宣称现实主义或者自然主义，就是以事实和文献为根据的分析和实验的方法，他极力主张作家要像科学家那样对存在的事物进行“直接的观察”“精确的描写”“忠实的记载”，而不应该做任何感情的、哲学的和道德的判断。自然主义和现实主义的重要区别就在于是否正确地表现现实关系，是否坚持艺术典型化。二者虽然都强调“真实”，但前者所主张的是生活表层的真实，而后者所主张的是更加深刻的社会的本质真实，要求在“典型环境中的典型人物”的塑造中表现作家对现实的态度和审美理想。

在对待艺术创作的倾向性问题上，马克思、恩格斯的态度向来是十分明确的。恩格斯在给敏·考茨基的信中说：“我决不是反对倾向诗本身。悲剧之父埃斯库罗斯和喜剧之父阿里斯托芬都是有强烈倾向的诗人，但丁和塞万提斯也不逊色；而席勒的《阴谋与爱情》的主要价值就在于它是德国第一部有政治倾向的戏剧。现代的那些写出优秀小说的俄国人和挪威人全是有倾向的作家。”[①]恩格斯基本上是从文学史的角度罗列了各位重要作家的创作，让我们认识到从古希腊经过文艺复兴、启蒙运动到批判现实主义时期的优秀作家的作品无一例外都具有鲜明的倾向性。在谈到18世纪末德国文学状况时又指出：“这个时代的每一部杰作都渗透了反抗当时整个德国社会的叛逆的精神。歌德写了《葛兹·冯·柏里欣根》，他在这本书里通过戏剧的形式向一个叛逆者表示哀悼和敬意。席勒写了《强盗》一书，他在这本书中歌颂一个向全社会公开宣战的豪侠的青年。”[②]他还为海涅参加社会主义者的队伍，出版含有宣传社会主义诗作的

① 《马克思恩格斯全集》（第36卷），人民出版社1975年版，第385页。

② 《马克思恩格斯全集》（第2卷），人民出版社1957年版，第634页。

政治诗集而高兴；对哈克奈斯敢于冒犯傲慢的体面人物，“表现了真正艺术家的勇气”加以赞扬。

在马克思主义文艺美学看来，文学艺术的倾向性是一个客观存在，它在作品内容与形式的有机统一中体现出作家的政治观点、道德观念、情感爱憎以及创作目的、审美理想等创作主体方面的特征。马克思、恩格斯讲过，情节大致相同的题材，在不同作家那里会得到相反的反映，其根本原因就在于不同的创作倾向在起作用。没有倾向性的作品是没有的。因为文艺创作是作家的主体性创造，面对丰富的生活世界和充满奥妙的人生世界，真正的作家不可能无动于衷，他的情感、思想都会在作品中得到明显的或不太明显甚至十分隐晦的体现。巴金在《〈激流〉总序》中曾讲道：“在这里我要展开给读者看的乃是过去十多年生活的一幅图画。自然这里只有生活的一小部分，但已经可以看那一股由爱生恨、欢乐与受苦所组成的生活的激流是如何地动荡了。我不是一个说教者，所以我不能够明确地指出一条路来，但是读者自己可以在里面找它。”巴金反对“说教”，但他同时也说得十分清楚：他的作品中有爱和恨、欢乐和受苦即倾向性。文学史上有些作家也曾宣称对现实“纯客观”及“不带任何感情色彩”的描绘。法国作家福楼拜一贯强调在创作中采取“冷静的、客观的”创作方法，宣布作家无权泄露对他所创造的人物的意见，认为“艺术家不该在他的作品里面露面，就像上帝不该在自然里面露面一样”①。他还同浪漫主义作家乔治·桑发生过论争，但从他的作品中仍然可以看出他对资产阶级社会现实的强烈不满和对人类前途的悲观失望情绪。前面提到，自然主义作家左拉虽然在理论上宣称只观察事实、研究事实而不下结论，但他的创作却在很大程度上背离了他的主张，反映了他的资产阶级改良主义观点和自然主义的审美倾向。左拉的创作恰恰说明无倾向性的文学创作是不可能的。

马克思、恩格斯承认文学作品的倾向性，但同时也明确指出，文艺的倾向性有优劣之分、进步与落后之分，文艺作品应表现进步的思想倾向。恩格斯曾以德国民主主义画家许布纳尔的一幅描绘西里西亚织工向厂主交亚麻布情况的画作为例，指出由于作者创作时饱含感情，爱憎分明，画作非常鲜明地表现了贫富悬殊和阶级矛盾。画面上，厂主红铜色的脸上露出一副奸相，他轻蔑地把一个妇人的一块麻布抛在一边，那妇人眼看无望，昏倒了；她身旁围着两个小孩儿，一个老头儿吃力地扶着她；管事的在检验另一个人的麻布；一个青年正把自己劳动换来的可怜的收入给失望的母亲看；石凳上坐着等待交布的老头儿、姑娘和男孩；有的人怒气冲冲地晃着拳头从房子里走出来；厂主一个人站在一

① 转引自伍蠡甫主编：《西方文论选》（下卷），上海译文出版社 1979 年版，第 210 页。

块小毡垫上；老板的儿子，一个年轻的花花公子斜倚在柜台边，手里拿着马鞭，嘴里叼着雪茄，冷眉冷眼地瞧着这些不幸的织工。恩格斯认为，这幅画“从宣传社会主义这个角度来看”，“所起的作用要比一百本小册子大得多”[①]。另外，恩格斯对哈克奈斯创作的批评、对巴尔扎克“现实主义胜利”的肯定等都说明了马克思、恩格斯对进步倾向性的强调。

另外，马克思主义文艺美学的现实主义理论也坚决反对反动的、落后的、错误的文学倾向性。对于德国的“青年德意志”派的社会文学运动，恩格斯曾于19世纪40年代和50年代进行了全面而深刻的批评，恩格斯说：“1830年的事件把整个欧洲投进了政治骚动中，德国文学也受到这种骚动的影响。当时几乎所有的作家都大谈其不成熟的立宪主义或更加不成熟的共和主义。在这批人中间，特别是在低等文人中间，逐渐形成了一种习惯，他们用一些能够引起公众注意的政治暗喻来弥补他们作品中才华的不足。在诗歌、小说、评论、戏剧中，在一切文学作品中，都充满所谓的‘倾向’，即反政府情绪的畏首畏尾的流露。为了使1830年后在德国盛行的思想混乱达到顶点，这些政治上的反对派便同大学里没有经过很好的消化的对德国哲学的记忆以及被曲解了的法国社会主义、尤其是圣西门主义的只言片语掺混在一起；这一群散布这些杂乱思想的作家，傲慢不逊地自称为‘青年德意志’或‘现代派’。后来他们曾追悔这种青年时代的罪过，但他们的文风却丝毫未见改善。”[②]由此可见，恩格斯对“青年德意志”文学的评论，所着眼的是文学的整个思想倾向。恩格斯认为，“青年德意志”的思想倾向无助于人们认清时代的现实生活，只能使本来混乱的思想搅得更加混乱，这种文学是没有价值的。

“真正的社会主义”是19世纪40年代形成的德意志小资产阶级社会思潮，对文学创作产生了较坏影响。“真正的社会主义”者以费尔巴哈的“人性论”“人道主义”“爱的宗教”为基本出发点，阉割法国的空想社会主义文献的革命精神，鼓吹超现实、超阶级、超历史的抽象的思想原则。他们用抽象的人来代替现实的阶级的人，用“人类学”“人道主义”来代替社会主义、共产主义，反对阶级斗争，反对无产阶级革命。恩格斯指出：“‘真正的社会主义’……以美文学的词句代替了科学的认识，主张靠‘爱’来实现人类的解放，而不主张用经济上改革生产的办法来实现无产阶级的解放，一句话，它沉溺在令人厌恶的美文学和泛爱的空谈中了。”[③]这种文学“所起的并不是革命的作用，而是‘止血用的

① 《马克思恩格斯全集》（第2卷），人民出版社1957年版，第589页。
② 《马克思恩格斯选集》（第1卷），人民出版社1972年版，第510页。
③ 《马克思恩格斯选集》（第4卷），人民出版社1972年版，第218页。

三包沸腾散'"。[①]"青年德意志"和"真正的社会主义"都是当时德国倾向文学的一个流派，代表作家在创作中不但表现出思想倾向的错误，而且在艺术方面也是缺乏艺术才能的，马克思、恩格斯认为，"真正的社会主义"作家，"无论是散文家或者是诗人，都缺乏一种讲故事的人所必需的才能"[②]。因此，马克思、恩格斯对这些作家的创作是十分反感的。

对待文艺的倾向性最关键问题不在于倾向性的有无，重要的是倾向性如何表现的问题，这就涉及文艺的真实性和倾向性的关系问题。在马克思、恩格斯看来，艺术的真实性和倾向性的关系是：真实性是艺术倾向性的基础和依据，倾向性和真实性是互相渗透、互相依存的。倾向要具体地、形象地蕴含在艺术的真实描写之中。恩格斯批评敏·考茨基由于过分欣赏自己的主人公而将人物的个性消融到原则里去了。考茨基的失误就在于从固有的某种观念出发，抛弃对生活、人物个性的具体描绘，在作品中公开表明自己的立场。这样一来，倾向也会显得苍白无力。恩格斯反对将自己的观点赤裸裸地表白出来，恩格斯在对哈克奈斯的《城市姑娘》提出批评时指出，他并不责备女作家没有写出一部直截了当的社会主义的小说，一部像德国人所说的"倾向小说"，来鼓吹作者的政治观点和社会理想，恰恰相反，恩格斯认为"作者的见解愈隐蔽，对艺术作品来说就愈好"。[③]对"隐蔽"一词不能做纯字面理解，恩格斯不是说一切作品的倾向都要由作家故意隐藏起来，更不能认为作品的内涵越隐晦曲折越好。恩格斯的意思是，文学作品的倾向一定要从艺术形象中孕育，和艺术形象融为一体，通过审美的艺术形象得到表现。艺术的倾向性是艺术家对审美客体的感受、体验、认识和理解，而不是像有些同志所说的是"纯客观"的或"纯主观"的东西，它是在主客观的有机统一中体现出来的，作家自己看法的流露是以"描写现实"为基础的。因此，恩格斯又进一步明确指出艺术的倾向性如何来表现的问题，在致敏·考茨基的信中，恩格斯说："我认为倾向应该从场面和情节中自然而然地流露出来，而不应当特别把它指点出来。"这就给作家提出了更加具体的要求，即作家必须按照艺术的规律来反映生活，从具体生动的形象描绘中，以及丰富的情节和场面中，自然而然地流露出作者的思想倾向和情感倾向。作家绝对不能抛开具体的形象塑造而进行抽象的理论说教。马克思、恩格斯将"莎士比亚化"和"席勒式"互相比照的主要目的之一也在于提醒作家要正确对待倾向性和真实性的关系问题。

---

①《马克思恩格斯全集》（第4卷），人民出版社1958年版，第242页。

②《马克思恩格斯全集》（第4卷），人民出版社1958年版，第237页。

③《马克思恩格斯选集》（第4卷），人民出版社1972年版，第462页。

席勒由于深受康德哲学的影响，沉湎于不能实现的理想的庸人倾向中。在艺术理论和美学理论上，他宣称，理想的艺术必须有相当的勇气超脱物质的需求。他主张用美育实现人类自由平等的理想，希望在人类的“暴力王国”和“法则王国”以外建立第三个王国——“游戏和假象的王国”，认为人类只有在这个审美的虚幻的王国里，才能解一切关系的桎梏，摆脱一切物质的和精神的强制，实现现实中无法实现的理想。席勒的美学有其一定的价值，如对审美自由性的强调等，有美学史上的积极意义。席勒的理论主张落实到艺术创作中便形成了“席勒式”的创作倾向。如何看待“席勒式”的创作原则，是艺术史和艺术理论中存有较大争议的问题。这一争论在19世纪50年代以后的德国又重现展开。1858年4月至5月，阿・卢格以“理想王国中的理想主义和现实主义”为总题写了一组纪念席勒诞生一百周年的文章，他竭力抬高席勒而贬低莎士比亚。马克思批判了卢格的错误观点。他在1858年11月24日给恩格斯的信中说：“卢格这个畜生在普鲁茨那儿证明说，‘莎士比亚不是戏剧诗人’，因为‘他没有任何哲学体系’。而席勒，由于他是康德信徒，才是真正的‘戏剧诗人’。为此普鲁茨写了《恢复莎士比亚的名誉》！”①拉萨尔深受席勒的影响，也表现出对席勒的特别偏爱，他在《济金根》序言中说，“德国戏剧通过席勒和歌德取得了超越莎士比亚的进步”，“尤其是席勒，首先创造了狭义的历史剧”。拉萨尔赋予济金根和胡登以当时“可能有的最高意识”，让他们充当时代精神的化身，但却歪曲了现实关系的真正情形。因此，马克思批评拉萨尔“席勒式地把个人变成时代精神的单纯传声筒”，提请他“更加注意莎士比亚化”，而恩格斯也明确地对他提出忠告：“我们不应该为了观念的东西而忘掉现实主义的东西，为了席勒而忘掉莎士比亚。”马克思所说的“莎士比亚化”是指莎士比亚戏剧创作上的现实主义特点，其内涵十分丰富，但主要内容是指莎士比亚的创作从现实生活而不是从抽象观念出发，通过生动丰富的情节和鲜明个性的描写，塑造出各种各样的典型人物，对社会生活做出了深刻的反映。而“席勒式”的意思是：创作从主观观念出发，而不是从实际生活出发，在作品中以主观观念的演绎代替对客观现实的真实描写。马克思、恩格斯提出：“莎士比亚化”和“席勒式”可以认为是对文艺的真实性和倾向性关系问题的形象性表述。

---

①《马克思恩格斯全集》（第29卷），人民出版社1972年版，第356页。

## 第三节　文艺创作的典型化原则

如果说真实性原则和审美倾向性原则是现实主义的基本要求，那么典型化原则则是马克思、恩格斯对现实主义创作的更高要求。对于叙事文学来讲，真实性、倾向性的统一必然体现在人物形象的塑造上。人物形象是作家、艺术家审美意识、审美理想的载体。

### 一、典型形象必须具有鲜明的个性

在过去的典型研究中，我们注重的往往是典型形象的“共性”和“普遍代表”，而忽视了典型性格的独特性、丰富性，文学形象也就很容易变成“时代精神的单纯传声筒”。我们认为，不论从一般认识规律看，还是从文学创作、文学接受的特殊规律论，文学艺术家所塑造的人物形象，必须具有充分的审美个性，必须是生动的、独特的。从文学发展史的角度我们会看得更加清楚。凡是能够真正称得上典型的人物形象，固然他们反映了时代精神，在他们身上可以看到社会生活发展的规律。然而，典型形象首先作用于我们的感官的，显然不是抽象的观念，而是人物自身的感性特征，人物所体现的“共性”可能是大体一致的，但人物的个性就必须是丰富的。哈姆雷特、葛朗台、贾宝玉、林黛玉等典型形象都具有丰富的个性特征。

马克思、恩格斯特别重视人物形象的个性化描写。在《1844年经济学哲学手稿》中，马克思指出：“已经产生的社会，创造着具有人的本质的这种全部丰富性的人，创造着具有丰富的、全面而深刻的感觉的人作为这个社会的恒久的现实。”[①]马克思后来又从现实的角度指出，就其现实性来讲，人的本质是社会关系的总和。人所处的社会关系是丰富的，在同一种社会关系中的个体由于主观而存在的差异，也必然造成人的本质的丰富性，文学要写人，写人的生活，那么，人物性格在文学作品中的塑造也就不可能是单一的，而应是丰富的。如果再加上作家的创作个性、欣赏者的审美要求等因素的影响，人物性格的独特性，丰富性就更是理所当然的了。

---

①《马克思恩格斯全集》（第42卷），人民出版社1979年版，第126-127页。

对人物性格个性的强调，在理论上的完整表述是恩格斯在评价女作家敏·考茨基的《旧人与新人》时提出的：“对于这两种环境中的人物，我认为您都用平素的鲜明的个性描写刻画出来了；每个人都是典型，但同时又是一定的单个人，正如老黑格尔所说的，是一个‘这个’，而且应当如此。”显然，恩格斯从个性和共性统一的角度来讨论典型问题，同时，他又特别强调人物形象的个性化特征。为了说明典型的特征，恩格斯直接引用了黑格尔的“这个”。

了解黑格尔的“这个”对于理解马克思、恩格斯现实主义的典型理论是十分重要的，因此，我们对之加以简单介绍。

“这个”最早出现在黑格尔的《精神现象学》中，黑格尔把人的认识过程分为三个具体阶段，即“感性确定性”“知觉”“知性”。

“感性确定性”阶段，是认识活动的起点，在这一阶段，主体对客观事物的把握是直接的，主体对客体来说，所知道的还只是一个最个别、最独特的东西。而这个独特的、个别的“这个”是只可“意谓”不能“言传”的。人们的认识不可能停留在“意谓”中的“这个”，还需要知道“这个是什么”，于是人的认识就从“感性确定性”阶段进入了“知觉”阶段。在“知觉”阶段，“对象被表明为它自身是具有许多特质的事物”，它已经不仅仅是个别的东西，而渗透着“共相”的东西了。因此，“知觉”中的“这个”，即由许多特质构成的集合体，又是一种单一体。在黑格尔看来，把事物仅仅看作个别的，而抹杀其普遍性，或把事物仅仅看作诸种“共相”的“集合体”，而抹杀其个别性，都是错误的。

黑格尔所说的“这个”主要存在于认识过程的前两个阶段。那么，能够成为艺术描写对象的“这个”又是什么呢？在“感性确定性”阶段，“这个”只能“意谓”不能“言传”，不能成为艺术的描写对象，能够成为艺术描写对象的是“知觉”中的“这个”。它既有个别性特点，又具有同一类事物的共相，因而，它是个性与共性的统一。它之所以被称为“这个”，是因为共性还受着感性的个性东西的制约，共性是显现为感性形态的。

黑格尔在《美学》中提出，“美是理念的感性显现”。所谓理念就是“绝对精神”。在他看来，绝对精神是艺术表现的内容，但它需要通过一定的人物性格来表现，这种普遍力量体现于具体人物的个性中就是“情致”，所以，黑格尔把人物性格看作“理想艺术表现的真正中心”①，他认为文艺就是需要写“人”特别是“这个”②。

黑格尔认为艺术中理想的性格应具有三大特征。

---

① 黑格尔：《美学》（第1卷），商务印书馆1979年版，第300页。

② 黑格尔：《精神现象学》（上卷），商务印书馆1983年版，第63页。

首先是丰富性。黑格尔说："每个人都是一个整体，本身就是一个世界，每个人都是一个完满的有生气的人，而不是某种孤立的性格特征的寓言式的抽象品。"[①]这也是把人物性格看作"这个"，他常举荷马笔下的人物作为性格丰富性的范例。如阿喀琉斯这一英雄形象，一方面有年轻人的力量，另一方面也有人的其他品质。荷马借种种不同的情境，把他的这种多方面的性格都揭示出来了。只有把人物丰富的个性特征表现出来了，他才是充满生气的，有血有肉的，真实可信的。

其次是人物性格的明确性。明确性是指在"性格特殊性中应该有一个主要的方面作为统治的方面"。这就是说，在做到人物性格描写丰富性的基础上，在各种性格中要突出主导性格。例如莎士比亚的《罗密欧与朱丽叶》所写的主要情感是爱情，但是剧中人物的性格都处于变化多端的关系中，因而他们的性格就有多方面的显示，只是在这种显示中，始终只有一种情感，即热烈的爱，渗透到他们的性格之中，而且支持着他们整个的性格。

最后，是人物性格的坚定性或决断性。坚定性是指人物性格要始终一贯地"忠实于它自己的情致"。所谓决断性，就是人物要"根据自己的意志发出动作"，如果没有性格的坚定性和决断性，复杂性格的各个方面就会是一盘散沙，毫无意义。在这里黑格尔所要求的是人物描写要遵循人物自身的性格发展逻辑。在后面，我们可以看到马克思、恩格斯在这方面与黑格尔是一致的。

由此可以看出，恩格斯同黑格尔一样，认为人物形象是"典型"(即"共性")同"这个"(即"个性")的有机统一。而在这两者之间，他又特别强调后者，直接引用黑格尔的关于"这个"的命题来表达自己的意思。

恩格斯引用黑格尔的"这个"意在说明，人物形象的塑造不应从"共性"即抽象的本质出发，而应从具体可感的个体出发，从个性描绘中凸显社会生活的本质规律。

从具体的批评实践看，马克思、恩格斯对人物塑造中个性化的强调主要表现在以下诸方面。

马克思在《神圣家族》第五章对欧仁·苏小说《巴黎的秘密》批评时，曾指出"皮普勒是巴黎看门女人的典型"。他对这个作品中并不显眼的人物做了这样的分析："巴黎的看门人是房东的代表和密探。在大多数场合下，他们的工钱不是由房东，而是由房客出的。由于自己的收入很不可靠，看门人除了自己的正式职业以外，还常常要弄点儿外快。在恐怖统治时期，在帝国时期和复辟时期，看门人是秘密警察的主要代理人……因此，'看门人'和'小店主'这两个

---

① 黑格尔：《精神现象学》(上卷)，商务印书馆1983年版，第63页。

词是骂人的话，连‘看门人’自己也希望别人称他‘看房人’。”又说：“欧仁·苏根本就没有把皮普勒太太描写成‘不计利害的和心地善良的人，他一开始就描写她在兑钱时欺骗鲁道夫，她为鲁道夫介绍了和他住在一幢房子里的奸滑的放高利贷的女人，她向鲁道夫担保他和丽果莱特相识一定会有许多乐事，她讥刺少校给她的钱太少，同她讨价还价，‘小气’得连柴米都要管，等等。”①

马克思从两个方面来论证这一人物形象的典型性。首先，马克思指出阿娜塔西来·皮普勒太太是“房东的代表”，说明她是19世纪上半叶巴黎看门人这一阶层的“有代表性的性格”。由于他们的经济地位、政治地位都处于社会的下层，他们形成了贪图小利、随机应变、为人驱使的性格，为了蝇头小利，甚至干拉皮条的勾当。因此，“看门人”甚至成了用来骂人的专用名词，可见皮普勒太太确实代表着当时巴黎看门人的共有的特征。皮普勒太太的典型性还体现在作者对她个性刻画方面，她所代表的巴黎看门人的代表性格是通过她独特的行为和个性表现出来的，正如马克思所分析的，作品用很多细节来表现这一人物的个性，如对鲁道夫的欺骗、讨价还价等等。所以，皮普勒太太是一个比较成功的典型，尽管她不是作品的主人公。

青年黑格尔分子施里加“想把仆人和看门人皮普勒及其妻子描写为绝对的秘密的体现。他企图构造出秘密本身的佣人和看门人”②。正是从重视人物形象的个性出发，马克思才毫不客气地批判了施里加抹杀人物个性的观点。

在给拉萨尔的信中，恩格斯指出《济金根》中的两个人物巴塔扎尔和特利尔大主教，拉萨尔“成功地直接根据这两个人物的有代表性的性格做出了卓越的个性刻画”。马克思在肯定拉萨尔在塑造巴尔塔扎尔等形象的成功之处的同时，也指出剧本在很多其他人物“性格的描写方面看不到什么特殊的东西”，特别是济金根“被描写得太抽象了”。

强调典型人物塑造的个性化原则在马克思、恩格斯现实主义理论成熟时期表现得更加明显。如上所述，恩格斯在给考茨基的信中提出了文学典型的个性和共性统一的理论，还以十分赞许的口吻肯定了女作家对人物所做的“鲜明的个性描写”，认为做到了黑格尔所说的“这个”。同时，恩格斯也实事求是地指出作品中的有些人物的塑造没有表现出独特的个性。如作品中的女主人公爱莎，恩格斯认为即使被理想化了，但还保有一定的个性描写。而在男主人公阿尔诺德身上，个性就更多地消融到原则里去了。

有关人物个性方面的论述在马克思、恩格斯的著作中当然还有很多，但从

---

①《马克思恩格斯全集》（第2卷），人民出版社1957年版，第94页。

②《马克思恩格斯论艺术》（第3卷），人民文学出版社1963年版，第24页。

以上的文章中可以看出马、恩对塑造血肉丰满的、富有个性的人物形象的重视程度，接下来的问题是如何才能塑造出个性鲜明突出的人物性格呢？综观马克思主义创始人的论述，总结为以下几点。

第一，从现实的具体的人出发塑造人物。从现实的具体的人出发，还是从抽象的人出发是区别唯物主义创作观和唯心主义创作观的重要标准。马克思主义创始人认为，人不是为了历史而存在，而是历史的主体。“历史不过是追求着自己目的的人的活动而已。”①生活就是有意识的人的活动。人同现实生活的关系极为密切，离开了具体的感性的生活实践，“人”也只能是抽象的人，反过来讲，离开了人的感性活动的生活，也只是现实生活的抽象，实际上是不存在的。因此，文学创作从生活出发，也就是从现实生活中存在的具体的、感性的人出发。欧仁·苏为了迎合统治阶级的道德观念，在创作《巴黎的秘密》时，表现出从抽象观念出发来塑造人物的错误倾向。马克思认为，不能把“现实的人即活在现实的实物世界中并受这一世界制约的人的自我意识”，变成“自我意识的人”。也就是说，不能用“自我意识来代替人”，不能用对抽象的自我意识的描写来代替对具体的人的描写。否则，实物的世界、现实的世界就会变得头足倒置起来。作者把人物当成作者的自我意识的玩偶。马克思激烈地反对这种“把人化为抽象”使之“成为抽象的人”的创作方法，主张把人物放到具体的现实环境中去描写，把人物与环境有机地结合在一起，从而描绘出“单个的、具体的人的现实”。

第二，按照人物性格的发展逻辑塑造人物。每一个人物都处在现实的社会关系之中，他的行动都要受现实生活的制约，因此，在上一个问题中我们可以看到马克思着重强调了从生活中的具体人出发塑造人物形象，从生活出发就是要求作家按照生活的发展逻辑揭示人物个性。马克思、恩格斯在强调从生活出发塑造人物的同时，还十分重视对人物形象的塑造要符合人物自身性格的发展逻辑。这二者是一致的，要求按照人物性格自身的发展逻辑塑造人物的基本意思是：作家不能把自己笔下的人物当成任意驱使的工具，为了表达某种观念，任意地扭曲人物自身的性格发展，而是要着重人物的个性，让人物合乎生活规律和自身性格的规律向前发展，保持人物的完整性，真正做到让作品中的人物拥有自己的“主体性”地位。

马克思认为《巴黎的秘密》对玛丽花的塑造违背了人物性格自身发展的逻辑规律。马克思指出，在作品开始的时候，玛丽花还是一个“非批判”的形象，作者把她描写得“既不善，也不恶，就只是有人性”，由于经受过生活的磨难，

①《马克思恩格斯全集》（第2卷），人民出版社1957年版，第118-119页。

她有着倔强的性格，在她身上，既有着落拓不羁，又充满了人性的优美，是一个十分可爱的女孩子。在非人的环境中，她以其美好的人性对抗外在环境，还不失其个性。但是，由于欧仁·苏要用他的人物来表达他的“赏善罚恶”的道德观念，他就任意驱遣人物。玛丽花从“非批判的形象”变成了为作者的错误观念服务的“批判”形象。作者把她交给了“善人”鲁道夫，受到基督教的“道德感化”。经过“批判”的改造，玛丽花认识到自身罪孽深重（做过妓女），当上公主之后，为了赎罪，便皈依上帝，做了修女。在修道院里，她不断自我忏悔，灵魂终于变得像天使般纯洁。在任修道院院长的圣职后不久，她便离开了人世，进入了“天国”。可见，玛丽花后来的的确确变成了“道德感化”的工具，无任何个性可言。马克思指出，玛丽花的死，正是她的现实生活和现实本质的消失，也就是她的活泼的人性和个性的毁灭。马克思认为《巴黎的秘密》中大多数人物的生活道路“是描写得很不合理的”，正是针对作品中人物缺乏自身的性格发展逻辑，按照作者的主观动机行动而言的。

结合文学史上的作家创作的切身体验，我们会进一步看到，马克思对人物性格自身发展逻辑的强调具有十分重要的理论意义，对文学创作具有永久的指导意义。列夫·托尔斯泰说：“艺术是有法则的。如果我是一个艺术家，如果库图佐夫被我描画得很好，那么，这不是因为我愿意这样（这与我无关），而是因为这个人物有着艺术条件，而其余的人都没有。”列夫·托尔斯泰对人物自身的性格发展十分尊重，他讲得也更加明确，在谈到自己的创作经验时说，他笔下的人物，过着独立的生活，甚至还常常“牵着作者本人——作家走”[①]。普希金对塔姬亚娜的出嫁感到非常惊奇；法捷耶夫本来想让美蒂克自杀，然而，作家不能不改变这一结局；鲁迅也没有料到阿 Q 那么快就“大团圆”了。作品中人物“违背”作者意图的现象是一个很有意思，也很有意义的问题，尚须深入研究。但这种现象至少说明了这样一个基本问题：人物在作品中有其“独立性”，作者不可违背生活规律，人物性格的发展规律强制他行动。

第三，塑造人物不仅要表现他“做什么”，而且要表现他“怎样做”。恩格斯在给拉萨尔的信中，赞扬他在创作中反对“恶劣的个性化”之后，又对人物形象的塑造提出了较为具体的要求。恩格斯说：“我觉得一个人物的性格不仅表现在他做什么，而且表现在他怎样做。”例如，莎士比亚在塑造哈姆雷特这一人文主义的典型形象时，固然表现了他“做什么”，但更重要的是，哈姆雷特的性格是在“怎样做”中展现出来的。恩格斯提出“做什么”和“怎样做”的基本意义是，要塑造出既有个性又有普遍代表性的典型性格，不仅要表现这个人物

---

①《文艺理论译丛》（第 1 期），人民文学出版社 1967 年版，第 213 页。

“做什么”，而且要表现他“怎样做”，因为“做什么”只能表现“共性”，而“怎样做”却能看出人物的个性。如同是追求个性的自由，安娜·卡列尼娜和贾宝玉、林黛玉在“怎样做”方面就表现出了各自的特点。再如莎士比亚《李尔王》中的三个女儿，面对的都是怎样爱她们的父亲的问题，但她们“怎样做”的方式却各不相同。作家在“怎样做”上做文章，刻画出人物的独特个性。

第四，运用对立方式。还是在给拉萨尔的信中，恩格斯又指出要“把各个人物用更加对立的方式彼此区别得更加鲜明些”。具体讲，就是要求作家在进行人物塑造时，为了展现人物的不同性格，可以采用对比的手法来描写人物。特别是处于矛盾冲突中的人物，他们在同一问题上可能会表现出迥异的态度。马克思、恩格斯都认为《济金根》中济金根和皇帝之间、教皇使节和特利尔大主教之间的几场戏是成功的。恩格斯指出成功的原因在于，拉萨尔把世俗的受过美学教育和古典文学教育的、在政治和理论上有远见的使节同目光短浅的德国僧侣诸侯加以对比，从而完成了人物独特的个性刻画。

第五，情节要为人物服务，人物性格要在情节发展中自然地表现。一方面，马克思强调作品的情节不能脱离人物，与人物性格无关或是相背离的情节都是不足取的。马克思对《巴黎的秘密》的分析，就贯穿着这个原则。他对欧仁·苏把“校长”关进地窖提出批评，马克思指出，“校长”既然告诉了我们在布克伐尔农场的那场梦（他梦见自己杀人的暴行和被害者的幽灵）有着教人行善积德的作用，“那末他就还应该向我们说明，为什么欧仁·苏把他关在地窖里。他应该表明小说作者的做法是合理的”①。把“校长关在地窖里”在“校长”的性格发展中是不合理的、不真实的，因而对人物性格的塑造也是没有意义的，所以，马克思对之持否定态度。另一方面，人物性格应放在情节的自然发展中来表现，即恩格斯在《致斐迪南·拉萨尔》中所说的，“要更多地通过剧情本身的进程使这些动机生动地、积极地，也就是说自然而然地表现出来。”“莎士比亚化”也包括这方面的要求。

马克思、恩格斯对人物塑造中个性化的高度重视，一方面表明马、恩对创作实践的强烈关注，另一方面也是欧洲典型理论的合理发展。因此，我们简要回顾一下西方文学史上人物性格理论的发展。

在古希腊罗马时代，就文学创作的实际看，人物的塑造基本是类型化的，如《荷马史诗》中的人物往往只是某一类人的代表。这时期关于人物性格塑造的理论也是有着“类型化”倾向的。亚里士多德在《修辞学》中提出“类型说”，其影响远远超过了《诗学》中的一些基本理论。古罗马诗人贺拉斯发展了亚里

① 《马克思恩格斯全集》（第2卷），人民出版社1957年版，第233页。

士多德的理论，要求诗人描绘人物性格，要在熟悉当代生活与风尚的基础上，发现人的类型和共性，根据人物的年龄、身份、地位、职业乃至籍贯和性别的不同来安排人物的言行，塑造出趋于“定型”化的人物。显然，贺拉斯的理论对丰富的人物个性是没有顾及的。文艺复兴人文主义萌生，人们开始觉醒，对人的个性追求也更加重视，因此，我们在莎士比亚的创作中看到他塑造了一系列个性较为鲜明的人文主义者或反人文主义者的人物形象，对“类型说”是一个极大的冲击。但到了17世纪的古典主义时期，“类型说”又成了人物性格塑造的代表理论。

从18世纪启蒙运动开始，“类型说”逐渐向“典型说”过渡。其主要表现是对人物个性的明确强调。德国启蒙运动时期的美学家鲍姆加登认为人类心理活动可以分为知、情、意三个领域，与之相对，就应该有三门科学分别去研究它们，“知”的方面有逻辑学来研究，“意”的方面有伦理学去承担，那么“情”的方面也应建立一门学科，叫“埃斯特惕卡”，即感性学，也就是后来我们所说的“美学”。他对美学的性质与范围做了界说：“美学对象就是感性认识的完善。”他认为，审美活动只涉及感性认识，就势必离不开对象的感性形象，并且必然与人的情感紧密相关。鲍姆加登已冲破了理性主义与新古典主义的局限，把美学命名为“感性”学，是美学研究的一次革命，对“典型化”重视个性理论的形成也有深远的影响。鲍姆加登自己就讲：“个别事物是完全确定的，所以个别事物的观念（意象）最能见出诗的性质。”①朱光潜先生以此为界限指出：“十八世纪以前西方学者都把典型的重点摆在普遍性（一般）上面，十八世纪以后则典型的重点逐渐移到个性特征（特殊）上面。所以十八世纪以前，‘典型’几乎与‘普遍性’成为同义词，十八世纪以后，‘典型’几乎与‘特征’成为同义词。这个转变主要由于资产阶级个人主义思想的发展。”鲍姆加登之后，德国艺术史家希尔特针对文克尔曼反对表情和描绘个别人物的看法，提出用“个性特征”来代替他的抽象的“理想”的观点。歌德对个性的强调更为明确，歌德说：“诗人应该抓住特殊，如果其中有些健康的因素，他就会从这特殊中表现出一般。”②主张从特殊出发，在特殊中显出一般。前面已经谈到，尽管黑格尔认为“美是理念的感性显现”，但他并没有否定人物的个性特征，并对之做了一定程度的强调，他提出“这个”便是明证。

由以上简短回顾可看出，由于社会历史的进步，人们对自身的认识的不断扩大，对个人的价值也越来越重视，这就促使文学创作更加注重丰富的人物个

① 朱光潜：《西方美学史》（下卷），人民文学出版社1979年版，第701页。
②《歌德谈话录》，人民文学出版社1985年版，第90页。

性的描绘。与文学创作的实践基本一致，文学理论、美学理论关于人物性格塑造的理论也从“类型说”转向“典型说”，从重共性转向重个性。马克思、恩格斯文艺美学理论对人物个性的充分重视是西方文艺美学的必然发展，是对传统美学理论的继承和改造。

## 二、典型形象还必须具有普遍代表性

在以上的文字中，我们根据文学创作和文学理论研究的新发展，用一定篇幅对典型形象的审美个性进行了重点分析。但是，重视典型的个性化并不等于否定典型人物的普遍代表性。如果人物性格只是具备所谓的“个性”，而不能体现出社会生活的某些规律，那么，这种“个性”就会沦为恩格斯反对的“恶劣的个性化”。马克思、恩格斯及黑格尔都坚持这样一个观点：典型人物是个性与共性的统一，两者缺一不可。没有“个性”的人物是观念的单纯传声筒，没有普遍代表性的人物，其个性也必将失去价值。虽然拉萨尔在创作中走向了忽视“个性化”的一端，但他对不表现普遍代表性的“恶劣的个性化”的批判还是有道理的。恩格斯也同意他的观点，拉萨尔在《济金根》“原序”中说：“只有那种近来在我们艺术中十分流行的拙劣的细节描写法，那么对偶然性人物的既空空洞洞、又非本质的特征不厌其烦地去描写，在我这样一个主要是受古代文艺及其光辉的作品所哺育而获得艺术观的人看来，对于这个剧本是完全不适用的。”①

那么，在马克思、恩格斯的现实主义典型化理论中，典型人物的普遍代表性具体内容是什么呢？

从古希腊的美学家到黑格尔，基本上都把人物的普遍代表性规定为抽象的人性或某种精神或某种“绝对理念”。马克思主义历史唯物主义的实践观认为，人不是抽象的“类”，也不是孤立的人，而是处于复杂的现实关系中的人。马克思在《关于费尔巴哈的提纲》中批判了费尔巴哈关于人的观点，批判了脱离历史进程，把社会群体当作“一种内在的、无声的、把许多个人纯粹自然地联系起来的共同性”②，提出了人的本质“在其现实性，它是一切社会关系的总和”的著名论断。在此基础上，马、恩对典型人物的共性或普遍概括性做出了有别于历史上一切唯心主义和机械唯物主义的回答。在马、恩看来，普遍代表性是指蕴含通过丰富的个性表现出来的社会生活的某些本质方面。恩格斯在给拉萨

① 拉萨尔：《费兰茨·冯·济金根》，人民文学出版社 1972 年版，“序”部分。

②《马克思恩格斯选集》（第 1 卷），人民出版社 1972 年版，第 18 页。

尔的信中指出：“主要人物是一定的阶级和倾向的代表，因而也是他们时代的一定思想的代表，他们的动机不是从琐碎的个人欲望中，而正是从他们所处的历史潮流中得来的。”[①]典型不论是阶级的代表、思想的代表甚或是时代的代表，他们都必须在“历史潮流”中体现着社会生活某些本质的规律。马克思、恩格斯重视典型的共性，强调在社会的发展过程中，揭示社会的现实关系或生活的发展趋势。典型的普遍代表性不再是抽象的人性。

## 三、艺术典型创造的更高要求：创造典型环境中的典型人物

如果说做到个性和概括性的统一是对典型的一般要求的话，那么，创造“典型环境中的典型人物”则是对现实主义典型创造的更高要求。

人与环境的关系是什么？这一问题在人类社会发展的不同时期有着不同的回答。在原始时代，人类没有多少独立性可言，只是为生存而被动地适应自然，借助于想象来征服自然力，不可能在实践中能动地改造自然界。随着人类不断地从外在自然中独立出来，人们对人与环境关系的思考也多起来了。亚里士多德在其《诗学》中讲到诗人的创作时指出，诗人描写某一种人，应该写出他“按照可然律或必然律，会说的话，会行的事……然后给人物起名字”。亚里士多德虽没有明确地讲人与自然的关系，但他所说的“可然律”“必然律”却是指人与环境之间的某种联系。对人与环境的关系做出明确表述的是英国经验派哲学家爱尔维修。爱尔维修受洛克“白板说”的影响，认为人一生下来就像一张白纸一样单纯，那么塑造人的只能是他所在的环境和所受的教育。因此，人是教育的产物。他所说的环境主要指自然环境，或是属于上层建筑的政治设施、文化教养、风俗习惯等。德国启蒙运动时期的美学家莱辛发挥了前人的观点，莱辛把人物性格同一定的环境联系起来。在他看来，一个人的行动是由他所处的周围环境决定的。另一位启蒙主义美学家狄德罗提出了“情境”的概念，“情境”是由家族关系、职业关系和敌友关系等形成的一种社会关系，而“人物性格要根据情境来决定”[②]。狄德罗的“情境”已不再仅仅指具体的自然环境，而扩大到了由人构成的社会关系，这样，就比前人前进了一大步。但是，整体来看，旧唯物主义时代的哲学家、美学家虽然注意到了人与环境不可分割的关系，但他们所强调的只是环境对人物的制约、决定作用，而很少看到人对环境的影响作用。

---

①《马克思恩格斯选集》（第4卷），人民出版社1972年版，第343-344页。

②《狄德罗美学论文选》，人民文学出版社1981年版，第179页。

用辩证观点解释人与环境关系的是黑格尔。首先，黑格尔指出艺术的人物性格不是孤立的，它是社会历史环境的产物，人物行动的动力也来自时代的社会力量。对人物产生重要影响的是这样三个概念，即“一般世界情况”“情境”“情致”。所谓“一般世界情况”，是“艺术中有生命的个别人物所借以出现的一般背景”①，是“把心灵现实的一切现象都联系在一起的”，具体讲，也就是“教育、科学、宗教乃至于财政、司法、家庭生活以及其他类似现象的情况”，黑格尔所说的“一般世界情况”大体近似于社会和时代的大背景。“一般世界情况”是普遍性的东西，而人物所赖以生存的环境又有其特殊性，因而，黑格尔论证环境与人物的关系，从“情况”（一般世界情况）转向“情境”。黑格尔说：“从个别人物方面看，这普遍的世界情况就是他们面前原已存在的场所或背景，但是这种场所必须经过具体化，才见出情况的特殊性相，而在这种具体化的过程中，就揭开冲突和纠纷，成为一种机缘，使个别人物现出他们是怎样的人物，现为有定性的形象。”这种特殊的能够揭开冲突、引起动作、显现人物性格的“机缘”就是“情境”。“情境”作为“一般世界情况”的具体化，虽有特殊性，但还只是人物性格得以形成的“外因”，“一般世界情况”中的“普遍力量”还要转化为内因，即人生理想所形成的主观情绪，或人生态度，这就是影响人物性格的第三个要素“情致”。②作为“一般世界情况”具体化的“情境”（“外因”）同作为人的主观情志的“情致”（“内因”）相互作用就形成了动作和情节，而人物性格正是在动作和情节中得以表现的。

难能可贵的是，黑格尔在看到人受制于环境的同时，已开始认识到人对环境的能动性。黑格尔把“独立自足性”看作理想人物性格所必须具有的特征。他所说的“独立自足”不是游离于环境之外，而是指人物能掌握环境，能凭自己的力量去发出行动，能对自己的行动负责，能决定自己的命运。③黑格尔辩证地认为：“环境的互相冲突愈众多，愈艰巨，矛盾的破坏力愈大，而心灵仍然坚持自己的性格，也就愈显出性格的深厚和坚强。”④黑格尔在人与环境方面所坚持的辩证观点，对马克思、恩格斯显然有着直接的影响。

人与外部世界的关系不仅仅是文学艺术经常遇到的一个重要问题，更是哲学研究的一个根本问题。马、恩之前的重要哲学家除黑格尔对之充分关注之外，其他哲学、美学大师如康德、席勒等都有涉及。马克思主义创始人对人与外部世界之关系的研究更是在前人研究的基础上，向前拓展了一大步。马克思在

---

① 黑格尔：《美学》（第 1 卷），商务印书馆 1979 年版，第 251 页。

② 朱光潜：《西方美学史》（下卷），人民文学出版社 1979 年版，第 497 页。

③ 朱光潜：《西方美学史》（下卷），人民文学出版社 1979 年版，第 478 页。

④ 黑格尔：《美学》（第 1 卷），商务印书馆 1979 年版，第 227-228 页。

《1844 年经济学哲学手稿》中提出“人化的自然界”的观点，从实践的角度将人同自然界之间的关系精辟地阐述出来。后来，他们又从社会关系的角度讨论人与环境的关系，在他们合著的《德意志意识形态》中，以极为明确的语言写道：“历史的每一阶段都遇到一定的物质结果、一定数量的生产力总和，人和自然以及人与人之间在历史上形成的关系，都遇到前一代传给后一代的大量生产力、资金和环境，尽管一方面这些生产力、资金和环境为新的一代所改变，但另一方面，它们也预先规定新的一代的生活条件，使它得到一定的发展并具有特殊的性质。”①人生活在历史“遗留”下来的环境之中，但人对环境有改造作用。

除了从哲学的意义上探讨人与环境的关系之外，马克思、恩格斯还从文艺美学的角度研究人物与环境的关系。在早于《1844 年经济学哲学手稿》的《风景》一文中，恩格斯写道：“只有当我熟悉了北德意志荒原，我才真正懂得了格林兄弟的《儿童和家庭童话集》。所有这些童话几乎都发生在这里：夜幕降临，人间的一切都消失了，而民间幻想中令人恐惧的、不成形的东西在大地上空一掠而过，荒凉的大地即使在晴朗的白天也使人胆寒。这些故事表现了荒原上一个孤独的居民在暴风雨之夜在自己乡土上漫步或从高塔上眺望荒凉的原野时的种种感情。于是，童年时代留下的荒原上暴风雨之夜的印象又在他的眼前重新浮现，并且形成了童话。”②在这里，恩格斯较多注意到的还只是作为自然的外在环境对人物心理的影响。到了 19 世纪 40 年代，马克思、恩格斯开始从人与环境辩证统一的角度考察人物形象的塑造问题。马克思在评论《巴黎的秘密》时说：“罪犯的巢穴和他们的言谈反映罪犯的性格，这些巢穴和言谈是描写罪犯时必然要描写的，正如描写情妇必然要描写到幽会密室一样。”③1846 年，恩格斯批判德国 19 世纪中期出现的“真正的社会主义”文学思潮时，曾深刻地指出，“真正的社会主义”的诗歌和散文作品的致命伤就在于不能“把要叙述的事实同一般的环境联系起来”④。真正把典型环境的研究作为一个重要的理论问题来讨论，是在恩格斯致斐迪南·拉萨尔的信中提出来的。针对拉萨尔的历史剧《济金根》所存在的问题，恩格斯指出：“我认为，我们不应该为了观念的东西而忘掉现实主义的东西，为了席勒而忘掉莎士比亚，根据我对戏剧的这种看法，介绍那时的五光十色的平民社会，会提供完全不同的材料使剧本生动起来，会给在前台表演的贵族的国民运动提供一幅十分宝贵的背景，只有在这种情况下，

①《马克思恩格斯选集》（第 1 卷），人民出版社 1972 年版，第 43 页。

②《马克思恩格斯全集》（第 41 卷），人民出版社 1982 年版，第 92-93 页。

③《马克思恩格斯论艺术》（第 3 卷），人民文学出版社 1963 年版，第 5 页。

④《马克思恩格斯全集》（第 4 卷），人民出版社 1958 年版，第 237 页。

才会使这个运动本身显出本来的面目。在这个封建关系解体的时期，我们从那些流浪的叫花子般的国王，无衣无食的雇佣兵和形形色色的冒险家身上，什么惊人的独特的形象不能发现呢！这幅福斯泰夫式的背景在这种类型的历史剧中必然会比在莎士比亚那里有更大的效果。”①与此同时，马克思在批评《济金根》时也强调了环境的重要：“革命中的这些贵族代表——在他们的统一和自由的口号后面一直还隐藏着旧日的帝国和强权的梦想——不应当像在你的剧本中那样占去全部注意力，农民和城市革命分子的代表（特别是农民的代表）倒是应当构成十分重要的积极的背景。”②马克思、恩格斯都结合莎士比亚的创作来强调典型环境（尽管那时还没有直接使用这一概念）的重要。“莎士比亚化”的内涵尽管十分丰富，但其要义在于强调作家要通过对社会广泛而生动的描绘，揭示特定时代的现实关系，向人们提供具有深刻而丰富的审美内涵的艺术图画。“福斯泰夫式背景”实际上就相当于恩格斯后来所用的“典型环境”的概念。

在以前研究的基础上，恩格斯提出了“真实地再现典型环境中的典型人物”的理论。1888 年恩格斯在给哈克奈斯的信中写道：“如果我要提出什么批评的话，那就是，您的小说也许还不是充分的现实主义的。据我看来，现实主义的意思是，除细节的真实外，还要真实地再现典型环境中的典型人物。您的人物，就他们本身而言，是够典型的；但是环绕着这些人物并促使他们行动的环境，也许就不是那样典型了。”③恩格斯从“充分的现实主义”角度对作家的创作提出了塑造典型环境中典型人物的理论，这也可看作马克思、恩格斯对典型创造的一个更高要求。

围绕恩格斯所讲的以上文字，结合马克思、恩格斯在其他文章中的论述，“真实地再现典型环境中的典型人物”这一理论所包含具体内容如下。

第一，典型人物与典型环境是统一的。人与环境的辩证统一是马克思、恩格斯在继承前人理论研究的基础上提出来的，但针对恩格斯的论述却产生了广泛的争论。恩格斯指出《城市姑娘》的不足时说：“你的人物就他们本身而言，是够典型的；但是环绕着这些人物并促使他们行动的环境，也许就不是那样典型了。”有人认为，恩格斯的现实主义理论存在“矛盾”，即恩格斯一方面说《城市姑娘》里的缝纫女工是“够典型的”，却又批评环绕着耐丽等人物并促使他们行动的环境“不是那样典型”。是不是说人物典型，环境可以不典型呢？我们认为，典型人物和典型环境并不是有矛盾、可以分离的。关键问题在于如何正确理解恩格斯所说的两个“典型”。就人物本身而言是够“典型”的中的“典型”，

①《马克思恩格斯全集》（第 29 卷），人民出版社 1972 年版，第 585 页。
②《马克思恩格斯全集》（第 29 卷），人民出版社 1972 年版，第 573 页。
③《马克思恩格斯选集》（第 4 卷），人民出版社 1972 年版，第 462 页。

是指人物有一定的代表性和普遍概括性。其实，恩格斯在这种意义上运用“典型”一词不仅仅这一处。如在给敏·考茨基的信中，恩格斯所说的“每个人都是典型，但同时又是一定的单个人”中的“典型”与“单个人”相对，也是指人物的一定概括性和代表性。恩格斯在信中接着进行了具体分析：“我必须承认，在文明世界里，任何地方的工人群众都不像伦敦东头的工人群众那样不积极反抗，那样消极地屈服于命运，那样迟钝。”小说中的女主人公耐丽是作家精心刻画的人物，耐丽作为一个“不积极反抗”“屈服于命运”的消极工人形象，不仅是一个真实可信的人物，而且从伦敦东头的情况看，她还具有一定的代表性。作者赋予她一定的个性，描写了她不同于别人的命运和遭遇，同时，又概括了她作为落后工人的某些主要特征。因此，实事求是地说，作为“消极群众”的形象，认为她是“够典型”的，并不是过分赞誉之辞。

但是，恩格斯进而指出，这部小说之所以还不是充分的现实主义作品，其原因就在于没有写出时代的典型环境。具体来讲，就是没有写出19世纪80年代末英国工人运动的新特点，更进一步地说，是作者没有写出社会的时代氛围。从作品可以看到，作者虽然揭露了伦敦东头的贫富悬殊、耐丽和格兰特之间的阶级对立，描写了无产阶级被剥削、被压迫的生存状态，但是，作品所表现的阶级关系同19世纪初叶圣西门、欧文时代没有什么区别，看不出时代的新特点，这时的工人阶级从“自在阶级”变为“自为阶级”也有五十多年的历史了，他们对待压迫已不再是停留在只会捣毁机器的水平，他们为争取自身的解放已进行了多次斗争，正如恩格斯所指出的，他们“对他们四周的压迫环境所进行的叛逆反抗，他们为恢复自己做人的地位所做的剧烈的努力——半自觉的或自觉的，都属于历史，因而也应当在现实主义领域内占有自己的地位”[①]。因此《城市姑娘》写作时期的英国工人阶级，已不再像小说中所描写的消极群众那样，“他们不能自助，甚至没有表现出（作出）任何企图自助的努力。想使这样的工人摆脱其贫困而麻木的处境的一切企图都来自外面，来自上面”[②]。《城市姑娘》的根本弱点，就在于作品没有写出新时代的特点，没有写出典型环境。

从以上的分析可以看出，恩格斯的“典型环境中的典型人物”的理论并不存在矛盾。《城市姑娘》没有写出典型环境，其人物也不是真正的典型形象，只是具有一定范围内的概括性而已。根据马克思、恩格斯的观点，“真实地再现典型环境中的典型人物”要求人和环境应该是典型的，两者是统一的。典型人物赖以生存并促使其活动的典型环境是典型人物塑造的基础，同时又是典型环境

①《马克思恩格斯选集》（第4卷），人民出版社1972年版，第462页。

②《马克思恩格斯选集》（第4卷），人民出版社1972年版，第462页。

存在和变化的条件。

第二，典型环境和典型人物一样，也应是个别和一般的统一。所谓个别是指人物所生活的并促使其行动的具体生活的情景，所谓一般是指总体的社会背景，只有做到二者完美统一，文学作品的环境才称得上典型环境。哈克奈斯的《城市姑娘》只是写出了人物生活的具体情景，而没有表现出反映时代潮流的"大背景"。

第三，作品的环境要典型，就应该对特定人物关系做正确描写。人与人之间的关系是构成个体存在的外在环境的主要因素，因此，说到底，典型环境的个别性和一般性的关系应统一到特定的人物关系的正确描写上来。人是社会的人，它是"一切社会关系的总和"，人与自然、人与人之间会发生各种各样的关系，这些关系有时是明显的，有时是隐晦的，甚至是错综复杂的，作者应该围绕着典型人物的创造，精心处理，表现这些关系，将人物放到错综复杂的人物关系中去。巴尔扎克通过他的作品表现了 19 世纪上半叶法国社会的历史，这与他对现实关系有着深刻理解是分不开的，例如作品对高老头和他两个女儿的描写，就将资本主义社会罩在家庭关系上的虚伪面纱无情地撕下，指出资本主义社会人与人的关系是一种赤裸裸的金钱交易。另外，拉斯蒂涅的形象也是在各种各样的关系中塑造出来的。"文学是人学"，离开对人物关系的正确把握就不可能塑造出典型环境。

第四，塑造新人物形象是"典型环境中的典型人物"理论的现实使命。在前引恩格斯批评《城市姑娘》时指出："工人阶级对他们四周的压迫环境所进行的叛逆反抗，他们为恢复自己的做人的地位所做的剧烈的努力——半自觉的或自觉的，都属于历史，因而也应当在现实主义领域内占有自己的地位。"现实主义文学这一新的历史任务的提出与确定，是从无产阶级解放事业出发的，是基于当时工人运动的历史发展对文艺的内在合理要求。同时，马克思、恩格斯要求在文学内描写、表现、歌颂无产阶级革命事业，塑造反抗旧制度的新人形象，展现革命进程中的进步力量，要求现实主义作家塑造新人形象，表现进步思想倾向和社会理想。马克思主义文艺典型理论在马克思文艺美学思想中也具有一贯性。马克思在 1841 年春完成的博士论文《德谟克利特的自然哲学和伊壁鸠鲁的自然哲学的差别》的序言中，满怀崇敬地赞扬了古希腊神话中普罗米修斯为了人类幸福，反抗黑暗暴力而英勇献身的崇高精神，将其称为"哲学日历中最高尚的圣者和殉道者"[①]。马克思对德国西里西亚织工的战歌予以高度评价，

---

①《马克思恩格斯全集》（第 40 卷），人民出版社 1982 年版，第 190 页。

称西里西亚“织工的那支歌”“是一个勇敢的战斗的呼声”①。1844 年恩格斯在《大陆上的运动》一文中，以肯定的语气叙述当时欧洲以乔治·桑、欧仁·苏和狄更斯为代表的小说新流派，指出他们的创作体现了“在小说的性质方面发生了一场彻底的革命”，“无疑地是时代的旗帜”。这些作家的小说创作出现了一个明显的特点，即表现的人物从过去的国王或王子转向了普普通通的下层城市平民，有的还描绘了产业工人的形象。由于时代条件和思想认识限制，他们对工人的理解还有许多不足，但恩格斯对他们的创作还是给予充分肯定，在《诗歌和散文中的德国社会主义》一文中，恩格斯明确指出作家应大力歌颂那些真正推动历史前进的“倔强的、叱咤风云的和革命的无产者”②。

从以上可以看出，马克思、恩格斯在阐述现实主义的文艺典型化原则时，注意现实主义文学艺术新的表现对象，要求艺术家自觉地表现社会的发展规律，同时也希望现实主义文艺创作适应时代和无产阶级革命进程的要求。马克思、恩格斯把塑造新人、表现工人运动伟大业绩作为现实主义文学艺术新的历史使命，有学者认为马克思、恩格斯发展了旧现实主义，将现实主义政治化、革命化了③，是有一定道理的。

## 第四节　现实主义作家的生活实践与创作主体的自我超越

恩格斯在给玛·哈克奈斯的信中，对现实主义创作中作家主体性的发挥给予具体论述。我们认为，在文学创作越来越重视创作主体性的今天，充分理解马克思主义经典作家的有关论述对我们的文艺创作是很有益处的。

恩格斯在这封信中说：“不错，巴尔扎克在政治上是一个正统派；他的伟大的作品是对上流社会必然崩溃的一曲无尽的挽歌；他的全部同情都在注定要灭亡的那个阶级方面。但是，尽管如此，当他让他所深切同情的那些贵族男女行动的时候，他的嘲笑是空前尖刻的，他的讽刺是空前辛辣的。而他经常毫不掩饰地加以赞赏的人物，却正是他政治上的死对头，圣玛丽修道院的共和党英雄

① 《马克思恩格斯全集》（第 1 卷），人民出版社 1956 年版，第 483 页。

② 《马克思恩格斯全集》（第 4 卷），人民出版社 1958 年版，第 224 页。

③ 参阅朱立元：《思考与探索》，上海社会科学院出版社 1991 年版，第 211-226 页。

们，这些人在那时（1830—1836 年）的确是代表人民群众的。这样，巴尔扎克就不得不违反自己的阶级同情和政治偏见；他看到了他心爱的贵族们灭亡的必然性，从而把他们描写成不配有更好命运的人；他在当时唯一能找到未来的真正的人的地方看到了这样的人，——这一切我认为是现实主义的最伟大胜利之一，是老巴尔扎克最重大的特点之一。”①长期以来，对上述论断的理解一直是众说纷纭的。有些论者认为，作家在创作中之所以把心爱的贵族描写成不配有更好命运的人，是由于世界观与创作方法矛盾，以致将创作方法的作用无限夸大，从而否定世界观对创作实践的制约作用。与之相反，有些学者坚持世界观决定创作方法的观点。究竟如何把握“现实主义的最伟大胜利”的真正内涵，需要我们重新审视。

不论是世界观决定创作方法的“决定论”，还是世界观与创作方法存在矛盾的“矛盾论”，都是因为对巴尔扎克的创作所做的考察过于片面或静态。首先，看“矛盾论”的观点。持这种观点的论者认为，巴尔扎克的现实主义创作方法战胜了他的反动的（守旧的）世界观。他们把创作方法和世界观对立起来，无限夸大创作方法的作用，同时又对作家巴尔扎克世界观的进步性加以否定。这样，就使人们产生一个误解，即使没有进步的世界观，只要有一个好的创作方法同样可以创作出伟大的作品。其实，早在第二国际时期，这一观点就已开始流行了。瞿秋白对这一理论做了有力的批驳：“第二国际的批评家对于这个问题——也是解释得不正确。……他们把艺术家的巴尔扎克和思想家的巴尔扎克分割开来，他们的解释是照宇宙观来说巴尔扎克是反动的，而照他的艺术创作来说，他是无意中的‘革命者’甚至于‘社会主义者’。这种解释的理论根据是什么呢？第二国际的理论家，在欧战之前就有一种很通行的艺术论，说艺术家的创作过程是下意识的、直觉的，不受自觉的宇宙观的监督的。这种艺术论自然是不正确的，非马克思主义的。对于巴尔扎克问题的错误的解释，就是根据这种理论而来的。”②这一批评对捍卫马克思主义的现实主义文艺理论起到了重要作用。今天，有些人无限夸大创作的“非自觉”意识，根本忽视了作为一个作家必须具备进步世界观的重要性。所谓世界观，是指人们对世界的根本看法。物质与意识、思维与存在的关系应是世界观的核心内容。巴尔扎克的世界观基本上是唯物主义的，并且还包含了辩证法因素。他的世界观在他的论文及创作中均有反映。巴尔扎克曾自称为生理学家，但他并不像自然主义代表者左拉那样用生理学、生物学的观点来分析社会现象，而是像马克思所说的，“在他的富

① 《马克思恩格斯选集》（第 4 卷），人民出版社 1972 年版，第 463 页。

② 《瞿秋白文集》（第 4 卷），人民出版社 1974 年版，第 11 页。

有诗意的裁判中有多么了不起的革命辩证法”[①]。巴尔扎克自己解释说：“到自然法则中寻找社会法则，成了久已有之的想往，可是经过细心观察得来的自然法则，却又完全证明：社会法则是各个社会创造出来的法则。”[②]巴尔扎克清楚地认识到从自然界中脱离出来的人类社会有其特殊规律，作为观念的东西都是社会发展的结果，是“社会创造出来”的，可见，他已将朴素的唯物主义观点引进了社会历史领域，以经济、物质生活状况为基础来研究社会历史问题。巴尔扎克的美学思想、艺术思想同样反映出他的唯物史观。他认为“文学的使命就是描写社会”，并且声明“法国社会将要做历史家，我只能当它的书记”。注重历史的真实，这是唯物主义作家应该遵循的基本原则。《人间喜剧》是一部法国上流社会的“历史”，恩格斯对之给予了高度评价：“我从这里，甚至在经济细节方面（如革命以后动产和不动产的重新分配）所学到的东西，也要比从当时所有职业的历史学家、经济学家和统计学家那里学到的东西还要多。”[③]如果我们进一步考察下去，可以发现，巴尔扎克的唯物史观是充满着辩证法因素的。做法国社会的“书记”，并非机械地笔录历史，而是上升到理性的能动反映。巴尔扎克在《〈十九世纪风俗研究〉序言》中说：“巴尔扎克先生把一个素朴的、最绝对的真理引到艺术之中。身为一个明敏而深刻的观察家，他不断地细细观察自然。他在大自然的不意之中抓住她，他用无限的小心来审查她，他看到她活着、行动着；他追随水流和思想的行动；他一个纤维、一个纤维地分析了自然。只有当他了解了她的有机的智慧的生命不易觉察的秘密时，他才开始把她重新组织起来。”以上事实，从理论和创作实践上显示出了巴尔扎克的进步世界观。马克思主义经典作家将《人间喜剧》同《共产党宣言》相提并论，并非有意将前者拔高，《人间喜剧》是巴尔扎克思想的结晶，任何为了说明创作方法的独立性，而人为地否定巴尔扎克进步世界观的做法都是不切合实际的。

认为“世界观决定创作方法”，将世界观同创作方法的联系看成简单的因果对应关系，也是不恰当的。这种绝对的“决定论”看起来是在强调世界观的作用，但却忽视了世界观的丰富性。如果把作家的世界观看成一个有机的整体，那么，这个整体则包含着多种层次，如哲学观、政治观、道德观、审美观、爱情观等。在他们之间有着“双向逆反”的关系，即每一种因素之间都有着相互对应的影响关系。例如哲学观的进步性往往会促成作家进步的审美观，这种审美观又会在实际的生活中促使作家正确认识生活，从而促进进步哲学观的建立，或者丰富哲学观的内容。落实到创作上，作家对创作方法的选择，会受到世界

---

①《马克思恩格斯全集》（第 36 卷），人民出版社 1975 年版，第 77 页。

②《巴尔扎克文选》，上海新文艺出版社 1958 年版，第 53 页。

③《马克思恩格斯选集》（第 4 卷），人民出版社 1972 年版，第 463 页。

观各因素的影响，如果我们简单地用“决定”来限制这种多方面的联系，显然是片面的。就巴尔扎克来讲，他之所以在创作中运用了现实主义创作方法，主要是受他进步哲学观的影响。如上所述，巴尔扎克对社会存在和思维的关系的理解是正确的，在创作中，就不会出现“真正社会主义者”那样幼稚的主观主义的幻想。他选择了能够正确揭示现实关系的现实主义创作方法。但是，他的现实主义只能是“批判现实主义”，有着许多不足。这除受社会因素和巴尔扎克哲学观的直接制约之外，还受作家世界观中的其他因素如政治观和道德观的影响，他的阶级同情和政治偏见使巴尔扎克的创作不能完全摆脱自身的局限。他从资产阶级的人性论和人道主义出发，对资本主义金钱关系的批判（如《高老头》）就不能完全揭示其本质，他不可能看到无产阶级的斗争力量，对劳动者形象的塑造往往是歪曲的。

我们已经明确强调过，世界观对创作方法的选择具有十分重要的作用，但将世界观与创作方法的关系简单地概括为前者决定后者，就未免显得笼统简单；此外，也把作家在创作中所表现出来的多种创作方法相融合的现象给忽视了。高尔基说：“在伟大的艺术家们身上，现实主义和浪漫主义常好像是结合在一起的。巴尔扎克是个现实主义者，但是他也写过远非现实主义的《驴皮记》这样一些长篇小说。屠格涅夫也写过有浪漫主义精神的作品。”[①]从这里我们可以看出，同是一个巴尔扎克，在他的创作中尽管以现实主义创作方法为主，但也不乏浪漫主义创作方法的因素。世界观只能在某种程度上制约着创作方法的性质，至于作家选取哪种创作方法则往往受作家个人的气质、个性以及审美情趣的影响。就拿巴尔扎克和雨果来讲，他们世界观的进步性，决定了其所运用的创作方法从性质上讲是进步的，不管是现实主义的，还是浪漫主义的，都深刻地反映了法国社会的现实，但就具体形式看，却不相同。

强调“矛盾”而否定巴尔扎克世界观的进步性是错误的，一味强调“决定”而否定作家创作实践的能动作用，何谈“胜利”呢？何谈现实主义和见解之间的矛盾呢？还有什么“可以违背”“不得不违反”的现象呢？以上是我们结合巴尔扎克的创作，对有关世界观与创作方法关系的两种观点的剖析。对理解“现实主义伟大胜利”是有帮助的。

对巴尔扎克现实主义伟大胜利的理解只局限于“世界观”与“创作方法”是一致的，还是矛盾的，其思路都不够开阔，也不能从根本上解决问题。巴尔扎克创作中矛盾的表现，在于他的政治观与认识实践发生的冲突。恩格斯所说

① 高尔基：《论文学》，人民文学出版社 1978 年版，第 163 页。

的“巴尔扎克就不得不违反自己的阶级同情和政治偏见”中的“阶级同情”“政治偏见”也就是政治观，但不能笼统地用世界观来代替它。从巴尔扎克的社会地位来看，他属于法国的中小资产阶级，因而他对本阶级的同情也是理所当然的。但可贵的是老巴尔扎克却认识到了本阶级的没落趋势，因此，不得不违背他作为一个正统派的见解，而为上流社会唱出一曲挽歌。问题到这里还不能完全解决，我们还要问，政治观与认识实践相冲突的根源究竟在哪里呢？如上所述，其根源既然不在于创作方法对世界观的改造，那么应到哪里去寻找答案呢？列宁曾指出：“生活、实践的观点，应该是认识论的首先的和基本的观点。这种观点必然会导致唯物主义。”[①]生活实践作为作家创作的一个“中介”（也就是说，生活实践是主体与客体相联系的媒介），是作家不断自我超越的重要条件，也是一个伟大现实主义作家之所以伟大的根本所在。当然，这种超越是痛苦的，也是艰难的。巴尔扎克之所以在现实主义道路上成为一个胜利者，就在于伟大的生活实践使之不断自我否定，从而达到了“自我超越”。过去，对于恩格斯对巴尔扎克的评论之所以没有理解清楚，从根本上讲，就在于没有注意到生活实践在其中的重大作用。很显然，恩格斯明确写道：“他看到了他心爱的贵族们灭亡的必然性，从而把他们描写成不配有更好命运的人；他在当时唯一能找到未来的真正的人的地方看到了这样的人……”[②]恩格斯告诉我们，作品中嘲笑、讽刺同阶级的人，而赞扬敌对者，这些都是作家深入生活后随着社会实践的不断深入和发展而逐步认识到的。瞿秋白对夸大创作的“不自觉意识”的批评是正确的。但是不是说强调了生活实践的作用，就否定了世界观的作用了呢？答案是否定的，作家的生活实践正是在世界观指导下进行的，但是，世界观比起生动的、丰富的生活实践来说，它毕竟不是创作的直接影响因素。现实主义的伟大胜利就是生活实践的伟大胜利。这看起来好像是最一般的问题，但一些作家，包括很有才气的作家却没有解决好这一问题。

在给女作家哈克奈斯的信中，针对她创作中现实主义还不够充分的情况，恩格斯提出了加强“现实主义精神”的要求。所谓现实主义精神，就是“从事实自身的联系而不是幻想的联系来把握事实”。这一理论体现在马、恩的文论中是一贯的，并且不断丰富和完善。文学是人学，它要反映人的生活。按马克思的说法，人的本质“在其现实性上”“是一切社会关系的总和”。只有深刻了解社会关系的复杂性，才能写出正确反映社会生活的伟大作品。早在 19 世纪 40

①《列宁选集》（第 2 卷），人民出版社 1972 年版，第 12 页。

②《马克思恩格斯选集》（第 4 卷），人民出版社 1972 年版，第 463 页。

年代，马克思、恩格斯在《德意志意识形态》一书中，对这一点就有论述：“我们不是从人们所说的、所想象的、所设想的东西出发，也不是从只存在于口头上所说的、思考出来的、想象出来的、设想出来的人出发，去理解真正的人。我们的出发点是从事实际活动的人，而且从他们的现实生活过程中我们还可以揭示出这一生活过程在意识形态上的反射和回声的发展。……前一种观察方法从意识出发，把意识看作有生命的个人。符合实际生活的第二种观察方法则是从现实的、有生命的个人本身出发，把意识仅仅看作他们的意识。”①他们还进一步指出这种观察方法是有前提的，这种前提就是人。“但不是处在某种幻想的与世隔绝、离群索居状态的人，而是处在于一定条件下进行的现实的、可以通过经验观察到的发展过程中的人。”②这段话奠定了马克思主义认识论的基础。它虽然不是针对文艺创作而说的，但这一理论始终是贯穿在马、恩的文论研究之中。恩格斯对“真正的社会主义者”的批判，从另一个侧面强调了作家真正把握现实关系的重要性。恩格斯批判了“真正的社会主义”诗人和小说家们在创作中存在的两种错误倾向：抽象化和自然主义。所谓“抽象化”是指“真正的社会主义”作家以抽象说教代替实际生活生动的叙述和描写的倾向。而这种说教又是一种主观的幻想，充满了“庸俗气”。“自然主义”倾向表现在，不善于把要叙述的事实同一般的环境联系起来，进而从中挖掘事实背后的本质意义。从对“真正的社会主义者”的批判中，我们可以发现恩格斯的文学见解：真正的文学作品，必然对实际生活做深入了解，然后对之做出真实的叙述和描写；作品中的人物也应同特定的社会历史环境相联系，这是符合马、恩所强调的“现实主义”的原则的。后来，恩格斯又批评拉萨尔，“为了观念的东西而忘掉了现实主义的东西，为了席勒而忘掉了莎士比亚”。拉萨尔的《济金根》就是没有抓住主人公失败的真正原因，而主观地认为是主人公策略上的失败，究其实质，还是在于作者没有深刻地理解现实关系。恩格斯要求哈克奈斯学习巴尔扎克，其关键就在于强调对现实关系的深刻理解，在于正确地反映现实关系。

巴尔扎克在创作上达到了自我的超越，这种超越的根源不在于创作方法与世界观的矛盾，而是生活实践促使作家不断加深对社会的认识，从而否定了本人固有的政治偏见，最终在现实主义创作道路上取得了辉煌的成就。

---

①《马克思恩格斯选集》（第1卷），人民出版社1972年版，第30-31页。

②《马克思恩格斯选集》（第1卷），人民出版社1972年版，第31页。

# 第五节　马克思、恩格斯的民间文学思想

马克思、恩格斯对民间文学一直保持着浓厚的兴趣。马克思在青年时期曾将精心挑选的民间爱情诗歌抄写下来送给热恋着的燕妮，并多次谈到民间文学问题。恩格斯对德国民间故事进行搜集、整理与考订，投入相当精力研究民间故事，关注民间文化。马克思、恩格斯对民间文学与文化所表现出的浓厚兴趣与他们对艺术的热爱密切相关。民间故事书中所具有的纯洁的思想性、特有的幽默感、丰富的想象力都深深吸引着他们。

学术界对于马克思、恩格斯民间文学思想的研究与他们对民间文学的关注度相比较，显得比较薄弱，二者极不相称。刘锡城发表于20世纪60年代的论文《马克思恩格斯与民间文学》是国内研究马克思、恩格斯民间文学思想的较早的一篇论文，对该领域的研究有开创之功。文章重点探讨了马克思、恩格斯是如何立足于历史唯物主义的角度对民间文学与艺术起源、民间文学与社会历史的关系、受压迫阶级的民间文艺的价值等问题进行研究的，尤其强调民间故事在社会革命中的价值与意义。“总括起来，马克思、恩格斯在论述阶级社会的民间文学中看到了人类社会的历史发展的真实反映，从而丰富了自己的政治观点；看到了并广泛地运用了民间文学的深刻的人民性和革命性，作为政治斗争的有力武器，驳斥论敌、抨击当时的社会。”[①]我们不否认这样的阐释与评价是符合马克思、恩格斯民间文学研究的实际的，诸多文献资料证明马克思、恩格斯非常关注民间歌谣、故事（特指工人阶级的作品）在革命斗争中的作用。但随着文学研究方法的多样化，尤其是在文学研究的学科交叉趋势越来越突出的背景下，对马克思、恩格斯民间文学思想的研究在方法与视角上都应有新的开拓与进展。

本书重点从社会文化批判与生态学的角度，尝试立足于基本文献对马克思主义经典作家的民间文学思想做出新的解读。

马克思、恩格斯对民间文学的热爱及重视与其对时代的文化精神乃至审美状况的关注直接相关，具体而言，他们是把民间文学作为与处于“异化”状态中的资本主义艺术相比较从而肯定其价值的。这里涉及马克思主义经典作家的

① 刘锡城：《马克思恩格斯与民间文学》，《草原》1963年第2期。

社会文化批判理论。按照学术界的一般看法，文化批判理论是新马克思主义理论家提出并具体实践的，马克思的社会批判一般被认为是政治批判或意识形态批判，这一观点虽不无道理，但否认马克思、恩格斯思想体系中有文化批判思想也是有失偏颇的。而且，他们以之作为主要的思想武器对资本主义社会的本质做出了深刻的揭示与批判，为后来各种新马克思主义理论流派的文化批判理论奠定了基础。

在马克思、恩格斯的社会文化批判理论中，对资本主义艺术的批判占有非常重要的地位，也正是在对资本主义及其艺术生产的强烈批判中，彰显出他们对民间文学及其赖以生存的民间文化优秀成分的肯定。恩格斯在给友人的信中有一段文字非常具有代表性："工业发展的成就从整个德国来说具有极其阴郁的、异常沉闷的性质，而这些成就也席卷了杜塞尔多夫，因此，我能够想象得到，乌培河谷的空虚和烦闷现在也笼罩了杜塞尔多夫。但是，总有一天，我们将驱散空虚和烦闷，重新唱起三十年前人们在米兰唱过的一首古老歌曲：如今，如今，永远是如今，如果我们如今开怀畅饮，那我们当即就把钱付清！"①

接着，恩格斯幽默地补充道："为畅饮付钱的应当是资产者。"在这里，恩格斯对资本主义生产方式尤其是工业技术的日益发展在精神层面带给人们的负面影响表达得形象而深刻；对古老歌曲的引用无疑表现出恩格斯对充满诗意的民间生活世界失去的遗憾和对人类理想精神家园的向往。

在对资本主义精神文化及其艺术进行批判的同时，近于完美的堪称"范本"的古希腊艺术、充满着泥土气息的民间故事都或隐或显地成为马、恩批判资本主义制度摧残艺术发展的重要参照。

马克思、恩格斯从生产方式与生产目的角度研究不同时代的艺术及其特点，表现出对民间文学的特别关注。他们的出发点是探讨资本主义的生产方式不利于真正艺术的发展，为理想艺术的产生寻找途径。马克思曾明确表示，资本主义的生产目的已经不是为了人们的精神需要和审美需要，而是为生产而生产，劳动过程服从于剩余价值的积累过程。在资本主义社会里，人本身扮演着极卑微的角色。艺术劳动成了资本家投机的对象，艺术成了牟利的工具，艺术创造的主体精神自由受到极大限制。马克思把以生产剩余价值为目的的劳动者称为"生产劳动者"。为说明"生产劳动"与"非生产劳动"的区别，并在此基础上指出资本主义艺术家成为"生产劳动者"的残酷现实，马克思、恩格斯以古代艺术为例阐发并证明其观点，其中多次涉及古代神话及民间诗歌与故事传说。

---

①《马克思恩格斯全集》（第 33 卷），人民出版社 1973 年版，第 486 页。

据统计，单就《资本论》而言，马克思引法国谚语1次，希腊、罗马、德国古代神话传说14次。[①]

在马克思、恩格斯之前，黑格尔曾对古希腊艺术发出过由衷的赞叹，称颂古希腊世界是“美丽自由的王国”，是“最优美的世界”，希腊性格的中心是“美”的个性，古希腊艺术家正是将这种美的形态用大理石和绘画表现出来，希腊人之所以能够创造出如此伟大的艺术，其根本原因在于“希腊人生活在自觉的主体自由和伦理实体的这两领域的恰到好处的中间地带”[②]。黑格尔如此推崇古希腊艺术，并指出希腊艺术辉煌的时代一去不返，是明确针对资本主义社会中艺术的“异化”而言的。马克思、恩格斯对古希腊艺术的高度评价与黑格尔有一致之处，同时，他们对古希腊艺术之所以具有永久魅力原因的分析在继承前人观点的基础上又有新的推进。马克思、恩格斯从生产方式、社会形态等角度指出艺术生产与物质生产存在不平衡的现象，进而有力地击破了当时关于艺术发展的错误观点。这些观点按照线性的历史发展观解释包括艺术在内的精神文化现象，其目的是为资本主义的合理性寻找依据。马克思提出了“资本主义生产就同某些精神部门如艺术和诗歌相敌对”的著名观点，接着指出“既然我们在力学等等方面已经远远超过了古代人，为什么我们不能也创作出自己的史诗来呢？于是出现了《亨利亚特》来代替《伊利亚特》。”[③]马克思的意思是《伊利亚特》作为古希腊的伟大的民间艺术是“一定社会形态下的自由的精神生产”，只出现在古希腊这个特殊的时代，进而说明精神生产的繁荣与社会的物质生产的发展之间存在不平衡关系。我们从中也可以明显看出，马克思是从与资本主义艺术相比较的角度赞扬古代民间史诗的。

在对古希腊神话的魅力做出研究的同时，马克思、恩格斯对其他民族民间文学的社会历史价值也非常关注，同样发表过极为精彩的文字。恩格斯对古爱尔兰史曾有过浓厚兴趣，他发现，学界对爱尔兰的历史研究较少，实际情况是“存在着相当丰富的地方文献……包括短诗、文法、辞典、年表和其他历史著作及法律汇编。”[④]这些关于爱尔兰历史的年表从史前开始，其基础是古代民间传说，这些传说经过9世纪和10世纪诗人的修饰，后来又由教士编年史家加以整理。恩格斯注意到了这些民间传说对研究古代民族文化的文献价值，尤其对爱尔兰《尼亚耳史诗》给予了高度评价：“‘尼亚耳史诗’是在那次战争结束近一百年之后在冰岛写成的；爱尔兰的年表至少有一部分是根据当时人的叙述。这

---

① 杨柄：《马克思恩格斯论文艺和美学》（下卷），文化艺术出版社1982年版，第495页。

② 黑格尔：《美学》（第2卷），商务印书馆1979年版，第169页。

③《马克思恩格斯全集》（第26卷·第1册），人民出版社1972年版，第296页。

④《马克思恩格斯全集》（第16卷），人民出版社1964年版，第550页。

两种史料彼此并无联系，可是两者不仅在要点上完全符合，而且还互相补充。”[①]《尼亚耳史诗》是13世纪末根据口头传说与古老文献资料记录下来的，史诗中有两段插曲：其一是10世纪和11世纪之交基督教传入冰岛的历史，其二是诺曼底人和爱尔兰国王安·博卢作战的叙述。恩格斯指出，后者是研究11世纪爱尔兰历史中重大事件之一——爱尔兰人在1014年战胜诺曼底侵略者的可靠史料。马克思、恩格斯对古代民族民间神话及传说的研究在方法论方面给我们以重要的启发。

同样在谈到爱尔兰历史时，恩格斯从一首写于公元1000年的民间诗歌中发现“斯堪的那维亚人自己如何把爱尔兰当作一个经常给他们提供战利品的国家。古代多神教的那种野蛮，在这首歌中似乎最后一次强烈地表现出来了”。涉及爱尔兰的诗句为：

我们挥动利剑，旷野里积尸如坟，
狼兄狼弟兴高采烈，将鲜血开怀痛饮，
铁剑击铜盾；爱尔兰君主马斯太因
不使鹫鹰饥饿，更让恶狼狂吞，
在韦德腊福德给大鸦献上牺牲。

我们挥动利剑，早晨发起一场游戏——

在林迪赛里同三个国王愉快地比比高低。
只有少数幸运儿活着回去；
鹰隼与饿狼争肉，豺狼大口吞食人体，
爱尔兰人的鲜血像潮水泛滥海堤。[②]

恩格斯认为，通过史诗等艺术形式发现文献是历史研究的重要方法，在其他民族史研究中也普遍可见。“雅科布·格林在研究德意志民族性格、德意志风俗习惯和法律关系时，一向把从记载基姆布利人进军的罗马史学家到不来梅的亚当和萨克森·格腊马提克所提供的一切证据，从‘贝奥伍耳夫’和‘希尔德布兰德之歌’到‘艾达’和古史诗的一切古代文学作品……都看作同样珍贵的史料，是完全有理由的。”[③]由此可见，马克思、恩格斯对民间文学价值的重视

①《马克思恩格斯全集》（第16卷），人民出版社1964年版，第569页。
②《马克思恩格斯全集》（第16卷），人民出版社1964年版，第565-566页。
③《马克思恩格斯全集》（第16卷），人民出版社1964年版，第571页。

不仅仅停留在其文学自身层面，他们从更多样的视角挖掘这些存在于古代典籍中的宝贵文学资源，为政治经济学、历史学、哲学、伦理学等学科的研究提供重要的文献支撑及新的研究方法，也使得古代民间文学的多元魅力更加显现出来。

从社会分工的角度观照民间文学与文化在人类精神文化史上的地位及其当下意义是马克思、恩格斯的重要贡献。马克思以三大社会形态为背景考察人的历史演变：前资本主义社会是“最初的社会形态”，以商品经济为特征的资本主义社会是“第二大社会形态”，共产主义社会是“第三大社会形态”。在第一种社会形态中，人类刚刚从自然界中分化出来，生产力极低，社会分工还没有出现，出于共同合作的需要，每个人都要参加生产活动、艺术活动、宗教活动等，个人相对于分工出现之后而言“显得比较全面”，马克思称之为“原始的丰富”。随着物质活动和精神活动分工的出现，人的“原始的丰富性”受到破坏。“在这里，无论个人还是社会，都不能想象会有自由而充分的发展。”①分工到了资本主义阶段，作家、艺术家越来越受到局限，不能充分发展自己的个性和才能，马克思说：“只要人们还处在自发地形成的社会中，也就是说，只要私人利益和公共利益之间还有分裂，也就是说，只要分工还不是出于自愿，而是自发的，那末人本身的活动对人说来就成为一种异己的、与他对立的力量，这种力量驱使着人，而不是人驾驭着这种力量。”② “统治阶级的存在，日益成为阻碍工业生产力发展的愈来愈大的障碍，同时也成为阻碍科学和艺术发展，特别是阻碍文明交际方式发展的愈来愈大的障碍。从来也没有比我们现代的资产者更不学无术的人了。”③正是立足于对资本主义分工之下人的片面发展及艺术成为商品的时代状况，马克思、恩格斯对处于“原始的丰富性”时代的创作给予较高评价。在他们看来，在这一时期分工尚没有达到后来的那么精细，人处于比较全面的发展阶段，因此，作为民间文学的艺术创作自然会展现出人的一定的自由而充分的个性发展特征。

马克思、恩格斯对民间文学的关注还有一个重要的角度，这就是生态视角。生态哲学、生态美学关注人与自然的和谐统一，而这也正是马克思、恩格斯美学思想中的重要内容。发现民间文学与文化中的“自然”，既是他们鉴赏、研究民间文学的重要维度，也是这两位伟大的思想家对资本主义社会生产关系下“异化”现象批判的一个重要参照。

---

①《马克思恩格斯全集》（第30卷），人民出版社1995年版，第479页。

②《马克思恩格斯全集》（第3卷），人民出版社1960年版，第37页。

③《马克思恩格斯全集》（第18卷），人民出版社1964年版，第246页。

马克思、恩格斯有着丰富的生态美学思想。正如曾繁仁先生所指出的："生态审美观是20世纪70年代以后出现的一种崭新形态的审美观念，是在资本主义极度膨胀导致人与自然矛盾极其尖锐的形势下，人类反思历史的成果。如果说活跃于19世纪中期与晚期的马克思与恩格斯早就提出了这一理论形态，那肯定是不符合事实的。但作为当代人类精神的导师和伟大理论家，他们以其深邃的洞察力和敏锐的眼光对人与自然的审美关系已有所分析和预见，那是一点儿也不奇怪的。而且就我们目前的研究来看，这种分析与预见的深刻性同样是十分惊人的，从而成为新世纪我们深入思考与探索生态审美观的极其宝贵的资源。"①马克思、恩格斯从生态视角出发审视民间文学，揭示出了这一人类精神文化宝库中蕴含的现代价值。

早在《1844年经济学哲学手稿》中，马克思就非常明确地对"自然界"给予充分关注，在一定意义上有反思"人类中心主义"的自觉意识："没有自然界，没有感性的外部世界，工人什么也不能创造。自然界是工人的劳动得以实现、工人的劳动在其中活动、工人的劳动从中生产出和借以生产出自己的产品的条件、材料。"②在过去的研究中，对马克思、恩格斯关于"人与自然"的思想或多或少存在误解，往往过多地强调人类对自然的"改造"，忽视了他们提出这一思想的重要前提，即人类对自然的改造必须建立在尊重自然规律、顺应自然界之特性的基础上。在马克思看来"人是自然界的一部分"。"自然界，就它自身不是人的身体而言，是人的无机的身体。人靠自然界生活。这就是说，自然界是人为了不致死亡而必须与之处于持续不断的交互作用过程的、人的身体。所谓人的肉体生活和精神生活同自然界相联系，不外是说自然界同自身联系，因为人是自然界的一部分。"③正是基于以上的理解，马克思强调人的活动是按照"内在尺度"进行的。"动物的生产是片面的，而人的生产是全面的；动物只是在直接的肉体需要的支配下生产，而人甚至不受肉体需要的影响也进行生产，并且只有不受这种需要的影响才进行真正的生产；动物只生产自身，而人再生产整个自然界；动物的产品直接属于它的肉体，而人则自由地面对自己的产品。动物只是按照它所属的那个种的尺度和需要来构造，而人却懂得按照任何一个种的尺度来进行生产，并且懂得处处都把固有的尺度运用于对象；因此，人也按照美的规律来构造。"④对于"内在固有的尺度"，学界存在各种不同的解释，如果我们从生态的角度看，就会发现马克思这段文字中充满着生态意识与生态

---

① 曾繁仁：《马克思、恩格斯与生态审美观》，《陕西师范大学学报》2004年第5期。

②《马克思恩格斯文集》（第1卷），人民出版社2009年版，第158页。

③《马克思恩格斯文集》（第1卷），人民出版社2009年版，第161页。

④《马克思恩格斯文集》（第1卷），人民出版社2009年版，第162-163页。

思想。所谓“美的规律”，一方面，包含人类自身的需要，也就是“善”，是“合目的性”；另一方面，还必须“合规律”，在人类与自然打交道的过程中必须尊重自然的规律。如何才能真正处理好人与自然的关系，马克思在《资本论》等其他著作中也有多处精彩的论述。在谈到人类社会发展的两个重要阶段“必然王国”与“自由王国”时，马克思、恩格斯指出：“这个自然必然性的王国会随着人的发展而扩大，因为需要会扩大；但是，满足这种需要的生产力同时也会扩大。这个领域内的自由只能是：社会化的人，联合起来的生产者，将合理地调节他们和自然之间的物质变换，把它置于他们的共同控制之下，而不让它作为盲目的力量来统治自己；靠消耗最小的力量，在最无愧于和最适合于他们的人类本性的条件下来进行这种物质变换。但是不管怎样，这个领域始终是一个必然王国。在这个必然王国的彼岸，作为目的本身的人类能力的发展，真正的自由王国，就开始了。但是，这个自由王国只有建立在必然王国的基础上，才能繁荣起来。”[①]随着社会的发展、人类需要的不断扩大，社会生产力也要随之扩大，但所有这些必须基于合理地调节人与自然的“物质变换”关系之上，真正的自由王国只有建立在必然王国的基础上才能繁荣起来。很明显，马克思、恩格斯在探讨人类社会发展规律的同时，充分认识到人不是无所不能的，人类对自然的改造也绝不是任意妄为，只有尊重自然规律的社会发展才是真正的“自由王国”。西方马克思主义学者，联邦德国的 A.施密特对马克思所做的研究的一些观点我们未必完全同意，但他著作中对马克思的“自然”概念的探讨是很有见地的，对于我们理解马克思的生态观念富有启发意义。他认为，马克思的自然概念具有“社会的历史的性质”。自然是“社会范畴”，反过来，社会也是“自然范畴”，自然和人、自然和历史是不可分离的。他还明确指出：“马克思在各个地方都相当清晰地肯定了物质自身的运动。他并不否定物质自身的规律性，他理解到只有通过作为中介的实践，人才能认识并有目的地利用物质的运动形式，这是马克思的唯物主义中辩证法的本质。在生产中，人与自然之间进行的辩证法的运动，并不排除自然规律的作用。”[②]因此，“按照任何一个种的尺度来进行生产”等理论命题蕴含着非常丰富的生态智慧，彰显出马克思、恩格斯对作为人赖以生存的自然环境乃至整个自然界的无比尊重，这些思想也构成了人类生态思想中的不可或缺的重要一环。

马克思、恩格斯不但从哲学的高度深刻地阐释了人与自然的关系，而且，他们还特别关注人的生存状况，有着极强的环境意识。在批判费尔巴哈的直观

---

① 《马克思恩格斯全集》（第 25 卷），人民出版社 1974 年版，第 926-927 页。

② A.施密特：《马克思的自然概念》，商务印书馆 1988 年版，第 99 页。

的唯物主义“同人类无关的外部世界”观点时，马克思敏锐地发现工业的发展已使自然环境受到污染，甚至连鱼都失去了其存在的本质——清洁的水。他指出：“每当有了一项新的发明，每当工业前进一步，就有一块新的地盘从这个领域划出去，而能用来说明费尔巴哈这类论点的事例借以产生的基地，也就越来越小了。现在我们只来谈谈一个论点：鱼的‘本质’是它的‘存在’，即水。河鱼的‘本质’是河水。但是，一旦这条河归工业支配，一旦它被染料和其他废料污染，河里有轮船行驶，一旦河水被引入只要把水排出去就能使鱼失去生存环境的水渠，这条河的水就不再是鱼的‘本质’了，它已经成为不适合鱼生存的环境。”①

阅读马克思、恩格斯的相关著作，不难发现他们对环境遭到破坏所产生的深深忧虑。“光、空气等等，甚至动物的最简单的爱清洁习性，都不再是人的需要了。肮脏，人的这种堕落、腐化，文明的阴沟（就这个词的本义而言），成了工人的生活要素。完全违反自然的荒芜，日益腐败的自然界，成了他的生活要素。”②工业化造成了城市与农村的明显分离，这种分离严重破坏了“人和土地之间的物质变换，也就是使人以衣食形式消费掉的土地的组成部分不能回到土地，从而破坏土地持久肥力的永恒的自然条件”③。马克思、恩格斯赞赏民间文学对自然的态度及作品对自然的描写，恩格斯在评论德国民间故事书时就曾指出：“这些古老的民间故事书虽然语言陈旧、印刷有错误、版面拙劣，对我来说却有一种不平常的诗一般的魅力。它们把我从我们这种混乱的现代‘制度、纠纷和居心险恶的相互关系’中带到一个跟大自然近似的世界里。”④恩格斯在这里表现出对民间故事的由衷喜爱，在他看来，甚至它们陈旧的语言、错别字和显得有些蹩脚的版画都散发着别样的意味。更为重要的是，马克思、恩格斯肯定民间文学价值的原因还在于，民间文学所建构的“世界”对处于“异化”状态中的现代人而言能够满足对理想的精神家园的追求，民间文学中的“自然”往往是纯洁的、纯粹的，是没有被外力所破坏的人们诗意生存的理想之所。

恩格斯曾盛赞古代诗人对西西里岛田园牧歌式生活的歌咏：“西西里岛的古代诗人忒俄克里托斯和莫斯赫曾经歌颂了他们同时代人——牧人奴隶的田园诗式的生活；毫无疑问，这是美丽的、富有诗意的幻想。”⑤恩格斯说“大自然把西西里岛创造成为人间天堂”，作为大自然的馈赠，它曾是人间天堂，但是，随

---

①《马克思恩格斯全集》（第42卷），人民出版社1979年版，第369页。

②《马克思恩格斯文集》（第1卷），人民出版社2009年版，第225页。

③《马克思恩格斯全集》（第23卷），人民出版社1972年版，第552页。

④《马克思恩格斯全集》（第41卷），人民出版社1982年版，第23页。

⑤《马克思恩格斯全集》（第22卷），人民出版社1965年版，第557页。

着阶级产生、分工出现，自然遭到破坏，“古希腊罗马时代为了经营大地产和大矿场而赏给了西西里岛一个奴隶制”，这曾经非常美丽的地方“变成了地狱”。①因此，接下来，恩格斯感叹道：“能不能找到一个现代诗人，敢于歌颂今天西西里岛‘自由’劳动者的田园诗式的生活呢？如果这个岛的农民能够在哪怕是罗马对分租佃制的沉重条件下耕种自己的小块土地，难道他们不会感到幸福吗？这就是资本主义制度所造成的结果：自由人在怀念过去的奴隶制！”②

另外，马克思、恩格斯非常肯定人的健康的、具有自然本性的身体及人的“肉欲”，也是生态思想在民间文学中的体现。格奥尔格·维尔特作为一位民间的无产阶级作家，是共产主义者同盟盟员、《新莱茵报》编辑之一，马克思、恩格斯的战友。维尔特在给马克思的信中曾对大自然表达出内心的热爱：“葡萄牙啊！西班牙啊！（维尔特刚从那里回来）如果我们有你的美丽的天空、你的葡萄酒、你的橙子和桃金娘，那该多么好啊！但是连这个也没有！除了凄风苦雨和熏肉之外，什么也没有！”③恩格斯看到这封信后对之大加赞扬并与海涅、歌德做了比较，肯定他们在表现人的自然情欲方面的贡献：“维尔特所擅长的地方，他超过海涅(因为他更健康和真诚)，并且在德国文学中仅仅被歌德超过的地方，就在于表现自然的、健康的肉感和肉欲……”④恩格斯没有忘记“批判”，接着批判“德国社会主义者”的市侩与虚伪：“然而我不能不指出，德国社会主义者也应当有一天公开地扔掉德国市侩的这种偏见，小市民的虚伪的羞怯心，其实这种羞怯心不过是用来掩盖秘密的猥亵言谈而已……最后终有一天，至少德国工人们会习惯于从容地谈论他们自己白天或夜间所做的事情，谈论那些自然的、必需的和非常惬意的事情，就像罗曼语民族那样，就像荷马和柏拉图，贺雷西和尤维纳利斯那样，就像旧约全书和《新莱茵报》那样。”⑤这里，恩格斯从自然生态与文化生态的角度提出了对无产阶级文学的要求。

总之，马克思、恩格斯从独特的视角研究民间文学，提出宝贵的民间文学思想，时至今日，它们仍具有重要的现代价值与意义。

---

①《马克思恩格斯全集》（第22卷），人民出版社1965年版，第557页。

②《马克思恩格斯全集》（第22卷），人民出版社1965年版，第557-558页。

③《马克思恩格斯全集》（第21卷），人民出版社1965年版，第8页。

④《马克思恩格斯全集》（第21卷），人民出版社1965年版，第9页。

⑤《马克思恩格斯全集》（第21卷），人民出版社1965年版，第9页。

# 第四章　马克思、恩格斯的审美教育思想与悲剧理论

马克思、恩格斯既是伟大的思想家、革命家，也是著名的美学家，他们非常重视审美教育在人类解放过程中所起到的重要作用。其美育思想在继承前人的基础上显示出自己的特质，开创了西方美育研究的新航向，在 21 世纪的今天仍具有重要的现实意义。

悲剧是文学理论、美学理论中的一个重要审美范畴，也是马克思主义文艺美学的重要理论问题之一。

关于悲剧，就其概念来说有两种基本含义：广义的悲剧是指作为一种审美形态和美学范畴的悲剧，在美学理论中，它与崇高、喜剧、优美、丑等构成审美形态的基本范畴。狭义的悲剧，指一种戏剧类型，如索福克勒斯的《俄狄浦斯王》、埃斯库罗斯的《普罗米修斯》、莎士比亚的《哈姆雷特》、关汉卿的《窦娥冤》等。对这一概念不同含义的区分是十分必要的，马克思、恩格斯主要讨论的是作为美学范畴的悲剧，也就是悲剧性问题，是广义的悲剧。

在具体讨论马克思、恩格斯的有关悲剧问题的论述之前，有必要来回顾一下西方美学史上的悲剧理论的发展情况。

## 第一节　马克思、恩格斯审美教育思想综论

### 一

马克思、恩格斯的审美教育思想是建立在社会理想与人的理想高度统一的基础上的。他们以历史唯物主义的观点科学地研究了人类社会的发展阶段，天

才地预见了共产主义作为人类社会发展的最理想阶段是一定能够实现的，并把共产主义的实现作为自己的社会理想，而这一理想又是以全人类的解放为最终目标的，因此，马克思、恩格斯的社会理想与人的理想紧密地联系在一起。

马克思主义认为从客体方面看，社会历史表现为生产力和生产关系、生产方式和社会形态的发展史；从主体角度看，社会历史则是人自身发展的历史。人在改造自然、改造社会的过程中不断地改造和发展自己，达到人与自然、社会的和谐统一，而这种和谐统一是在人类的革命实践过程中实现的。

马克思以三大社会形态为背景考察人的历史演变。前资本主义社会是“最初的社会形态”，以商品经济为特征的资本主义社会是“第二大社会形态”，共产主义社会是“第三大社会形态”。在第一种社会形态中，人类刚从自然界中分化出来，生产力极低，社会分工还没有出现，出于共同合作的需要，每个人都要参加生产活动、艺术活动、宗教活动等，个人相对于分工出现之后的人而言“显得比较全面”，马克思称为“原始的丰富”。但随着物质活动和精神活动分工的出现，人的“原始的丰富性”受到破坏，“在这里，无论个人还是社会，都不能想象会有自由而充分的发展”[①]。在资本主义生产条件下，社会分工更加细致化，人的“原始的丰富性”也随之解体。尽管分工是时代发展的必然规律，它具有推动文明进步的重大意义，然而，资本主义的生产资料私有制使工人为了维持生计只能为资本家生产剩余价值，劳动仅仅是一个手段，这种带有“异化”性质的劳动使得人的自我创造和发展从劳动者意识中消失，劳动不是对人的肯定而是对人的否定。

马克思认为人的解放的时代只能是共产主义社会，“人的全面发展”只有在这个阶段才能真正实现。根据马克思、恩格斯的有关论述，所谓人的全面发展，至少包括以下内容：首先，人作为有生命的自然存在，有着丰富的肉体和精神素质，具体表现为人的知、情、意及体力等，在全面发展的人身上，以上诸方面将得到充分自由的发展；其次，全面发展的人是在生产中能够全面地发挥各方面才能的人，他能够自由地选择职业，而不是终身局限于某一职业；再次，个性必须得到彻底解放，个人创造性必须得到自由的发挥，通过实践活动展示出人与外部世界的多样性关系，全面地表现和确证自己的本质。而这些在私有制条件下是不可能实现的，只有在共产主义社会才会成为现实。共产主义革命将推翻一切旧的生产和交往关系的基础，消灭私有制，它本身就是个人自由发展的共同条件，不仅将普遍提高人们的共产主义意识，而且通过革命“代替那存在着阶级和阶级对立的资产阶级旧社会的，将是这样一个联合体，在那里，

① 《马克思恩格斯全集》（第46卷），人民出版社1979年版，第109页。

每个人的自由发展是一切的自由发展的条件”。[①]在共产主义时代，社会生产力将得到极大提高，必要劳动时间大大缩短，人们可以自由支配的闲暇时间增多。特别是由于社会生产方式的改变，分工消失，人们具有了按照其天性自由选择他们所喜爱的审美创造活动的可能，人们可以自由地发挥他们的审美创造潜力。从此意义上讲，劳动已不再是手段，而成为人的需要，成为塑造全面发展的个体的根本条件。马克思还在其他很多地方论述了人的全面发展与生产力的发展和共产主义建设是一致的，是互为条件的。社会理想与人的理想是完全统一的，共产主义时代的人是全面发展的人，也是具有高度审美意义的人。

马克思、恩格斯关于人的全面发展的学说也是在批判地继承前人的基础上提出的。他们之前的思想家也不同程度地提出了人的全面发展的设想，也认识到社会理想与人的理想是一致的。马克思、恩格斯在创立自己的关于人的学说时从中吸取了不少精华，但他们超越前人的最根本之处在于找到了人的片面发展、人性分裂的根源。他们不再抽象地谈论人的完善，而是立足于社会冲突，立足于人类的社会实践活动，来考察全面发展的人得以实现的根本条件，正如他们所指出的，“在革命活动中，在改造环境的同时也改变着自己”，对无产阶级而言，革命尤其必要，“不仅是因为没有任何其他的办法能推翻统治阶级，而且还因为推翻统治阶级的那个阶级，只有在革命中才能抛掉自己身上的一切陈旧的肮脏的东西”[②]。这就明确地告诉我们，人民群众的革命实践是改造社会和提高人的思想所必需的，只有通过在认识世界和改造世界过程的各种活动(不仅仅在精神活动领域)中，人们才能得到全面的发展。

从社会理想的角度理解人的理想，也同时说明了马克思、恩格斯把全面发展的人的理想不仅看成一个最高目标，而且也是一种动态的逐渐完成的过程。真正全面发展的人虽然只有在共产主义社会中才能出现，但正如共产主义不是一朝一夕突然实现一样，全面发展的人也有一个渐趋形成的过程。作为全面发展的人所应具备的各种具体因素并不是说只有到共产主义社会才能形成，它必须依赖于人类不断的革命斗争和创造性活动，并在其中逐渐积累和扩大。正是在此基础上，马克思、恩格斯极为重视立足于现实社会探寻人的全面发展的各种条件及途径，而作为情感教育和艺术教育的审美教育被马克思、恩格斯看作培养全面发展的人的重要手段之一，审美教育思想也是马克思主义理论中的一个重要组成部分。

---

① 《马克思恩格斯全集》(第 1 卷)，人民出版社 1956 年版，第 273 页。

② 《马克思恩格斯全集》(第 3 卷)，人民出版社 1960 年版，第 78 页。

## 二

在人的全面发展学说的基础上，马克思、恩格斯为审美教育确立了方向和任务。在他们看来，审美教育的目的就是培养全面发展的人。马克思在《1844年经济学哲学手稿》中指出："动物只有按照它所属的那个种的尺度和需要来建造，而人却懂得按照任何一个种的尺度来进行生产，并且懂得怎样处处都把内在的尺度运用到对象上去；因此，人也按照美的规律来建造。"①马克思在此揭示出人类实践活动的特点是按照美的规律来建造的，这里重点讲的虽然是物质生产劳动，但它也适合于人类的一切活动，适应于人类自身的塑造。

马克思主义对共产主义的人的本质曾做过科学规定，其中包含着丰富的美育思想，指出了美育对塑造共产主义新人的重要性："共产主义是私有财产即人的自我异化的积极扬弃，因而是通过人并且为了人而对人的本质的真正占有：因此，它是人向自身、向社会的(即人的)人的复归，这种复归是完全的、自觉的而且保存以往发展的全部财富。"②马克思还指出："私有财产的积极的扬弃，作为对人的生命的占有，是对一切异化的积极的扬弃，从而是人从宗教、家庭、国家等等向自己的人的存在即社会的存在的复归。"③马克思借用德国古典哲学的术语"复归"一词来说明人从异化中解放出来进入共产主义的人的本质中去，复归是真正的人的本质的获得。马克思还指出人的本质是一切社会关系的总和，人性是历史的、具体的，它是随着人类社会实践和工业实践的发展而发展的。人的真正解放是"人的一切感觉和特性的彻底解放"，这种解放也使人的审美特性得到发挥，"人的眼睛和原始的、非人的眼睛得到的享受不同，人的耳朵和原始的耳朵得到的享受不同，如此等等"④。人的真正本质的实现是通过消灭私有制实现共产主义而完成的，而人的审美感觉能力的丰富和发展是构成人的本质的丰富性的一个重要组成部分，它们的获得显然是依赖人的社会实践活动的。由此可以看出，马克思将美育提到人的全面发展和人的本质的高度来加以考察，它在人的全面发展过程中占有重要地位。

马克思、恩格斯还从具体的教育角度，讨论了审美教育的任务和目标是全面发展的人的塑造。马克思在1866年就若干问题给临时总委员会出席日内瓦会议的代表的指示信中曾指出："我们把教育理解为以下三件事：第一：智育。第

① 《马克思恩格斯全集》（第42卷），人民出版社1979年版，第97页。
② 《马克思恩格斯全集》（第42卷），人民出版社1979年版，第120页。
③ 《马克思恩格斯全集》（第42卷），人民出版社1979年版，第121页。
④ 《马克思恩格斯全集》（第42卷），人民出版社1979年版，第125页。

二：体育，即体育学校和军事训练所教授的那种东西。第三：技术教育，这种教育要使儿童和少年了解生产各个过程的基本原理，同对使他们获得运用各种生产的最简单的工具的技能。对儿童和少年工人应当按不同年龄循序渐进地授以智育、体育和综合技术教育课程。”[①]有人曾据此认定，马克思、恩格斯的教育思想不应包括审美教育在内。但若从马克思、恩格斯的整个思想体系包括教育思想的基本精神和他们的美学及艺术思想来考察，完全可以认为：马克思主义经典作家不仅为审美教育提供了坚实的理论基础，而且也提出了全新的审美教育观。

马克思在《资本论》中指出，教育与生产劳动相结合不仅是提高社会生产力的一种方式，从更高的角度来看，它还是造就全面发展的人的重要方法。教育只有与生产劳动相结合，才能为一个更高级的、以每个人的全面自由的发展为基本原则的社会创造现实基础。共产主义教育的根本目标就是培养全面发展的人，美育是应该包含在其中的。首先，共产主义“创造着具有丰富的、全面而深刻的感觉的人”，而人的审美感觉能力显然是马克思所说的“感觉”中的最重要内容之一。其次，共产主义教育使每个人都能全面发展，个人才能够得到充分发挥，由于分工而造成的人的片面性得以消除，“在共产主义社会里，没有单纯的画家，只有把绘画作为自己多种活动中的一项活动的人们”[②]。如上所述。共产主义的人的理想的实现本身就是一个伟大的过程，要实现以上所规定的人的特性显然是离不开审美教育的。

## 三

马克思、恩格斯还给审美教育以科学的定位。他们认为审美教育是人类全部活动的一部分，不能离开人的社会实践活动来谈审美教育。如何实现人的自由发展，消除人性分裂，这是西方思想史上诸多思想家、美学家都在努力探讨的重要问题。早在古希腊时代，“美是和谐”的观念就存在。18 世纪启蒙主义者爱尔维修、狄德罗等都认为历史上曾出现过一种非常理想的社会状态，它处于人类远古的野蛮时代和近代文明之间，既克服了野蛮时代的物质匮乏，也没有文明社会的人的精神空虚，达到的是物质与精神的和谐统一状态。启蒙主义理想家们追求的理想社会模式就是建立在这种和谐状态基础上的，这种理想在德国古典美学那里得到了进一步发展。

① 《马克思恩格斯全集》（第 16 卷），人民出版社 1964 年版，第 218 页。

② 《马克思恩格斯全集》（第 3 卷），人民出版社 1960 年版，第 460 页。

康德试图通过人类的审美活动来实现人与自然之间的和谐，进而达到人的理想与社会理想和审美理想的统一。席勒更将审美活动作为建立理想社会和完美人性的手段，他宣布，正是通过美才可以走向自由。黑格尔称颂古希腊世界是“美丽自由的王国”，认为希腊性格的中心是“美”的个性。黑格尔对资本主义的人的生存状况的批判也是以古希腊人完美的人性为参照的。

以上美学家的思想虽不完全相同，但也有着共同之处，表现在：首先，审美教育基本上局限于艺术领域，仅仅把艺术作为审美教育的主要工具。其次，他们的思想都带有“审美乌托邦”的性质。他们把人的解放、人性的全面发展全部寄托在人的审美活动，因而把审美教育强调到了不恰当的位置。由于不能把审美教育活动同人类广阔的社会生活实践密切联系，审美教育也就失去了现实根基，理想的人的实现也只能成为空谈。

马克思、恩格斯的美育思想在以上两个方面都超越了前人。他们虽然十分重视艺术教育在审美教育中的地位，但有别于前人的独特之处是，他们把艺术作为反映现实社会斗争的一种特殊的意识形态来看待，因而艺术世界不再是一个虚幻的空中楼阁，艺术审美的目的在于认识世界、改造世界，而不是让人沉浸在虚幻的精神王国之中，达到所谓逃避现实的目的。更重要的是，马克思、恩格斯不再像以前的美学家那样把人类的审美活动局限于艺术活动或精神活动领域，而是认为审美涉及人类的一切活动，按照美的规律来建造是人类在改造客观世界甚至是主观世界的任何活动中都应遵循的一个重要美学原则。因而，审美教育也不能只限于艺术领域。

马克思、恩格斯十分重视教育对人的全面发展的重要性，但也反对历史上的“教育万能论”。同样，在对待审美教育问题上，他们也是反对“美育万能论”的。马克思、恩格斯不同于唯心主义及机械唯物主义美学家的重要特点之一在于，他们只是把审美教育看作人的全面发展理想实现的重要手段，而不是唯一手段。从根本上讲，人的全面发展的实现，仅仅靠包括审美教育在内的教育是不行的，它必须以消灭私有制、克服异化劳动为条件。马克思在《1844年经济学哲学手稿》中曾对私有制下普遍存在的“异化劳动”做过四个方面的规定：劳动者同他们的产品相异化；劳动者同他们的生产活动本身相异化；劳动者同他们的类本质相异化；人同人相异化。在私有制度下的异化劳动条件下，人不能在劳动对象中得到自我确证，人的存在和本质是分裂的，人和人、人和社会、人和自己的类本质是矛盾的。因而，异化劳动是与人的美学理想相对立的，正如马克思所言：“劳动为富人生产了珍品却为劳动者生产了赤贫。劳动创造了宫殿，却为劳动者创造了贫民窟。劳动创造了美，却使劳动者成为畸形。”[1]因此，实现人的真正的本质，造就全面发展的人必须依赖于对私有制的扬弃，共产主义社会是人类的本质向至今仍发展着的全部丰富性的复归。私有制的废除，阶级对立的消亡，人在美的创造活动中得以确证自我的本质力量，进而真正完成人对自己本质的占有，即成为真正意义上的人。所以，共产主义社会并不是原始共产主义社会的简单还原，而是更高层次的社会理想。马克思认为要达到这一目标，进而实现社会理想、人的理想与审美理想的统一，就只能依靠无产阶级起来推翻阶级剥削和压迫，消灭私有制及其异化劳动，解放全人类，这样才能真正实现美向创造者自身的复归，才能实现全面发展的人的理想。因此，在马克思、恩格斯的思想体系中，美育与其他教育内容相比具有独特性，对人的全面发展而言也具有重要意义，但人的真正全面的发展从根本上讲还必须依赖人类的长期而艰苦的社会斗争，消灭私有制度，实现共产主义。

另外，马克思、恩格斯还强调艺术教育在审美教育中的重要地位。他们同以前的美育思想家一样，都看到了艺术是培养人的审美能力的重要手段，但他们超越前人之处在于特别重视艺术教育对无产阶级革命事业的重要作用。

正如马克思、恩格斯创立的科学世界观在人类思想史中具有划时代的意义一样，他们的美育思想与社会理想、人的理想紧密相连，包含着全新而丰富的内容，树起了美育思想史上一座崭新的里程碑。

## 第二节　西方美学史上的悲剧观念

悲剧一词，希腊文为tragoidia，其原意是“山羊之歌”，它是古希腊的人们为庆祝丰收，对掌管万物生机的狄俄尼索斯酒神举行盛大的祭祀活动时，演出者头戴羊角、身披羊皮合唱的酒神赞美歌，这是最早的戏剧类型的悲剧。随着社会的发展、艺术形式的丰富、理论探讨的深入，悲剧理论所研究的范畴也扩大了。我们把西方美学史上的悲剧理论分为四个高峰期，分别为：以亚里士多德为代表的古希腊悲剧理论，以黑格尔为代表的德国古典美学的悲剧理论，以马克思、恩格斯为代表的具有新的哲学观念的悲剧理论以及20世纪尼采、叔本华等的生命悲剧理论。马克思、恩格斯的理论将专门讲述，20世纪的悲剧理论

---

① 马克思：《1844年经济学哲学手稿》，人民出版社1979年版，第46页。

在后面的文字中也将有所涉及，先看其他两种有代表性的悲剧理论。

## 一、亚里士多德的悲剧理论

亚里士多德的悲剧理论主要见于其著名的文艺理论著作《诗学》中。在这部著作中，亚里士多德着重讨论的是戏剧类型的悲剧，但其中也包含了具有美学性质的悲剧观，对后来者如黑格尔产生了一定影响。综观亚里士多德的有关论述，可以将其归纳为几点。

第一，从道德的角度讨论悲剧主人公。悲剧所模仿的行动必须引起哀怜和恐惧，这取决于悲剧主人公。在亚里士多德看来，“悲剧是对于比一般人好的人的模仿”。悲剧主人公并非最好的人，也并不是最坏的人，而是与我们一般人有相似之处，介于“好人”和“极恶的人”之间。概括起来讲，悲剧主人公必须具有三个特征，才能引起观众的哀怜和恐惧情绪，即善良、有错误、命运由好运转入厄运。亚里士多德实际上注意到了悲剧人物性格的复杂性。

第二，亚里士多德对悲剧的情节提出了具体要求。他指出悲剧“最重要的是情节，即事件的安排”。“只要有布局，即情节有安排，一定更能产生悲剧效果。”亚里士多德强调悲剧的情节是悲剧的灵魂，而情节又是对于一个严肃、完整、有一定长度的行动的模仿。如前所述，亚里士多德从其悲剧观念出发，对悲剧主人公做出了具体规定。在此基础上，他主张应该避免三种情节结构：一是“不应让一个好人由福转到祸”；二是“不应让一个坏人由祸转到福”；三是“不应该是一个穷凶极恶的人从福落到祸，因为这虽然能满足我们的道德感，却不能引起哀怜和恐惧”。

另外，亚里士多德还明确指出，悲剧的情节结构不应该是简单的，而应该是曲折复杂的。这一点对后来西方文学理论中的叙事理论的影响也是巨大的。

第三，关于悲剧的审美效果问题的研究。《诗学》第六章悲剧定义中的最后一句是悲剧“激起哀怜和恐惧，从而导致这些情绪的净化”。这是关于悲剧效果的明确的阐述。亚里士多德认为悲剧首先是严肃的，它必须引起观众的哀怜和恐惧之情，在此基础上，使人们的情绪得到净化。在他看来，净化的结果就是悲剧使观众的情绪得到宣泄，从而产生快感，使心理健康得到恢复平衡，悲剧也就有了愉悦性。亚里士多德的“净化”理论指出了悲剧的美感效应，有较高的理论价值。但他的理论也是有失偏颇的，悲剧所激发的感情不仅仅限于哀怜和恐惧，悲剧也不单是消极地宣泄观众的情绪。

总之，在古希腊时代，虽然亚里士多德所涉及的主要是戏剧类型的悲剧，但其中的有些内容是适合于作为美学范畴的悲剧概念的，如他所指出的悲剧的严肃性，悲剧的“净化”效果等，对黑格尔，甚至马克思、恩格斯的理论都有影响。

## 二、黑格尔的悲剧冲突论

亚里士多德之后，在悲剧理论方面做出卓越贡献的是黑格尔。

黑格尔用冲突概念代替亚里士多德的“情节”和“行动”，他不再仅仅局限于戏剧类型讨论悲剧，而将其扩大为一般的美学范畴。黑格尔从其绝对理念的哲学观出发认为悲剧所表现的是两种对立的理想或两种伦理力量的冲突和调节。具体讲，悲剧冲突是如何产生的呢？黑格尔进而指出，一方面，矛盾双方作为两种伦理观念的体现者，都具有合理性，都带有理性或伦理上的普遍性，都是正确的。另一方面，他们为了实现自己的伦理理想，在具体行动时就会与它的对立理想发生冲突，使对方受到损害，这样，双方又都具有片面性、非正义性。悲剧正是这种双方各有片面性，又各有正义性的矛盾冲突的结果。悲剧的解决是人物遭受痛苦和毁灭。黑格尔指出，悲剧的冲突具有必然性，不是偶然的。在黑格尔的悲剧理论中，值得注意的是他对悲剧价值的论述，悲剧冲突双方的毁灭是悲剧的结局。从个人角度看，悲剧人物的牺牲好像是无辜的，但就当时世界情况的整体来看，人物的牺牲却可以伸张“永恒的正义”。也就是说，悲剧冲突起源于双方的片面性，而悲剧结局又导致对片面性的否定，从而永恒的正义取得了胜利，他所代表的理想却是永存的。

为了说明自己的理论，黑格尔举了两个例子。一个是关于苏格拉底的。苏格拉底为了追求真理而被雅典法庭以破坏宗教信仰和毒害青年的罪名处死。黑格尔以其悲剧观来解释苏格拉底的死。他认为，苏格拉底代表了新的社会理想，他的革新精神对推动社会的进步有重要意义，然而，他的理论又动摇了当时的雅典社会的法律秩序，统治者有理由来维护其统治秩序。因此，矛盾双方都有合理性，但又都有片面性，苏格拉底的死亡是有悲剧性的。另一个是古希腊悲剧家索福克勒斯的悲剧《安提戈涅》，黑格尔认为这是体现了他的悲剧观的典型作品。安提戈涅的哥哥为争夺王位，借外兵来进攻自己的国家，结果兵败身死，国王下令不准收尸，凡收尸者必处以死刑。安提戈涅出于手足之情，不顾禁令而被国王处死。国王的儿子是安提戈涅的未婚夫，安提戈涅死后，他也自杀身亡，王后也因过度悲伤，绝望自尽，冲突双方都遭到了惨痛的毁灭。黑格尔认为，安提戈涅出于兄妹之情，为哥哥收尸，代表了家族伦理道德观念，是正义的，而她违反了王法，又具有片面性，是不正义的。国王一方，处死安提戈涅这样美好的女子显然具有非正义性，但为了维护其统治又不得不为之，因此又是正义的。悲剧的冲突就是国法和家族两种“普遍力量”的尖锐冲突，冲突的结果是对片面性的否定，国法和家族又重新获得了和谐，永恒的正义取得了胜利。

黑格尔的悲剧理论较亚里士多德前进了一大步。他对悲剧冲突、悲剧冲突的必然性的研究等都对马克思、恩格斯有明显的影响。但是，其哲学观念的不足，必然导致其悲剧观念的缺陷。在研究悲剧冲突时，黑格尔显然抹杀了正义与非正义的界限。冲突的最后和解也给人一种虚幻的感觉，它只存在于精神之中。马克思对之进行了批评，认为黑格尔这种哲学观、美学观是“无批判的实证主义”①。

## 第三节　历史悲剧观

马克思、恩格斯对一些美学范畴并没有过多的直接论述，而悲剧问题似乎是一个例外。他们不仅讨论了艺术悲剧问题，而且，还在不同时期的著作中谈到历史悲剧问题，所谓历史悲剧，就是指在社会发展进程中，历史上的某些事件、制度或人物的悲剧。马、恩的艺术悲剧观同历史悲剧观有着必然的联系，但许多研究者并没有充分注意到。

综观马克思主义经典作家对历史悲剧的论述，根据我们的理解，可以分为以下这样几种类型。

第一，在新旧历史交替时期，当新的制度刚刚建立、旧的制度还没有完全灭亡之时，旧的制度、阶级或某种力量依然相信它还有其存在的合理性时，也就是说，他们还有一定的自信心时，那么，这种旧的制度或阶级的灭亡是悲剧性的。

马克思在《路易·波拿巴的雾月十八日》中写道：“黑格尔在某个地方说过，一切伟大的世界历史事变和人物，可以说都出现两次，他忘记补充一点：第一次是作为悲剧出现，第二次是作为笑剧出现。”②恩格斯在1851年12月9日给马克思的信中也有相似的论述：“似乎黑格尔老人作为世界精神从坟墓里出来，真的指导历史，以最大的诚意要一切事变都显现两次：第一次是作为伟大的悲剧，第二次是作为可怜的闹剧。”③世界上的历史事件的出现为什么第一次是悲

① 马克思：《1844年经济学哲学手稿》，人民出版社1979年版，第115页。

②《马克思恩格斯选集》（第1卷），人民出版社1972年版，第603页。

③《马克思恩格斯论艺术》（第1卷），人民文学出版社1963年版，第87-88页。

剧性的，而第二次就是喜剧或闹剧了呢？马克思对之有十分深刻的论述，马克思在早于《路易·波拿巴的雾月十八日》的另一篇文章《〈黑格尔哲学批判〉导言》中曾明确指出："这种反对德国现状的狭隘内容的斗争，对现代各国来说，也不是没有意义的，因为德国现状是旧制度的公开的完成，而旧制度是现代国家的隐蔽的缺陷。对德国政治现实的斗争就是对现代各国的过去的斗争，而过去的回音依然压抑着这些国家。这些国家如果看到，在它们那些经历过悲剧的旧制度，现在如何通过德国的幽灵在演它的喜剧，那是很有教益的。当旧制度还是有史以来就存在的世界权力，自由反而是个别人偶尔产生的思想的时候，换句话说，当旧制度本身还相信而且也应当相信自己的合理性的时候，它的历史是悲剧性的。当旧制度作为现存的世界制度同新生的世界进行斗争的时候，旧的制度犯下的就不是个人的谬误，而是世界性的历史谬误。因而旧制度的灭亡也是悲剧性的。"[①]在这里，马克思、恩格斯从社会历史总的发展的角度，指出了历史悲剧的第一种形式。造成旧制度的覆灭具有悲剧性的条件必须是，旧制度本身还相信而且也应该相信自己的合理性，即从主客观两方面看，旧制度与新制度的对抗，肯定要失败，但是，旧制度在它建立之初对推动历史的发展曾经起到十分重要的作用。随着生产力的发展，新的生产关系的建立，旧制度的辉煌时代也成为过去。然而，在这一新旧交替的时代旧制度还有一定的合理性，因而，它的灭亡带有悲剧意味。这种现象在文学中可以看得更为清楚，巴尔扎克作为法国贵族阶层的一员，在他的作品中不得不违反自己的阶级同情和政治偏见，对他所属的阶级进行了嘲笑和讽刺，这是巴尔扎克的伟大之处。但细想起来，巴尔扎克作品中的某些贵族人物被新兴资产者逼得步步败退，如《高老头》中的沙龙女主人，子爵夫人，在人品低劣的暴发户的逼迫下，悄然出走，难道不具有悲剧色彩吗？恩格斯说，巴尔扎克"用编年史的方式几乎逐年地把上升的资产阶级在1816至1848年这一时期对贵族社会日甚一日的冲击描写出来，这一贵族社会在1815年以后又重整旗鼓，尽力恢复旧日法国生活方式的标准。他描写了这个在他看来是模范社会的最后残余怎样在庸俗的、满身铜臭的暴发户的逼攻之下逐渐灭亡，或者被这一暴发户所腐化；他描写了贵妇人……怎样让位给专为金钱或衣着而不忠于丈夫的资产阶级妇女"[②]。这里包含着新旧交替时期的冲突，对于毁灭的旧制度而言，有着悲剧性。马克思认为，拉萨尔选择骑士暴动的主题是"悲剧性"，因为"以前的阶级，例如骑士阶级的没落能够为悲剧艺术的巨著提供材料……"[③]马克思主义经典作家所提到的中世纪

---

①《马克思恩格斯选集》（第1卷），人民出版社1972年版，第5页。

②《马克思恩格斯选集》（第4卷），人民出版社1972年版，第462-463页。

③《马克思恩格斯全集》（第7卷），人民出版社1959年版，第242页。

封建制度、贵族、骑士阶级等的覆灭之所以是可悲的而不是可恨、可笑的，因为它们是“第一次出现”，在它与新的阶级相拼搏时并未完全失去其合理性。

第二，悲剧人物以超前的意识同应该变革的现实相对抗，在悲剧人物身上反映了历史的必然要求，他们的毁灭显然是悲剧性的。

柏拉威尔在《马克思和世界文学》中认为马克思十分明确地指出了这种悲剧人物类型，他说：“格奥尔格·卢卡契说得很对，马克思并不反对黑格尔非常重视的那种悲剧性的冲突——一个维护垂死的旧秩序的人惨遭失败的斗争。对于马克思也好，黑格尔也好，歌德的葛兹·冯·伯利欣根正是这一类主人公中的一个典型和范例。但是，在这一类型外，马克思又增加了另一类英雄人物：降世过早，时代尚未成熟的革命家。马克思认为现代德国剧作家手边就有一个这样的理想人物，即恩格斯的《德国农民战争》中描述过的托马斯·闵采尔。”[①]闵采尔是和济金根同时代的农民战争的真正领袖，他以政治家的姿态，攻击钳制人们的天主教，他所提出的政治纲领接近共产主义，没有阶级差别，没有私有财产，没有国家政权的社会，这些都是进步的，远远超出了当时社会政治条件，他的失败当然是具有悲剧性的。

依据马克思主义经典作家的论述，这类悲剧人物之所以失败，其原因包括两个方面：一方面，旧的力量还很强大，他们会将新生的力量扼杀掉；另一方面，大多数人还没有真正觉醒，他们代表的进步力量还不为人们所接受，没有形成强大的社会力量，如普罗米修斯为盗天火给人间，同宙斯的斗争，显示出他具有为人类生存和幸福而斗争的伟大献身精神。作者通过普罗米修斯反抗宙斯的斗争，反映了雅典新兴的奴隶主民主派反对贵族专制统治的斗争，普罗米修斯的身上寄托着雅典民主派为民主政治而斗争的战斗精神和自豪感。马克思充满激情地把普罗米修斯说成“哲学日历中最高贵的圣者和殉道者”[②]，他憎恨“天神地祇”，同天神宙斯，为人类的自由幸福，勇于承担一切苦难，代表了人类的理想之光。普罗米修斯代表着历史的发展趋向，他的毁灭是一个先进斗士的毁灭。再如，黑格尔所说的苏格拉底的悲剧，如果按照马克思主义的历史悲剧观来分析，他的悲剧显然是“历史的必然要求和这个要求实际上不可能实现”的悲剧性冲突，哲学家的理想代表着社会发展的方向，革新观念是对旧秩序的动摇，但由于历史条件的限制，苏格拉底的理想不会实现，这也是历史的必然。伟大的科学家哥白尼动摇了传统的“地心说”，在一定程度上改变了当时的宇宙观念，他与统治者的斗争也是具有悲剧性的。

---

① 柏拉威尔：《马克思和世界文学》，生活·读书·新知三联书店 1980 年版，第 300 页。

②《马克思恩格斯全集》（第 40 卷），人民出版社 1982 年版，第 190 页。

第三，从世界范围看，某些古老的民族变成了新兴资产阶级的殖民地，这些民族对殖民者的侵略、掠夺所进行的反抗，以及最后的覆灭也是有悲剧性的。

马克思对封建中国在鸦片战争中的瓦解曾经给予论述。一方面，他指出了鸦片战争对于古老中国的正面的冲击作用："清王朝的声威一遇到不列颠的枪炮就扫地以尽，天朝帝国万世长存的迷信受到了致命打击，野蛮的、闭关自守的、与文明世界隔绝的状态被打破了。"①鸦片战争对传播西方进步思潮、唤醒有识之士、促使中国人觉醒显然有着客观上的价值。另一方面，马克思又清楚地看到战争本身是非正义的，是侵略性的。在《鸦片贸易史》一文中，马克思分析了英国殖民者为牟取暴利利用鸦片贸易、采取卑劣手段对中国进行侵略。同时，马克思指出，古老中国的封建制度所进行的反抗具有悲剧色彩。他说："中国皇帝为了制止自己臣民的自杀行为，既禁止外国人输入这种毒品，又禁止中国人吸食这种毒品，而东印度公司却迅速地把在印度种植鸦片以及向中国私卖鸦片变成自己财政系统的不可分割的部分。半野蛮人维护道德原则，而文明人却以发财的原则来对抗。一个人口几乎占人类三分之一的幅员广大的帝国，不顾时势，仍然安于现状，由于被强力排斥于世界联系的体系之外而孤立无依，因此竭力以天朝尽善尽美的幻想来欺骗自己，这样一个帝国终于要在这样一场殊死的决斗中死去，在这场决斗中，陈腐世界的代表是基于道义原则，而最现代的社会的代表却是为了获得贱买贵卖的特权——这的确是一种悲剧，甚至诗人的幻想也永远不敢创造出这种离奇的悲剧题材。"对这一复杂的悲剧现象，有人认为应同我们前面所说的第一种属于一个类型，实际上是不确切的。马克思讲得很清楚："甚至诗人的幻想也永远不敢创造出这种离奇的悲剧题材。"显然，马克思是把它当作一种很特别的悲剧现象来研究的。第一种类型在作家的笔下已得到了表现，如拉萨尔的《济金根》等。那么，古老民族在殖民者的入侵之下的灭亡何以具有悲剧性呢？理解这一问题是十分重要的。首先，资产阶级为推销其产品销路，建立殖民帝国，就"驱使资产阶级奔走于全球各地。它必然到处落户，到处创业，到处建立联系"，在殖民者的经济贸易侵略中，资产阶级就"挖掉了工业脚下的民族基础。古老的民族工业被消灭了"②，这是从被侵略国家的经济发展的角度来看其悲剧性的。其次，从道德的角度看，古老的帝国已丧失了其合理性，只能以"天朝尽善尽美来欺骗自己"，扮演夜郎自大的角色，但从道义上讲，它又扮演着正义的、合理的角色。正如马克思所言，中国皇帝反对鸦片输入中国，反对中国人吸食鸦片，显然是符合人道的，是出于保存国

---

①《马克思恩格斯选集》（第2卷），人民出版社1972年版，第2页。

②《马克思恩格斯选集》（第1卷），人民出版社1972年版，第254页。

家实力的需求。古老民族所进行的战争是“保卫社稷和家园的战争，这是保存中华民族的人民战争”[①]，因此具有反侵略性、合理性、正义性。正是在这种意义上，马克思才说，在这场决斗中，陈腐的世界的代表是激于道义原则的。总之，这类历史悲剧的主体即古老帝国，就社会历史的发展而言，已没有什么合理性，其灭亡也是历史的必然。然而，这个古老帝国在行将灭亡时，在某种程度上“基于道义原则”同殖民者抗争，扮演着拯救民族命运的合理正义的角色。这也就是表现鸦片战争的文学艺术之所以引起我们的情感共鸣的原因。

总之，从以上的论述中可以看到，马克思、恩格斯从人类历史发展的总体进程中，探讨了历史悲剧的不同类型，这对于研究他们的艺术悲剧观有着重要意义。

## 第四节　悲剧冲突论

悲剧冲突问题是马克思主义悲剧理论的最重要内容之一，是恩格斯在讨论拉萨尔《济金根》时提出的。

拉萨尔出生在一个犹太商人家庭里，大学期间深受黑格尔思想的影响。大学毕业后为准备论文《晦涩哲人赫拉克利特》到巴黎，在这期间，受到小资产阶级社会主义者蒲鲁东·毕舍、路易·勃朗等人的影响。他参加了 1848 年的革命运动，同当时主编《新莱茵报》的马克思接近，称自己是马克思的学生。革命失败后，当马克思、恩格斯流亡英国之时，拉萨尔在国内继续从事工人运动的宣传工作。马克思认为在这方面他是有功的。但与此同时，他逐渐形成了一条与马克思主义对立的机会主义路线，即所谓拉萨尔主义：主张和平的议会斗争，鼓吹建立自由的人民国家，贩卖所谓“工资铁律”，热衷于通过上层人物的赞助来实现他的政治路线。

剧本《济金根》是拉萨尔于 1857—1858 年写成的。题材取自德国历史上 16 世纪发生的一次骑士暴动，其立足点是当时的现实。拉萨尔自己说是为了“迫切的需要”和“巨大的时事问题”，概括地表明了“关于政治形势和我们对于它的态度的‘争论’”。拉萨尔的创作意图在于通过这个历史事件来表现他对于德国革命的看法，选择这一题材是完全可以的，也是有根据的。恩格斯在《德国

① 《马克思恩格斯选集》（第 2 卷），人民出版社 1972 年版，第 20 页。

农民战争》中说:“德国的1525年革命和1848—1849年革命间的类似之处异常明显。……在十六世纪的运动中扮演着和他们后代门徒——立宪派——在1848年和1849年的运动中完全一样的角色，并且取得完全一样的成就。”两个不同的历史时期有着某些相似之处。

16世纪初（1517—1525年）是德国历史上的巨大变革时期。当时的德国是一个封建割据的国家，由大大小小的诸侯国组成。它是一个政教合一的封建帝国。随着社会政治经济的发展特别是欧洲文艺复兴运动的兴起，16世纪初的德国社会矛盾显得错综复杂、异常尖锐。国家的统一、宗教的改革、农奴的解放成为社会的三大问题。在这种情况下，从路德反对罗马天主教会的论战开始，受其影响德国发生了两次政治性起义，即闵采尔为领袖的德国农民革命和济金根领导下的骑士暴动。在这两次政治运动中，德国上上下下的各个阶层从皇帝贵族到平民都被卷了进去，形成三种力量：一是以皇帝为代表的天主教派，他们是反动的，坚持维护现存社会秩序；二是以路德为首的市民改革派，他们不满现状，但不主张斗争，只要求做温和的改革；三是闵采尔领导的农民革命力量，他们反对教会，攻击贵族和诸侯，要求建立平等的没有国家政权的社会。而济金根所领导的骑士暴动虽然也是反对诸侯和僧侣的，但因为他们没有和农民联合，由于阶级条件的限制，农民和城市贫民也不可能支持他们的暴动。所以，济金根的暴动不是当时德国社会的主要革命力量，只是宗教改革和农民战争之间的一段插曲。骑士暴动的目的在于建立贵族民主制，恢复自己的地位。

到了19世纪中叶的1848年，德国仍然处于割据状态。1848年欧洲革命爆发，在法国二月革命的影响下，德国爆发了三月革命。但正如马克思、恩格斯在《路易·波拿巴的雾月十八日》等一系列著作里所指出的那样，德国的1848年革命，是由于资产阶级的叛变而失败的。50年代末，德国的资本主义得到了发展，同时，由于受到世界性经济危机和意大利人民反对奥地利奴役的民族解放斗争的影响，统一德国的问题又提到议事日程上来了。拉萨尔所说的“巨大的时事问题”“政治形势”就是指德国的革命和统一问题。

拉萨尔在剧本中塑造了弗兰茨·冯·济金根这一人物，描写了他叛乱的经过。在作品中，他对残酷压迫人民的罗马教廷、高级僧侣和诸侯深恶痛绝，渴望祖国的自由和统一。在叛乱中，他采取骑士纷争的形式，来蒙骗敌人，分散敌人的力量，以便各个击破，但因为没有得到市民和农民的支持，最终失败。

拉萨尔明确地讲:“我的目的只要写出一个出类拔萃的正式的革命观念的悲剧。”这个剧本基本上体现了拉萨尔的悲剧观念。概括起来讲，拉萨尔所谓的“革命观念悲剧”的内容有两点：第一，革命悲剧是“由观念的无限目的和妥协的有限的狡智之间的辩证矛盾”构成的。《济金根》之所以成为革命的悲剧，是因为济金根一方面是一个革命者，他抱有统一帝国和解放农民的狂热的革命目的；一方面却没有把革命的狂热贯彻到底，没有让手段符合目的的性质，在革命进程中，济金根所采用的手段是障人耳目的外交手段，即不去直接联合农民，公开打出反对皇帝的旗号，而是玩弄阴谋诡计，假借骑士内讧的形式举行暴动，这就构成了革命目的与反动手段之间的矛盾。在拉萨尔看来，济金根的失败原因正是想通过反动手段去实现革命目的。第二，拉萨尔认为，以上所述的革命悲剧冲突对所有的革命悲剧来讲都是必然的。他说："我在这个剧本里想要表现的，并不是某一过去的特定的革命本身，而是革命行动中最深刻的、永远重复出现的冲突和它的必然性。"剧本所描写的"不是任何一定的革命所特有的冲突，而是在过去和未来所有的或差不多所有的革命中不断重复出现的冲突（有时是可以克服的，有时是克服不了的）——一句话，是革命情势本身的悲剧的冲突。"①

拉萨尔认为他的《济金根》将是激动人心的。他于1859年3月6日给马克思写信，并寄去剧本和一份关于悲剧观念的手稿；3月21日又写信给恩格斯，要求他们看完剧本后，提出意见。马、恩分别于1859年4月19日和5月18日给拉萨尔回了信。马克思和恩格斯在回信中针对拉萨尔的创作和他的悲剧观念提出了悲剧冲突的论断，即悲剧冲突是"历史的必然要求和这个要求实际上不可能实现之间的悲剧性的冲突"。

如何理解悲剧冲突问题，这是学术界长期争论的一个问题。

马克思、恩格斯在充分肯定了剧本在内容和形式诸方面的优点之后，甚至还肯定了拉萨尔所构想的冲突："你所构想的冲突不仅是悲剧性的，而且是使1848—1849年的革命政党必然灭亡的悲剧性的冲突。"这里所说的冲突是济金根、胡登与皇帝、僧侣和诸侯的冲突，甚至还有同农民的冲突。济金根虽然"反对现存制度，或者说得更确切些，是反对现存制度的新形式"，同时，"在他们的统一和自由的口号后面一直还隐藏着旧日的帝国和强权的梦想"。但是，济金根身上还有其代表历史合理性的一面，他有着人文主义与民主主义思想，在主观上相信能解放农民。恩格斯说："我丝毫不想否认您有权把济金根和胡登看作打算解放农民的。"那么，济金根的悲剧造成的原因究竟在哪里呢？马克思、恩格斯批评拉萨尔以黑格尔的绝对理念来解释悲剧，拉萨尔认为悲剧是革命的"无限目的和妥协的有限狡智之间的辩证矛盾"，即目的无限性和手段的有限性之间的悲剧冲突。马、恩认为这种说法"太抽象、不够现实"。马克思、恩格斯认为，济金根的悲剧不能单从个人方面找原因，其他的悲剧性的灭亡不在于他个人手

①《马克思恩格斯论艺术》（第1卷），人民文学出版社1963年版，第21页。

段的“狡诈”，而在于他身上存在着不可克服的矛盾性。如上所述，一方面，他相信他能解放农民，作为没落阶级的一员，他还没有完全丧失自信心。但另一方面，从他们所处的历史地位来看，他在客观上所代表的是没落阶级的利益。作为骑士阶层，随着皇权的衰落、社会的发展，曾是帝国支柱的贵族日益沦为诸侯的附庸，骑士不满意于自己的地位下降，企图以反对诸侯和僧侣来实现自己的政治要求。因此，济金根所代表的贵族国民革命是站在社会两大阶级——封建领主和农民之外的。正如恩格斯所言：“贵族的国民革命只有同城市和农民结成联盟，特别是同后者结成联盟才能实现；据我看来，悲剧的因素正是在于：同农民结成联盟这个基本条件是不可能的；因此贵族的政策必然是无足轻重的。”从恩格斯精辟的论述中可以看出，历史的必然要求的条件是贵族国民革命只有联合农民才能打败封建主。但由于贵族同农民在阶级利益上是根本冲突的，因此，他们不可能联合起来，这个历史的必然要求的前提条件是不可能实现的。济金根的失败显而易见是历史的必然，这也是济金根的悲剧所在。恩格斯对济金根悲剧命运的分析，得出了悲剧冲突的根源，或者说悲剧的本质在于“历史的必然要求与这个要求实际上不可能实现之间的悲剧性的冲突”。关于悲剧冲突的理论对于我们当代的文艺美学研究仍具有指导意义。

在理解悲剧冲突时，要以马克思主义的基本理论为指导，而不应当作教条。否则，这些基本原理就会失去活力。

理解悲剧冲突，应该注意这样几点：

第一，历史的必然要求在艺术作品中，不一定通过伟大的历史题材才能得到表现，而主人公也未必是伟大的历史人物。这样理解悲剧冲突有助于防止在悲剧问题上的题材决定论。重大的历史事件，重要的革命人物、英雄人物固然可能代表着历史的必然要求，但生活中的小事、普普通通的小人物同样可以反映历史的必然要求。实际上，作家所表现的悲剧往往是普通人的悲剧。从整个世界文学史的发展看，悲剧的人物似乎沿着这样一条道路演变，即从英雄到平民的逐渐转化。古希腊自不必说，中世纪的宗教神秘剧中的耶稣基督是“英雄”，莎士比亚笔下的人物也有着英雄色彩。从批判现实主义开始，悲剧人物大多都是普通人。鲁迅的大多数短篇小说可以说是典型的悲剧艺术品，悲剧性的冲突往往体现在小人物身上。鲁迅在《狂人日记》中塑造了一个小人物狂人的形象，他只是一个觉醒了的知识分子，但他的苦闷、他的抗争代表中华民族的命运，在他身上所体现的历史必然要求是必须推翻吃人的宴席，找回人的真正价值。一个小知识分子似乎是微不足道的，但谁又能否认在他身上所蕴含的深刻而沉重的悲剧主题呢？另外，阿Q、祥林嫂、闰土、子君、涓生等人物在鲁迅的笔下都没有干过什么轰轰烈烈的伟大事业，也无惊天动地的豪言壮语，他们不是英雄人物，但他们是实实在在的悲剧人物，他们的悲剧性结局是旧中国社会的必然产物。俄国文学中“小人物”的系列形象同样表现了自由人性的强烈愿望。当小公务员把喷嚏打在将军头上之后，他的举动似乎是可笑的、荒诞的，然而，实际上却是非常可悲的，具有强烈现实性的。小人物的悲剧所蕴含的历史必然显然是推翻沙皇俄国摧残人性的统治，找回人的尊严和价值。总之，悲剧人物不论是“大人物”还是“小人物”，在他们身上只要体现了历史的必然要求，那么他们就是悲剧人物，就具有永恒的悲剧价值。

第二，悲剧冲突的表现形式可能是多种多样的，但最基本的有两种，即以激化的形式表现出来的冲突和以非激化的形式表现出来的冲突。在过去的研究中，对于悲剧冲突的形式往往只注意了第一种，甚至有人就认定悲剧冲突必须是强烈的、外在化的、惊心动魄的。如果把目光投入漫长的中外文学史中，就会发现事实并非如此。

普罗米修斯、哈姆雷特、屈原等与现实的冲突是以激化的形式表现出来的。这种冲突正如宗白华先生在《美学散步》中所评价的魏晋文人的悲剧一样：“魏晋人以狂狷来反抗这乡愿的社会，反抗这桎梏性灵的礼教和士大夫阶层的庸俗，向自己的真实性里掘发人生的真意义，真道德。他们不惜拿自己的生命、地位名誉来冒犯统治阶级的奸雄假借礼教以维持权位的恶势力。……这是真性情，真血性和这虚伪的礼法社会不肯妥协的悲壮剧。这是一班在文化衰堕时期替人类冒险争取真实人生真实道德的殉道者。”[①]阮籍、嵇康、刘伶的生活方式及其文学创作都充分显示出对抗昏暗、污浊的现实社会的强烈的斗争精神，与现实社会的冲突是以激化的形式体现出来的。“扬州八怪”之怪书、怪画正是以扭曲的形式尽情抒写出了与统治者不合作的态度，与现实的冲突也是显而易见的。

悲剧冲突并不都是以激化的形式表现出来的，它有时是平常的、细小的甚至是微弱的，鲁迅先生称之为“没有事情的悲剧”或者叫作“平常的悲剧”。“这些极平常的，或者简直近于没有事情的悲剧，正如无声的言语一样，非由诗人画出它的形象来，是很不容易觉察的。然而人们灭亡于英雄的特别的悲剧者少，消磨于极平常的，或者近于没有事情的悲剧者多。”[②]这类悲剧当然是建立在悲剧冲突的基础上的，否则，就不成其为悲剧，但从深层次看，这类悲剧的冲突往往更具普遍性地代表着“历史的必然要求”。鲁迅的作品都可以看作“没有事情的悲剧”。西方现代主义的某些作品对社会的批判、对异化的揭示极为深刻，反映出现代人的孤独感、疏离感、隔膜感等，但人物与社会现实的冲突并不是

① 宗白华：《美学散步》，上海人民出版社 1981 年第 1 版，第 189 页。

②《鲁迅全集》（第 6 卷），人民文学出版社 1958 年版，第 371 页。

都很强烈，如《秃头歌女》《变形记》《等待戈多》等等在近于“无事”的悲剧冲突中表现出人类寻找精神家园的痛苦。

## 第五节　艺术悲剧观

马克思、恩格斯的艺术悲剧观包含着丰富的内容。

首先，悲剧应有深刻的历史内涵。马克思、恩格斯对悲剧的研究是建立在悲剧产生的社会历史基础之上的。恩格斯在给拉萨尔的信中所说的“较大的思想深度和意识到的历史内容”可以看作他们对悲剧内容的要求。对于悲剧而言，它的题材可大可小，但它所表现的内容及思想意蕴必须是深刻的。巨大的社会矛盾冲突，不论是新的社会力量为变革现实同旧的社会力量之间的斗争，还是历史发展进程中所出现的现实与理想的矛盾，都变为悲剧反映的内容。莎士比亚的悲剧表现了人文主义者同封建主义的斗争，同时，也揭示了新兴资本主义金钱制度对人性的摧残。马克思、恩格斯十分赞赏莎士比亚的戏剧在表现社会历史内容方面的卓越成就：“金钱是财产的最一般的形式，它与个人的独特性很少有共同点，它甚至还直接与个人的独特性相对立，关于这一点，莎士比亚要比我们那些满口理论的小资产者知道得更清楚。”[①]马克思在《1844年经济学哲学手稿》中还指出，莎士比亚笔下的货币具有两个特性，即：“（1）它是有形的神明，它使一切人的和自然的特性变成它们的对立物，使事物普遍混淆和颠倒；它能使冰炭化为胶漆。（2）它是人尽可夫的娼妇，是人们和各民族的普遍牵线人。”[②]马克思还引用莎士比亚的《威尼斯商人》和《雅典的泰门》中的文字来说明新兴资本主义金钱关系的罪恶。夏洛克这一新兴商人的形象对金钱表现出的贪婪与人文主义思想显然是对立的。在陈子昂的《登幽州台歌》中诗人以一个孤独者的形象喊出了这样的声音：“前不见古人，后不见来者，念天地之悠悠，独怆然而涕下。”这首几十个字的小诗可以说一字千钧，诗人所感叹的是新旧交替时期，旧的价值观念已经被冲破，而新的价值观念尚未建立起来的深刻矛盾，这不仅仅是个人的感喟，也是时代精神的体现。这首诗充盈着强烈的悲剧意味，也正是鲁迅先生所说的梦醒了无路可走的痛苦与孤独。总之，悲剧艺术作品不

① 《马克思恩格斯全集》（第3卷），人民出版社1960年版，第254页。

② 《马克思恩格斯全集》（第42卷），人民出版社1979年版，第153页。

论是鸿篇巨制，还是短短的一首小诗都会带给我们对社会历史的深刻思考。

其次，悲剧主人公必须体现历史的必然要求。这一点在我们讨论悲剧冲突时已有所涉及。悲剧人物可能是“英雄人物”或叱咤风云的“革命人物”，也可能是普普通通的“小人物”。无论如何，只要冲突是悲剧性的，人物是悲剧人物，那么，他一定要体现出历史的必然要求。希特勒的灭亡是喜剧性的，没有任何悲剧性可言，因为希特勒的行为是反人性的，丝毫不能体现出历史的必然要求。悲剧人物代表着进步的、正义的和崇高的力量。因此，悲剧人物必须有正面价值。正如鲁迅所言“悲剧将人生有价值的东西毁灭给人看”，代表反面价值的人物的毁灭不是悲剧，而“喜剧”。

悲剧人物要体现历史的必然要求，因此，“主要人物是一定的阶级和倾向的代表，因而也是他们时代的一定思想的代表，他们的动机不是从琐碎的个人欲望中，而正是从他们所处的历史潮流中得来的”①。恩格斯这段文字是针对拉萨尔《济金根》“原序”中的话提出来的。拉萨尔说：“在这样的一出悲剧中，问题不再是关于个人，它只不过是这种普遍精神的最深刻的对抗性矛盾的代表和代身罢了，而问题都在于那个伟大的最有影响的民族命运。”②拉萨尔虽然指出悲剧冲突不是个人的，但他却错误地认为这种“对抗性的矛盾”是“普遍精神”的，其观点显而易见是受了黑格尔唯心主义哲学及悲剧观的影响的。针对拉萨尔对悲剧人物所代表的冲突的言论，恩格斯从历史唯物主义的观点出发对悲剧人物的“代表性”提出全新的要求。

亚里士多德在讨论悲剧人物时，认为悲剧人物由顺境转入逆境，“其原因不在于人物为非作恶，而在于他犯了大错误”。亚里士多德从朴素的唯物主义观点出发，对悲剧人物命运的解释相对于以超然于现实之上的“命运”寻找悲剧发生的原因无疑是一个巨大进步，但亚里士多德并没有看到悲剧人物所体现的历史必然性，这样就容易将悲剧造成的原因归结于某个偶然的因素。黑格尔发现了悲剧人物的普遍代表性，但他认为矛盾双方都有片面性和合理性，采取各打五十大板的方法，又混淆了善与恶。马克思、恩格斯着眼于社会发展的历史进程，提出悲剧人物是时代的一定思想的代表的观点，有助于揭示悲剧人物自身的丰富意蕴，因为他的毁灭绝不仅仅是个人的“死亡”，而是符合历史发展规律而暂时又无条件实现的时代理想的毁灭。从这个意义讲，悲剧人物的价值是巨大的。

最后，关于悲剧效果问题。在马克思、恩格斯看来，悲剧人物代表着历史

---

① 《马克思恩格斯选集》（第4卷），人民出版社1972年版，第343-344页。

② 拉萨尔：《费兰茨·冯·济金根》，人民文学出版社1972年版，“序”部分。

的必然要求，他的斗争、理想、愿望符合社会历史的发展规律，因此，他有着正面价值，而正面价值的毁灭必然具有震撼人心的力量。从悲剧效果来看，悲剧人物虽死犹生，他们代表的社会理想、人生价值必将实现。悲剧结局带给人们的不应该只是亚里士多德所说的“恐惧”和“怜悯”，而是使人精神振奋，对未来充满信心。马克思把普罗米修斯称作“哲学日历中最高贵的圣者和殉道者”，其中也暗含着马克思对悲剧艺术效果的看法。从这个意义上讲，我们必须反对在悲剧问题上的悲观主义观点。随着西方现代社会的发展，资本主义的异化现象日趋严重，人类生存的危机感比任何一个时期都更加强烈，于是，在西方理论家中，便产生了存在一种“全人类的悲剧”的理论，这方面的代表是叔本华。

叔本华悲观地指出：“欲求和挣扎是人的全部本质，完全可以和不能解除的口渴相比拟。但是一切欲求的基地都是需要、缺陷，也就是痛苦；所以，人从来就是痛苦的，由于他的本质就是落在痛苦的手心里。如果相反，人因为他易于获得的满足随即消除了他的可欲之物而缺少了欲求的对象，那么，可怕的空虚和无聊就会袭击他，人的存在和生存本身就会成为他不可恋爱的重负。所以人生是在痛苦和无聊之间像钟摆一样地来回摆动着；事实上痛苦和无聊两者也就是人生的两种最后成分。”①正是基于这种悲剧人生观，叔本华才认为悲剧艺术“再现一种巨大的不幸，是悲剧的唯一职能”。而这种不幸，可以分为三种：第一，“是由于某个特别邪恶的人物而发生。他的邪恶达到了可能性的最大限度，他就是这一不幸的制造者”②，如莎士比亚《奥赛罗》中的伊阿古，《威尼斯商人》中的夏洛克。这些悲剧是人物的自作自受，所以这些人物的悲剧在于其自身。第二，“是由于盲目的命运，也就是机会和谬误”，其代表性作品是索福克勒斯的《俄狄浦斯王》。第三，“是由于剧中人物彼此间所处的相互对立的地位，通过他们相互的关系而造成的”。在叔本华看来，这一种不幸是最可怕的，因为人已完全没有了自主性，而且也无法挣脱悲剧的结果。这第三种不幸，在叔本华看来，不是指某一历史时期，某一社会中人的对立，如阶级对立。在他看来，这种不幸的对立是无法克服的。因此，他认为“世界和人生不可能给我们以真正的快乐，因而也就不值得我们留恋，以至于悲剧的实质在于引导我们自愿退出人生”③。叔本华由其人生观出发，得出悲剧的效果在于让人们“自愿退出人生”的结论。叔本华的错误在于将悲剧同不幸等同起来，有其明显不足，我们应该用马克思主义的悲剧理论对之做出科学的分析、批判。

---

① 叔本华：《作为意志和表象的世界》，商务印书馆 1982 年版，石冲白译，第 426 页。

② 叔本华：《作为意志和表象的世界》，商务印书馆 1982 年版，石冲白译，第 352 页。

③ 叔本华：《作为意志和表象的世界》，商务印书馆 1982 年版，石冲白译，第 360 页。

如果把马克思、恩格斯的悲剧理论放到整个西方文艺美学史之中，我们就会十分清楚地看到它对传统悲剧理论的继承，同时也会看到悲剧理论在他们的思想中所产生的质的飞跃。有以下几点需要特别注意：

其一，马克思、恩格斯吸收了黑格尔的“悲剧冲突”的概念，并用这一概念作为研究悲剧的中心概念。

其二，马克思同亚里士多德、黑格尔一样，都强调了悲剧冲突的必然性。

亚里士多德的《诗学》虽然没有明确指出悲剧冲突的必然性，但其理论中也蕴含着悲剧冲突必然性的萌芽，他认为悲剧是由悲剧人物“遭受不应遭受的厄运引起的”，又认为悲剧人物的遭受厄运是由自己的某种过失或人自身的弱点带来的，悲剧人物不是极好的人，而是与我们一般人有相似之处的人，因此，遭殃是必不可免的，悲剧情节的“突转”是“按照可然律或必然律而发生的”。

席勒也曾谈到过悲剧冲突的必然性。席勒在《论悲剧艺术》中说：“一个诗人为了自己真正的好处，不要把灾难写成旨在造成不幸的邪恶意志，更不要写成由于缺乏理智，而应该写成环境所迫，不得不然。”①所谓“环境所迫，不得不然”正是席勒从朴素唯物主义观点出发，对悲剧必然性的揭示。

如前所述，黑格尔的悲剧理论在马克思、恩格斯之前是最具系统性的，对悲剧冲突必然性的探讨虽然有唯心主义色彩，却具有辩证法因素，是非常深刻的。黑格尔将悲剧冲突分为三种类型：一是物理的或自然情况造成的；二是自然条件在心灵方面引起的；三是“由心灵性的差异面产生的分裂”造成的。因为冲突双方都代表着各自的伦理力量，都有片面性和正义性，冲突是必然的。

马克思、恩格斯都认为悲剧冲突具有必然性，而非偶然性，显然吸收借鉴了以前的理论精华。

其三，同亚里士多德、黑格尔一样，马克思、恩格斯也看到悲剧冲突的复杂性。亚里士多德认为，悲剧人物既不是最好，也不是最坏。黑格尔认为悲剧人物有正义性，又有片面性。马克思在讨论历史悲剧时认为悲剧事物有合理性和谬误性，恩格斯指出是历史的必然性要求和这个要求实际上不可能实现之间具有的矛盾性。

其四，马克思、恩格斯虽然借鉴了传统悲剧理论，但从根本上对之进行了天才的改造，马克思主义的悲剧理论也就成为马克思历史唯物主义理论的一个部分。

马克思、恩格斯的悲剧理论与亚里士多德、黑格尔的最主要不同在于，悲

① 席勒：《论悲剧艺术》，张玉书译，载《古典文艺理论译丛》第 6 册，人民文学出版社 1963 年版，第 91 页。

剧理论的哲学基础既不是朴素唯物主义的、宗教神秘主义的，也不是唯心主义的，而是历史唯物主义的实践观。艺术中的悲剧是历史和现实中的悲剧的反映，马克思主义经典作家从人类历史的发展进程中，找到人类社会实践活动中社会矛盾新旧交替的转折时期考察悲剧的根源，从而使“悲剧冲突”概念具有了全新的内涵。因此，我们完全有理由认为，马克思主义的悲剧理论是西方美学史上悲剧理论的一次质的飞跃，它对我们理解悲剧问题具有永恒的指导意义。

# 第五章　马克思、恩格斯的文艺批评方法论

马克思、恩格斯在他们的学术生涯中并没有留下一部系统探讨文学批评方法的原著，但是，他们对一大批作家、作品进行了分析、评论，不仅确定了文艺批评的原则和标准，而且也构建了内容非常丰富、形式多样的完整的文艺批评方法论体系，这一体系是以历史观点和美学观点的统一为核心的。

## 第一节　“历史观点和美学观点”的提出

纵观整个文艺批评的发展历史，西方文艺批评基本上有两种形态，一是美学的观点，一是历史的观点。特别是从18世纪开始，与文艺创作上的浪漫主义和现实主义相适应，这两种批评形态显得更为明显，构成了西方文学批评的主线。即使到了21世纪，我们亦可清晰地看到这一发展轮廓。美学观点的文艺批评，从康德、席勒和德国的浪漫主义运动开始，最后发展为“为艺术而艺术”的“唯美主义”的文艺创作论和文艺批评观。历史观点的文艺批评始自法国的启蒙运动，发展成为以斯达尔夫人和丹纳为代表的“社会学派”，最后沦落为庸俗社会学的批评。“美学的观点”和“历史的观点”都有其一定的价值，但他们各执一端，特别是由于其哲学基础的不稳固，就造成了各自的片面性。而马克思、恩格斯的文艺美学的产生标志着将这两者有机地结合起来了，开辟了文艺美学批评的新阶段。

美学的观点和历史的观点是在19世纪40年代中期恩格斯总结30年代以来歌德评论中的得失时提出来的。恩格斯在《诗歌和散文中的德国社会主义》一文中说：“我们决不是从道德的、党派的观点来责备歌德，而只是从美学和历史的观点来责备他；我们并不是用道德的、政治的、或‘人的’尺度来衡量他。”[①]

---

①《马克思恩格斯全集》（第4卷），人民出版社1958年版，第257页。

从美学和历史的观点出发评论作家作品，不是恩格斯的偶然的、个别的观点，而是马克思主义文艺美学的一贯思想。恩格斯在《新莱茵报·政治评论》第四期上发表了对英国历史作家托马斯·卡莱尔的《当代评论》的评论，指出卡莱尔从泛神论出发，炮制出一套“英雄崇拜”和“天才论”，并把它归结为“永恒的自然规律”加以宣扬。恩格斯指出这种理论观点的实质在于，企图违抗历史的阶级斗争，把宇宙本身当作一种君主政体和等级制度，把历史上产生的阶级差别说成自然的差别，无产阶级被看作“天生的奴隶”，“应当服从劳动、容忍、自戒”，而工业资产阶级则是居于统治地位的特权阶级，为了“荒唐地维护甚至加深资产者的一切丑恶”，卡莱尔得出一个结论：“应该由贵人、贤人和智者来统治。”但是恩格斯指出，资产阶级作为一个阶级，在它开始走向没落的时代，已经产生不了什么天才和英雄，剩下的只是崇拜，在对卡莱尔的批评中就融汇了马克思主义的唯物史观。1839 年恩格斯在评论托列尔的长篇小说《皇帝和教皇》时，提出作者“十分缺乏在刻画次要人物上的那种尺度感，并且根本没有新的、大胆的历史的观点”①。1840 年恩格斯在评论德国爱国诗人阿伦特的文学风格时，就曾声明是从“美学方面来看”的，恩格斯写道：“暂且撇开阿伦特这本书的思想倾向不谈，从美学上来看，这本书当然也是最有趣的出版物之一。在我们的文学中，已经很久没有听到过这样简练的、富有表现力的语言了。”②这一时期美学和历史的观点批评标准还没有完美地统一起来。到了 1846 年底，恩格斯明确地提出了美学的和历史的观点的批评标准。1859 年恩格斯在批评拉萨尔的剧本《济金根》时，又重申了他的这一主题。他说：“您看，我是从美学观点和历史观点，以非常高的、即最高的标准来衡量您的作品的，而且我必须这样做才能提出一些反对意见，这对您来说正是我推崇这篇作品的最好证明。”③恩格斯讲得十分清楚，他是用美学的观点和历史的观点来评价作家和作品的，他明确指出，美学的和历史的观点，是文艺批评的“最高的标准”。同恩格斯的主张相同，马克思也多次运用这一新的批评标准对一些作家作品进行了批评。

① 《马克思恩格斯论艺术》（第 4 卷），人民文学出版社 1963 年版，第 270 页。

② 《马克思恩格斯全集》（第 41 卷），人民出版社 1982 年版，第 144-145 页。

③ 《马克思恩格斯全集》（第 29 卷），人民出版社 1972 年版，第 586 页。

## 第二节　历史的观点

马克思、恩格斯的文艺批评中的“历史观点”就是以历史唯物主义观点揭示文艺的社会本质，认为文艺是一定的社会生活在文艺家头脑中反映的产物，因此，要把文艺作品严格地放到它所产生的具体历史条件中去分析考察，从而判定其社会历史价值。下面我们将根据马克思、恩格斯的批评实践来探讨一下“历史的观点”文艺批评标准的内涵。用历史的观点进行文艺批评大体包括以下内容：

第一，把作家作品放到社会大系统中考察，进而发现其社会价值。

文艺活动是社会大系统中的一个子系统。马克思、恩格斯对文艺本质的探讨以及他们的现实主义文艺思想和对文艺发生发展的基本看法都没有离开文艺在整个社会结构中的位置。对具体作家作品的评论，马克思、恩格斯同样贯彻了历史唯物主义方法。

马克思、恩格斯是文艺评论家、美学家，但更是思想家、革命家。他们善于从政治、经济、社会生活与文学的相互关系中考察文学现象，往往把文学作品放到社会历史发展的长河中进行考察和研究。众所周知，马克思对巴尔扎克非常赞赏，曾想写一本巴尔扎克评传。马克思赞赏巴尔扎克在自己的作品中真实地、形象地反映了当时法国社会的现实关系。马克思、恩格斯非常重视文学与社会生活的关系，他们在自己的评论中坚持文学正确反映生活的原则，在哲学、经济学中常常凭借自己对社会生活的深刻理解和丰富知识来分析文学作品反映的现实，又善于借助文学作品所提供的生活材料来进一步论证自己关于历史、政治、经济、社会等问题的看法。恩格斯在《致玛·哈克奈斯》中说他从巴尔扎克作品中学到许多东西，“甚至在经济细节方面（如革命以后动产和不动产的重新分配）所学到的东西，也要比从当时所有职业的历史学家、经济学家和统计学家那里学到的全部东西还要多”①。

如前所述，文学艺术在社会结构中占有十分重要的位置，它是一种特殊的社会意识形态，它同社会的经济基础，以及与经济基础相适应的上层建筑中的各种要素的关系是极为复杂的。“历史的观点”要求我们在研究作家的创作时，

---

①《马克思恩格斯选集》（第4卷），人民出版社1972年版，第463页。

不仅要看它与社会物质生活的关系，而且要考虑文艺与时代的文化、科学、政治、哲学、道德、宗教、民族性格、社会心理等的联系，从文学艺术与以上因素的广泛联系中考察作家作品、文艺流派和文艺思潮。马克思、恩格斯在具体运用历史主义的方法从事文艺批评时，往往从多种视角、多个层面入手挖掘作家作品的多方面价值或指出作品的不足。如前面提到的对巴尔扎克的评论、对《济金根》的批评以及后面将谈到的对歌德的评价等，都把“历史”的内涵理解得相当广泛。例如，马克思、恩格斯对浪漫主义的分析和评论就是从多种角度进行的，如从社会思维发展的角度，恩格斯指出它的产生与时代思想的内在联系。1868 年 3 月 25 日，马克思在给恩格斯的信中表达了他对浪漫主义历史地位的一些看法：“法国革命以及与之相联系的启蒙运动的第一个反作用，自然是把一切都看作中世纪的、浪漫主义的……第二个反作用是越过中世纪去看每个民族的原始时代，而这种反作用是和社会主义趋向相适应的，虽然那些学者并没有想到他们和这种趋向有什么联系。于是他们在最旧的东西中惊奇地发现了最新的东西，甚至发现了连蒲鲁东看到都会害怕的平等派。”①马克思在这里指出 19 世纪初的浪漫主义思潮是作为启蒙派理性主义的反对派而出现的。从阶级论的角度，马克思、恩格斯也对浪漫主义思潮做了阶级分析。他们认为，反动浪漫主义所代表和表现的实际上是封建贵族的利益，资本主义的生产方式破坏了贵族时代的生产关系，封建贵族失去了先前的田园风光、浪漫主义者的怀旧情绪，为现实生活中的不幸流下的“感伤的眼泪”正是封建贵族思想的反映。马克思主义经典作家一语破的地指出：“过去至少社会发展的某一阶段的兴盛时代使他欢欣鼓舞，现代却使他悲观失望，未来则使他心惊胆怕。”②恩格斯还从文学艺术与宗教、政治等角度对浪漫主义思潮加以研究，批判了形形色色的浪漫主义的反动倾向。1839—1840 年恩格斯在《时代的倒退征兆》一文中指出：“与教会生活和国家生活中这些强大的反动现象相适应的是文学艺术中一些不明显的倾向，是向过去几世纪的不知不觉的倒退……奇怪的是，任何地方都还没有把这些倾向加以比较！”③他又说：“在一部分德国最新诗歌中占统治地位的愚昧和无知，是同另一部分现代蒙昧主义者的大喊大叫相呼应的。”④由此可见，马克思、恩格斯对浪漫主义的评论所用的历史观点，实际上是一种综合观点，“历史”是一个包含着诸多因素的宽泛概念。“历史的观点”与机械反映论、庸俗社会学有着根本区别。

---

①《马克思恩格斯全集》（第 32 卷），人民出版社 1975 年版，第 51-52 页。

②《马克思恩格斯全集》（第 7 卷），人民出版社 1959 年版，第 301 页。

③《马克思恩格斯全集》（第 41 卷），人民出版社 1982 年版，第 32-33 页。

④《马克思恩格斯全集》（第 41 卷），人民出版社 1982 年版，第 37 页。

第二，“历史的观点”要求把作家创作中所出现的复杂问题也放到社会历史文化的背景中考察。

前面已经提及，“美学的观点和历史的观点”是基于恩格斯对卡尔·格律恩从“人”的观点论歌德的批判提出的，因此，我们不得不结合有关对歌德的争论来讨论这一问题。

对歌德的思想及其创作的争论，始自19世纪30年代。以激进的民主主义者白尔尼为代表的“青年德意志派”文学家，从抽象的自由主义和激进的民主主义出发，竭力颂扬席勒而贬低歌德。他们责备歌德对法国革命、德国的解放抱冷淡的态度，批评歌德的创作缺乏自由主义和民主主义的精神，甚至把歌德说成“押韵的乡愿”。对于白尔尼对歌德的指责，青年恩格斯虽然曾为歌德辩护，但基本上同意他的观点，他在给友人的一封信中说：“席勒是我们最伟大的自由主义诗人，这已是定论了。他预感到，法国大革命以后将开始一个新的时代，而歌德甚至在七月革命以后也感觉不到这一点；当事件已近在眼前以致他几乎不得不相信某种新事物正在到来时，他却走进内室，锁上了门，以求安逸。这对歌德十分有害；可是当革命爆发的时候，歌德四十岁了，已经是一个定型的人了，所以不能为此责备他。”①当时的恩格斯在对待歌德和席勒的态度上和白尔尼有一致之处。

到了19世纪40年代，围绕如何评价歌德，又掀起了争论的更大高潮。以格律恩为代表的小资产阶级评论家用超历史、超阶级的所谓“人”的观点，歪曲歌德，抹杀他的积极方面，而美化他思想和创作中落后的东西。恩格斯在1847年给马克思的一封信里说：“格律恩把歌德的一切庸人习气颂扬为人的东西，他把作为法兰克福人和官吏的歌德变成了‘真正的人’，而同时对于一切伟大的和天才的东西他却避而不谈，甚至加以唾弃。”②恩格斯在这里明确指出格律恩所谓“人的东西”，其实就是“庸人习气”，也就是资产阶级习气。他所谓“人的观点”，也就是德国资产阶级的观点。格律恩之所以这样做，其目的在于利用歌德作品中一切属于庸人的东西来美化德国的小市民，证明小市民制度的合理性。实质上是用歌德的权威来支持“真正的社会主义”的狭隘观点。格律恩在文艺批评方面主要错误在于：从唯心史观出发，否认文艺是现实生活的反映，他认为“歌德的诗篇……过去和现在都和现实没有任何共同之处”；认为作家是超时代、超历史、超阶级的，是所谓抽象的“人性”的化身；为了达到宣扬“真正社会主义”错误思想的目的，任意肢解作家，牵强附会地曲解作品。

---

①《马克思恩格斯全集》（第41卷），人民出版社1982年版，第519页。

②《马克思恩格斯全集》（第27卷），人民出版社1972年版，第89页。

恩格斯从历史唯物主义哲学观出发，用历史唯物主义的美学思想，揭示了歌德思想创作中的两重性，即一方面敌视、嘲笑德国的封建制度，另一方面又对它迁就妥协。更为重要的是恩格斯还进一步揭示了造成这种矛盾的社会历史条件和阶级根源。恩格斯说："歌德在自己的作品中，对当时的德国社会的态度是带有两重性的。有时他对它是敌视的，如在《伊菲姬尼亚》里和在意大利旅行的整个期间，他讨厌它，企图逃避它；他像葛兹，普罗米修斯和浮士德一样地反对它，向它投以靡非斯特非勒司的辛辣的嘲笑。有时又相反，如在《温和的讽刺诗》诗集里的大部分诗篇中和在许多散文作品中，他亲近它，'迁就'它，在《化装游行》里他称赞它，特别是在所有谈到法国革命的著作里，他甚至保护它，帮助它抵抗那向它冲来的历史浪潮。问题不仅仅在于，歌德承认德国生活中的某些方面而反对他所敌视的另一些方面。这常常不过是他的各种情绪的表现而已；在他心中经常进行着天才诗人和法兰克福市议员的谨慎的儿子、可敬的魏玛的枢密顾问之间的斗争；前者厌恶周围环境的鄙俗气，而后者却不得不对这种鄙俗气妥协、迁就。因此，歌德有时非常伟大，有时极为渺小；有时是叛逆的、爱嘲笑的、鄙视世界的天才，有时，则是谨小慎微、事事知足、胸襟狭隘的庸人。"①

恩格斯一方面反对像格律恩那样用超历史超阶级的"人"的尺度曲解歌德，另一方面，也反对用道德的、党派的观点和"政治的"尺度来衡量歌德。资产阶级评论家白尔尼等人脱离特定的历史条件，以党派的观点，即以政治的观点来评价歌德，攻击歌德不是自由主义者，粗暴地否定歌德。恩格斯对之也进行了批评，从而实践了马克思主义的历史唯物主义观点。他从歌德所处的德国的落后的历史条件出发，不像白尔尼等人那样责备歌德不是自由主义者，没有热心去争取德国的自由，反而去做封建的官宦。因为这不是歌德的过错，而是历史的局限。恩格斯在评价卡尔·信克的《穷人之歌》时写道："在社会矛盾还没有因为阶级的明确分化和资产阶级迅速夺取政权而在德国采取较尖锐的形式以前，德国诗人在德国是根本没有出路的。"但是，当法国资产阶级革命浪潮冲去德国封建秩序，德国反封建意识开始觉醒时，歌德竟然牺牲了内心深处较正确的美感，仍然为魏玛封建宫廷做些微不足道的事情以求得乐趣，这就是庸人的妥协气了，这就显得他十分渺小。这就不再是什么历史的局限，而是市民阶级的狭隘眼界，束缚了他的手脚。恩格斯明确地分清了什么是历史的局限，什么是阶级的局限，什么是不应责备的，什么是应当责备的。他为我们评价作家作品，提供了科学的方法。

---

①《马克思恩格斯全集》（第4卷），人民出版社1958年版，第256页。

马克思、恩格斯对《济金根》进行美学评价的同时，还对其进行了社会历史分析。他们对拉萨尔抽掉济金根骑士暴动的具体的社会历史的、阶级的内容，把垂死阶级的代表塑造成德意志的伟人和人民的救星，提出了尖锐的批评，指出济金根“在统一和自由的口号后面一直还隐藏着旧日的帝国和强权的梦想”，强调要写出农民革命的积极背景，才能把自下而上的通过革命统一德国的思想表现出来，才能揭示在1848年革命中德国资产阶级妥协、背叛的实质。

第三，坚持文艺批评中的历史唯物主义方法，还要贯彻具体问题具体分析的原则，把这一原则方法当作研究问题的“指南”，而不是教条。恩格斯在给保·恩斯特的信中对易卜生戏剧的分析，为我们提供了范例。恩格斯批评恩斯特，起因于恩斯特与巴尔等人关于文学中妇女运动问题的论战。当时，德国正在大量翻译、介绍并上演挪威剧作家易卜生的戏剧，易卜生在剧作中所提出的社会问题引起了许多争论，一个名叫马果尔的人在德国印象派杂志《自由论坛》上发表了以《斯堪的纳维亚文学中的妇女》为总题目的文章。文章用生物学的观点看待妇女问题，贬斥挪威易卜生、般生在作品中所表现的妇女解放思想。恩斯特反对马果尔的观点，于1890年5月14日发表了《妇女问题是社会问题》一文与之争论。在文章中恩斯特虽然指出了妇女问题是社会问题，承认妇女运动是社会发展的产物，但却把斯堪的纳维亚的妇女及其在文学中的表现都归到德国式的小市民的范畴内，并错误地认为纯粹被动的生产关系的发展，自然就会解决妇女问题。作为《自由论坛》的编辑，资产阶级作家巴尔在论战中站在马果尔一边，他针对恩斯特的文章于1890年5月28日发表了《妇女问题——马克思主义的模仿者》一文。巴尔在文章里一方面指责恩斯特歪曲了马克思的观点，是“马克思主义的变种”；一方面又以资产阶级的人性论和生物学观点出发，宣扬妇女问题首先是性的问题，而不是社会问题。

恩格斯在严厉地批判了巴尔的观点的同时，也指出了恩斯特在方法论上的错误：他的方法是机械的，观点是非历史的，他对易卜生及其作品的阶级性的解释是抽象的公式化的。恩格斯分析了德国和挪威的不同历史条件和两国的资产阶级的不同性质，指出：“德国的小市民阶层并不是一个正常的历史阶段，而是一幅夸张到了极点的漫画，是一种退化。”相反地，“挪威的小资产者是自由农民之子”，“他们比起堕落的德国小市民来是真正的人”。联系到这些具体情况和社会历史条件，恩格斯指出：“（易卜生的戏剧）反映了一个即使是中小资产阶级的但是比起德国的来却有天渊之别的世界；在这个世界里，人们还有自己的性格以及首创的和独立的精神，即使在外国人看来往往有些奇怪。因此，在我对这类东西做出判断以前，我是宁愿把它们彻底研究一番的。”[①]恩斯特不能真正理解和运用历史唯物主义方法，他实际上是把被他歪曲了的历史唯物主义的原则和方法当作标签和套语，以现成的公式、抽象的概念来剪裁具体的历史事实，把挪威发生的一切包括一切妇女问题统统地归入小市民阶层的范畴，然后又把自己所理解的德国小市民的特征硬套到挪威小市民身上，当然不能对易卜生的戏剧所表现的社会问题得出正确的结论。

## 第三节　美学的观点

恩格斯所提出的美学的观点，其基本含义是：从审美的角度，评价文艺作品的艺术创造和审美效果，批判错误的审美倾向，阐述正确的审美理想。

从批评实践看，马克思、恩格斯非常注意从审美的角度评价作家作品。例如，恩格斯在写给拉萨尔的那封信中，一开头就从艺术表现的美学角度来谈文艺批评。根据我们的理解，马克思主义文艺批评的“美学的观点”包括以下几方面的基本内容：

第一，马克思、恩格斯从美学的观点出发，要求作品首先是真正的艺术作品，必须做到内容与形式的完美统一。马克思、恩格斯在青年时代都曾写过大量的抒情诗歌。后来，随着世界观、审美观的转变，他们都对各自的作品进行了自我否定。马克思在写给他父亲的信中，表示对自己诗作的不满意，就因为那些诗还不能称为真正的诗，所以，当他面前出现了真正的诗的王国，宛如远方的仙国那样，他创作的一切就都化为云烟消失不见了。恩格斯也对自己的青年诗作不满意，认为根本没有做到用鲜明和优美的形式把自己的思想表现出来。

文艺的内容和形式的关系问题是文艺理论研究和文艺批评中引起持久争论的问题。有的强调内容，有的强调形式，有的甚至认为内容同形式难以划分得十分清楚。马克思、恩格斯要求内容和形式的完美结合。马克思十分重视艺术的审美功能：“艺术对象创造出懂得艺术和能够欣赏美的大众”，“生产不仅为主体生产对象，而且也为对象生产主体。”[②]人们在审美活动中，首先接触的是形式，艺术形式要有利于内容的传达，这就要求文艺作品必须具有高度的艺术性。

---

① 《马克思恩格斯选集》（第 4 卷），人民出版社 1972 年版，第 473-474 页。

② 《马克思恩格斯选集》（第 2 卷），人民出版社 1972 年版，第 95 页。

这一点在马克思、恩格斯对《济金根》的评论中表现得十分明显。马克思说："首先，我应该称赞结构和情节，在这方面，它比任何现代德国剧都高明。其次，如果完全撇开对这个剧本的纯批判的态度，在我读第一遍的时候，它强烈地感动了我，所以，对于比我更容易激动的读者来说，它将在更大的程度上引起这种效果。"[①]马克思实事求是地指出了《济金根》对读者会产生一定的审美效果，也就是说，从审美的角度看，这部戏剧作品有着潜在的美的因素。马克思称赞作品的结构和情节，肯定了其在艺术上的成绩。同时，也非常中肯地指出了艺术上存在的问题："既然你用韵文，就应该把你的韵律安排得更艺术一些。"[②]恩格斯在给拉萨尔的信中谈到自己在阅读剧本过程中所产生的激动情绪时，也是首先着眼于艺术形式的魅力的。他说："情节的巧妙的安排和剧本的从头到尾的戏剧性使我惊叹不已"，并且认为，"任何一个现代的德国官方诗人都远远不能写出这样一个剧本"。恩格斯也指出了作品在艺术上存在的问题，他认为，由于拉萨尔在韵律方面"给了自己一些自由，这给读时带来的麻烦比给上演时带来的麻烦还要大"，并说"就眼前的这个剧本看来，它肯定是不能上演的"，因为有些"道白很长"，"在做些长道白时，只有一个演员做戏，其余的人为了不至作为讲话的配角尽站在那里，只好三番两次地尽量做各种表情"。由于形式处理不当，"内容必然受到损失"[③]。由此可见，马克思、恩格斯对艺术形式给予了高度重视。但这是不是说，他们就不注重内容了呢？当然不是。马克思、恩格斯既反对忽视内容只注重形式的形式主义，也反对以内容取代形式的艺术教条主义，主张内容和形式的完美统一。恩格斯所说的"较大的思想深度和意识到的历史内容，同莎士比亚剧作的情节的生动性和丰富性的完美的融合"的"三融合"原则可看作对内容和形式关系的形象性表述。"较大的思想深度"不应通过抽象的普遍精神的冲突表现出来，而应该通过对具体生活现象的审美描述显示出来。"三融合"的艺术理想实际上所要求的就是作品的思想内容和艺术形式的有机统一。

第二，马克思、恩格斯从对艺术形象的分析入手进行文艺批评，把作品美学价值的判定放在突出位置。马克思认为《巴黎的秘密》中的大多数人物的生活道路"描写得很不合理"，批评欧仁·苏塑造人物没有遵循艺术的审美规律。我们已在"现实主义文艺思想"一章做了一些论述。马克思还严厉斥责卢格以哲学体系的有无作为衡量莎士比亚是不是戏剧诗人的标准。马克思对莎士比亚的高度评价，显然不是从抽象的哲学体系的模式出发，而是对莎剧人物的具体

---

①《马克思恩格斯列宁斯大林文艺论著选读》，江西人民出版社 1983 年版，第 170 页。

②《马克思恩格斯列宁斯大林文艺论著选读》，江西人民出版社 1983 年版，第 171 页。

③《马克思恩格斯列宁斯大林文艺论著选读》，江西人民出版社 1983 年版，第 190 页。

分析得出结论的。莎士比亚在其创作生涯中，塑造出了一系列活生生的人物形象，如哈姆雷特、李尔王、麦克白、夏洛克、奥赛罗、福斯泰夫、鲍西亚等。他们既具有普遍代表性，又都是血肉丰满的个性化人物。恩格斯在对拉萨尔的创作提出批评时，提醒他不应局限于“古代人性格描绘的方法”（即“类型化”方法），而应多加注意莎士比亚在戏剧发展史上的意义，可见，恩格斯对莎士比亚塑造人物的方法是持肯定态度的。如果没有对诸多人物形象的分析，马克思、恩格斯也不会非常深刻地看到莎士比亚对社会生活本质的揭示。在驳斥罗·贝奈狄克斯对莎士比亚的诋毁时，恩格斯说：“单是《风流娘儿们》的第一幕就比全部德国文学包含着更多的生活气息和现实性。单是那个兰斯和他的狗克莱勃就比全部德国喜剧加在一起更具有价值。”[①]恩格斯对卡尔·倍克作品的分析也是从其形象体系入手的。同时，他根据形象分析发现，这篇小说既没有深刻的思想，也没有诗的兴味，并特别指出它“构思十分平凡，一点儿不美，表现也很平常”[②]。恩格斯在评价革命诗人维尔特时，首先引述了他的《帮工之歌》，使人得以了解其诗作的形象特点。在此基础上，恩格斯对维尔特的诗作给予了高度评价，他说：“我称他为德国无产阶级第一个和最重要的诗人。的确，他的社会主义的和政治的诗作，在独创性、俏皮方面，尤其在火一般的热情方面，都大大超过弗莱里格拉特的诗作。”恩格斯还认为维尔特抛弃了德国小市民的虚伪的羞怯心，擅长在诗中“表现自然的、健康的肉感和肉欲”[③]。

第三，从美学的观点着眼，马克思、恩格斯十分重视作家的创作个性和审美感觉。尊重作家的创作个性，实质上就是承认艺术创造是一种具有高度独创性的精神性活动，是自由创造活动。因此，马克思在很年轻的时候，就在《评普鲁士最近的书报检查令》中充满激情地呼吁要给作家以真正的创作自由，对所谓“官方的色彩”严加痛斥。马克思这样写道：“你们赞美大自然悦人心目的千变万化和无穷无尽的丰富宝藏，你们并不要求玫瑰花和紫罗兰散发出同样的芳香，但你们为什么却要求世界上最丰富的东西——精神只能有一种存在形式呢？”[④]马克思抨击书报检查制度剥夺了作家自由表达自己的观点、个性和风格的权利，当然也就使作家在创作中不能表达自己的真实的审美感受，从而扼杀了作品的真情实感。恩格斯认为维尔特的诗作有“独创性”，为歌德因为身上的庸俗气而失去了某些较正确的美感而惋惜。马克思还曾引歌德的话，说明艺术家主观的审美情感在创作中的重要作用：“画家要成功地描绘出一种女性美，

---

① 《马克思恩格斯全集》（第 33 卷），人民出版社 1973 年版，第 108 页。

② 《马克思恩格斯论艺术》（第 4 卷），人民文学出版社 1963 年版，第 349 页。

③ 《马克思恩格斯全集》（第 21 卷），人民出版社 1965 年版，第 7-9 页。

④ 《马克思恩格斯全集》（第 1 卷），人民出版社 1956 年版，第 7 页。

只能以他至少在一个活人身上曾经爱过的那种美作为典型。”这里马克思不仅强调了艺术美的客观来源，同时也充分重视艺术美所包含的主观因素。马克思《关于费尔巴哈的提纲》第一条就指出一切旧唯物主义的缺点是：“对事物、现实、感性，只是从客体的或者直观的形式去理解，而不是把它们当作人的感性活动，当作实践去理解，不是从主观方面去理解。所以结果竟是这样，和唯物主义相反，唯心主义却发展了能动的方面，但只是抽象地发展了……”①这表明马克思主义哲学对人的主体性的充分肯定。文学艺术作为创造性的精神劳动，当然更加离不开作家的主体创造性的发挥。

由以上论述可以看出，“历史的观点”较侧重于作品思想内容与认识价值的研究，而美学的观点着重于作品的艺术性及审美效果的分析。两者虽各有侧重，但它们是统一在一起的，只是为了论述的方便我们才分开来讨论。不论从理论上还是从批评实践上，马克思、恩格斯都是将两者深深地结合起来的。恩格斯在批判德国“真正社会主义”和评论拉萨尔的《济金根》时分别明确指出了这一点，而且，在给拉萨尔的信中，恩格斯是用“既……又……”的句式来说明是从美学的观点和历史的观点来评价《济金根》的，这也说明马克思主义的文艺批评是一个既包含美学的观点又包括历史的观点的统一整体。在具体运用这一批评准则时，马克思、恩格斯总是兼顾这两个方面。对欧仁·苏《巴黎的秘密》的批评，既是历史的，又是美学的：恩格斯将作品放到时代的总背景中，肯定了他的历史地位；马克思更是从美学的和历史的观点对其进行了全面分析。

## 第四节　比较的方法

马克思、恩格斯在美学和历史的观点统一的标准下，在具体的批评实践中所运用的方法是多样的。如社会学的方法、文化学的方法、文艺心理学的方法在马、恩的评论文章中都可找到，但他们运用最多的、成效较大的还是比较的方法。19世纪40年代，恩格斯就指出：“任何一个人在文学上的价值都不是由他自己决定的，而只是在同整体的比较当中决定的。”②针对当时无政府主义者施蒂纳鼓吹的所谓“无比性学说”，马克思、恩格斯指出，“无比性”作为“一

①《马克思恩格斯选集》（第1卷），人民出版社1972年版，第16页。

②《马克思恩格斯全集》（第1卷），人民出版社1956年版，第523-524页。

种反思的规定”，必然“以比较活动为前提”。他们还举例说，意大利女歌唱家倍尔西阿尼之所以被人们称为一位无可比拟的歌唱家，正是因为“人们把她同其他歌唱家相比较”才认识到的。接着，马克思、恩格斯又列举了“比较解剖学，比较植物学，比较语言学”等科学，深刻指出，“这些科学正是由于比较和确定了被比较对象之间的差别而获得了巨大的成就，在这些科学中比较具有普遍的意义。”因此，像施蒂纳那样，“害怕比较”，“禁止自己进行任何比较”，是极其荒唐可笑的。结合对施蒂纳的批判，马克思、恩格斯着重强调了包括文学艺术在内的人文科学甚至是自然科学中的诸学科之间进行比较研究的重要意义。在具体的文艺批评实践中，马克思、恩格斯更是经常运用比较的方法来研究作家作品。如他们将莎士比亚的创作和席勒的创作进行比较，得出了“莎士比亚化”和“席勒式”的结论。如前所述，恩格斯曾比较了维尔特与弗莱里格拉特的诗歌创造，肯定了维尔特诗作在无产阶级运动中所发挥的重要作用，并指出其创作有“独创性”。恩格斯将德国人所谓的“倾向小说”同巴尔扎克的《人间喜剧》相对照，提出了“现实主义甚至可以违背作者的见解而表露出来”的理论命题。总之，马克思、恩格斯进行比较的内容是多方面的，包括题材、主题、人物、风格、流派、思潮等等。他们所用的方法不是简单的“类比”，其深刻之处在于通过比较发现作者创作的异同，进而总结出带有规律性的东西。如果拿没有任何可比性的东西乱加比附，是没有任何意义的。马克思和恩格斯在批判施蒂纳时曾指出，“倍尔西阿尼的歌唱不能与青蛙的鸣叫相比，虽然在这里也可以有比较，但只是人与一般青蛙之间的比较，而不是倍尔西阿尼与某只唯一的青蛙之间的比较”①；更不能拿“倍尔西阿尼的歌唱同彗星尾巴”比较，因为这纯然是“荒唐的比较”。恩格斯在研究挪威文学时，将挪威的小资产阶级和德国的小市民比较就犯了简单化的错误。恩格斯指出它们之间事实上有着“极其重大的区别”，接着，从经济、政治、历史和现实、时代的社会心理结合上，找到了各自的特点，德国“小市民阶层是遭到了失败的革命的产物”，“具有胆怯、狭隘、束手无策、毫无首创能力这样一些畸形发展的特殊性格”。而挪威的小市民阶层则处于正常的社会状态中，有着不同于德国市民阶层的特点：“例如易卜生的戏剧不管有怎样的缺点，它们却反映了一个即使是中小资产阶级的但是比起德国的来却有天渊之别的世界；在这个世界里，人们还有自己的性格以及首创的和独立的精神。”②只有从具体的历史事实出发，具体问题具体分析，才能使比较具有意义。

① 《马克思恩格斯全集》（第3卷），人民出版社1960年版，第517-518页。

② 《马克思恩格斯选集》（第4卷），人民出版社1972年版，第473-474页。

对比较方法最成功的使用应属马克思对拉萨尔的《济金根》和歌德的《葛兹·冯·伯利欣根》的研究。马克思认为《济金根》没有真正揭示悲剧冲突的根源，没有如实地反映济金根失败的实质。为了说明自己的观点，马克思举出歌德的历史剧《葛兹·冯·伯利欣根》与之对比。马克思首先指出了济金根与伯利欣根的共性："如果从济金根身上除去那些属于个人和他的特殊的教养、天才的才能等等的东西，那么剩下来的就只是一个葛兹·冯·伯利欣根了。"[①] 伯利欣根是同济金根同时代的德国16世纪的一个没落骑士，他拥护皇权，反对诸侯。在闵采尔领导的德国农民战争中，他参加了农民起义军，后来又背叛了农民革命。他和济金根一样都是唐·吉诃德式的人物。但拉萨尔从其悲剧观念出发，离开了历史的真实塑造济金根这一形象。马克思从比较的角度，讨论了两部作品的不同之处。首先，主人公的阶级属性不同。尽管济金根在一定程度上相信可以解放农民，但他们所代表的是封建骑士阶层的利益，他们不可能同农民联合，农民也不会支持他们。但是，拉萨尔却把济金根塑造成一个革命英雄，赋予他以革命的思想和品质。拉萨尔认为济金根不仅是骑士中的英雄，而且是人文主义思想和正义事业的保护人，是国家统一和民族复兴的代言人，是众望所归的全国农民大军的英明统帅。之所以把济金根美化为一个革命领袖的形象，拉萨尔有他自己的理由，他在1859年5月27日给马克思、恩格斯的复信中说："我完全赞同你把葛兹看成'可怜的人物'，至于歌德所以能让这个完全后退的家伙做了悲剧的主人公，在我看来只能用歌德缺乏历史的感觉来说明。……然而济金根就完全是另一种情况了。历史上的济金根当然和我的悲剧中的济金根不完全符合，甚至是一点儿也不符合……你对历史上的济金根的看法即使是十分对的，可是对我的济金根的意见仍然是不对的。难道诗人没有权利把自己的主人公理想化，并赋予他更完满的意识吗？"[②]艺术创造当然需要虚构、再创造，需要典型化，但必须在尊重历史事实的基础上创造。如果按照自己的主观意念任意将人物理想化，必然会失去艺术的真实性。其次，主人公失败的原因不同。伯利欣根是在皇帝和诸侯组成的"帝国征伐军"的镇压下，寡不敌众而失败的。伯利欣根失败后又加入了农民起义军，又由于农民起义军不能和自己志同道合而最终被俘。济金根的悲剧原因就不同了。拉萨尔没有从社会历史的发展中寻找造成悲剧的原因。由于受黑格尔哲学观念的影响，拉萨尔认为济金根失败的原因在于"无限的思辨观念"和"有限的现实理性"之间的矛盾，就《济金根》来讲，就是"目的"和"手段"之间的矛盾。拉萨尔没

① 《马克思恩格斯选集》（第4卷），人民出版社1972年版，第339-340页。

② 《马克思恩格斯论艺术》（第1卷），人民文学出版社1960年版，第55-57页。

有认识到这样一些事实：真正要求革命的农民不可能同济金根联合，因为从本质上他不代表与广大农民的利益。作为特利尔盟军的诸侯识破了他，作为自己友军的骑士背叛了他。这才是悲剧产生的真正原因。另外，马克思还从革命的动机和与农民的关系等方面，对这两部作品进行了比较。马克思肯定了歌德创作的成功之处，指出了拉萨尔有关悲剧观念的错误观点，论证是很有说服力的，从中我们也可以看出比较方法在文艺研究中的优势。

总之，由于贯彻了辩证唯物主义和历史唯物主义原理，马克思主义的文艺批评坚持历史观点和美学观点的统一，严格划清了同庸俗社会学和“唯美主义”的界限，显示出强大的生命力，对当代文艺批评理论与实践依旧具有指导意义。

# 第六章　毛泽东的文艺思想

毛泽东文艺思想是马克思主义文艺理论同中国文艺实践相结合的产物，是毛泽东和其他老一辈无产阶级革命家集体智慧的结晶，是一个完整的科学的思想体系，在文艺理论和美学方面丰富和推进了马克思主义。它以马克思主义的世界观和方法论为理论基础，以人们对文艺一般规律的正确揭示为依据，成功地解决了中国革命文艺发展的一系列重大问题，它是文艺实践的科学总结，但又有别于一般性的艺术理论，而更多的是从文艺战略的高度来展开论述，更多地体现为革命文艺的战略思想。

在中国革命战争中，毛泽东十分注意文化对革命斗争的重要作用。他在农村包围城市并夺取城市的革命战略中提出要充分发挥文艺在根据地建设中的作用，并努力开展革命文艺运动。即使在艰苦的抗战时期，他也没有放弃对文艺工作的关注，在《新民主主义论》中，他总结了"五四"以来的历史经验，提出了建立以无产阶级领导的人民大众的反帝反封建的文化纲领。特别是《在延安文艺座谈会上的讲话》中所阐述的与当时革命形势密切相关的文艺为群众和如何为群众的问题，体现了毛泽东同志从革命事业的总体格局来认识和对待文艺工作的思想，标志着毛泽东文艺思想体系的正式形成。

中华人民共和国成立以后，毛泽东在提出指导中国社会主义改造和社会主义建设的路线、方针、政策的同时，在文艺思想方面发表了一系列见解，如对艺术的民族特色以及如何对待西方的艺术，"双百"方针，革命的现实主义和革命的浪漫主义相结合的创作方法以及艺术创作的形象思维等问题都做了比较系统的论述，使毛泽东文艺思想得到了进一步的发展，成为具有中华民族特点的文艺思想体系。

毛泽东文艺思想的内容是十分丰富的。能够体现毛泽东文艺思想的除了《在延安文艺座谈会上的讲话》外，还有《新民主主义论》《关于正确处理人民内部矛盾的问题》《同音乐工作者的谈话》等许多文章。在这些篇章和其他有关文艺问题的论述中，毛泽东提出了一系列重要的文艺命题和文艺理论思想，在许多方面对马克思主义文艺理论有了新的发展与创造。

## 第一节　文艺的服务对象

坚持文艺“为人民大众的根本原则”，是毛泽东文艺思想最根本、最核心的思想。他指出：“什么是我们的问题的中心呢？我以为，我们的问题基本上是一个为群众的问题和如何为群众的问题。”[①]作为文学艺术接受的主体，毛泽东认为群众就是指人民大众。

关于人民大众的理论内涵，是随着毛泽东对中国动力问题的思考不断扩展、丰富和充实的。在严格意义上使用“人民大众”一词并赋予其特定内涵的是毛泽东在1940年发表的《新民主主义论》一文。他指出：“所谓新民主主义的文化，一句话，就是无产阶级领导的人民大众的反帝反封建的文化。”而这里所说的人民大众包括“中国无产阶级、农民、知识分子和其他小资产阶级”。两年以后，毛泽东在《在延安文艺座谈会上的讲话》中具体地阐释了“人民大众”概念的内容，他指出：“什么是人民大众呢？最广大的人民，占全人口百分之九十以上的人民，是工人、农民、兵士和城市小资产阶级。”1948年，在《晋绥干部会议上的讲话》中，毛泽东结合当时阶级斗争的新形势和新特点对“人民大众”的概念给予了新的界定，他指出：“新民主主义的革命，不是任何别的革命，它只能是和必须是无产阶级领导的、人民大众的，反对帝国主义、封建主义和官僚资本主义的革命。……这就是说，由参加这个革命的人们所组成的统一战线是十分广大的，这里包括了工人、农民、独立劳动者、自由职业者、知识分子、民族资产阶级以及从地主阶级分裂出来的一部分开明绅士，这就是我们所说的人民大众。”在1957年的《关于正确处理人民内部矛盾的问题》中，毛泽东指出：“人民这个概念在不同的国家和各个国家的不同历史时期，有着不同的内容。……在现阶段，在建设社会主义的时期，一切赞成、拥护和参加社会主义建设事业的阶级、阶层和社会集团，都属于人民的范围。”这样，毛泽东从现实的阶级关系出发，对革命的动力进行了马克思主义的分析，为进一步阐明无产阶级文艺运动的人民大众性质奠定了基础。

文艺为什么人服务是马克思主义经典作家一贯关注的问题，它关系到文艺的性质和方向。虽然马克思、恩格斯当时还没有明确提出文艺为什么人的问题，

---

① 《毛泽东选集》（第3卷），人民出版社1991年版，第853页。

但已经提出有社会主义倾向的作家，要正确地表现工人阶级，要正确地描写无产阶级的革命斗争的理想。马克思认为，文艺应当表现出无产阶级的“勇敢的战斗的呼声”，表达出无产阶级“反对私有制社会”的革命要求，体现出“无产阶级的本质”。恩格斯认为文艺应该是“歌颂倔强的、叱咤风云的和革命的无产者”。列宁则明确指出，无产阶级文艺不能为饱食终日、百无聊赖、胖得发愁的上等人服务，而应当为国家的精华即千千万万劳动人民服务。在这个问题上，毛泽东深化了列宁的文艺思想，他根据文艺的客观规律，清楚地认识到决定文艺的根本性质的关键就是“为什么人的问题”，这“是一个根本的问题，原则的问题”。在这种认识的基础上，他提出了文艺的服务对象是人民大众即文艺为工农兵服务的根本原则和方向。

人民大众是历史的主人，是创造世界的动力。文艺为人民大众服务，也就是为历史的创造者服务，它合乎社会发展的根本要求。

作为革命文艺的方向，在抗日战争的具体环境里，首先突出工农兵的地位，这是为当时的历史条件和革命斗争的任务所决定的，是完全正确的。但是，长期以来，对于文艺的方向问题，出现了片面的和绝对化的理解，这种情况在当时延安的文艺界是比较明显的。毛泽东科学总结了“五四”以来革命文艺运动的经验和教训，他一方面看到了革命文艺运动的伟大贡献，另一方面也看到了它自身存在的许多缺点，而这些缺点的形成，根本上是由于它没有明确解决文艺为什么人的问题。造成这种情况的原因，主要是由于作家队伍中小资产阶级文艺家的人数最多，他们长期脱离人民大众，不了解也不熟悉人民大众的生活，着重表现的是小资产阶级知识分子的生活。而要解决文艺的革命方向问题，首先要有一支真正为革命、为人民服务的文艺队伍。这支队伍应该由以无产阶级思想为核心，并且善于团结广大群众的民主主义的和爱国主义的文艺家组成。

毛泽东在文艺与人民大众的关系问题上提出的文艺队伍的建设问题，是过去马克思的时代所没有提出过的，这是毛泽东对马克思主义文艺理论的新贡献。

服务对象与表现对象的统一，是无产阶级文艺的显著特征之一。而文艺为人民大众首先为工农兵服务，其主要内容包括两个方面：一是服务对象，二是表现对象。如果服务对象解决了，而表现对象没有解决，那么，为谁服务的问题就依然不能得到完满的解决。文艺发展史的事实说明：几千年来，在封建主义的文艺和资产阶级的文艺中，除极个别情况外，劳动人民从来没有作为主要人物出现在文艺作品中，即使有所表现，也不是被歪曲就是被贬低；有的作品虽然把劳动人民作为主要人物，但作家的主体态度却并不认为他们是世界的主人，最好的情况下，是以人道主义精神给予同情和怜悯。进入无产阶级革命时代后，人民大众作为推动历史发展的决定力量登上历史舞台，必然地要求在文学艺术中对这种历史性变化给予具体的反映。所以，毛泽东在《在延安文艺座谈会上的讲话》中指出："在今天，坚持个人主义的小资产阶级立场的作家是不可能真正地为革命的工农兵群众服务的。"这句话的深刻含义就是：作家必须面对无产阶级和人民大众登上历史舞台，特别是取得革命领导地位后的新形势，使文艺顺应历史的发展，表现时代的主旋律，即要表现"新的人物，新的世界"。这是无产阶级文艺的重要的历史使命。所谓新的人物，就是人民大众首先是工农兵的人物形象；所谓新的世界，就是人民大众首先是工农兵的斗争生活。当时有些文艺工作者不去表现工农兵群众，不愿歌颂无产阶级的光明，"他们所感兴趣而不疲倦地歌颂的只有他自己，或者加上他所经营的集团里的几个角色"。最主要的原因是"他们站在小资产阶级立场，他们是把自己的作品当作小资产阶级的自我表现来创作的"。而无产阶级文艺要真正完成自己的历史使命，除了要求作家、艺术家必须深入工农群众的实际生活和实际斗争之外，还要求作家必须使自己的思想感情来一个变化，进行一番改造，力求做到和人民大众在思想感情上打成一片，从而实现阶级立场的根本转变。

为群众和如何为群众的问题，是毛泽东文艺思想体系中的重要内容。毛泽东同志在深刻分析中国革命文艺发展过程中的具体矛盾的基础上，不但明确了文艺为人民大众首先为工农兵服务的问题，而且具体解决了如何为人民大众首先为工农兵服务，即普及和提高的关系问题。

毛泽东认为，要彻底解决文艺如何为人民大众服务的问题，就得解决文艺的普及和提高问题。"五四"以来，许多革命的文艺工作者也曾注意到文艺的普及问题，提出过"文艺大众化"和"通俗文艺"的主张。但是，"因为没有弄清楚为什么人，他们所说的普及和提高就都没有正确的标准，当然更找不到两者的正确关系"。毛泽东是把文艺的普及与提高的问题纳入文艺为人民大众服务的总方向内加以考察和解决的。他曾用"雪中送炭"和"锦上添花"这两个形象化的比喻，揭示了普及和提高与群众需求的关系，也揭示了普及和提高之间的辩证关系。

普及和提高与文艺的服务对象问题是密不可分的。普及和提高就其实质来说，还是文艺和人民大众的关系问题。"雪中送炭"的比喻，恰好说明革命文艺要满足人民大众首先是工农兵的迫切需要，不首先解决文艺的服务对象问题，便没有普及和提高的前提。他指出，"只有从工农兵出发，我们对于普及和提高才能有正确理解，也才能找到普及和提高的正确关系"，才能做到"所谓普及，也就是向工农兵普及，所谓提高，也就是从工农兵提高"。这话也正是从人民大众首先是工农兵的切身利益和迫切需要的意义上讲的。针对当时延安文艺界存在的文艺与工农兵相脱离的倾向，根据中国"革命和革命文化的发展不平衡"

的现实状况，毛泽东明确指出应该“首先努力于普及”，“普及工作的任务更为迫切”。但毛泽东同时又指出，对于普及的重视并不意味着可以轻视提高，“普及和提高工作是不能截然分开的”，提高为普及所决定，又给普及以指导，即在普及基础上的提高和在提高指导下的普及。

普及与提高是紧密结合不可分割的，而不是对立的，凡是一味强调普及而否定提高或片面追求提高而严重忽视普及的做法都是错误的。同时，普及与提高是辩证发展而不是静止孤立的，随着时间的推移和条件的变化，随着服务对象及其欣赏水平的变化，普及与提高也应根据变化了的情况，及时调整两者之间的关系以适应新的要求，因为普及了的东西必然要求提高，而提高了的东西也可能要求再普及，两者之间的先后之分与轻重之别关系不是绝对不变的。所以，我们在理解毛泽东关于普及与提高的理论时，一方面不应该脱离当时的具体环境，另一方面也要根据当代的社会现实，只有这样，才能使革命文艺不断得到广泛而深入的繁荣和发展。

## 第二节　文艺与生活的关系

毛泽东对马克思主义文艺理论的贡献，还在于他运用辩证唯物主义的反映论来解决文艺与生活的关系这个文艺创作的根本问题，他把辩证唯物主义的反映论作为解决文艺与生活关系问题的理论基础。

社会生活是文艺作品的唯一源泉，文艺作品是反映社会生活的观念形态。马克思主义经典作家一贯重视文艺要真实地反映社会生活。马克思指出：“物质生活的生产方式制约着整个社会生活、政治生活和精神生活的过程。不是人们的意识决定人们的存在，相反，是人们的社会存在决定人们的意识。”①列宁说：“物、世界、环境是不依赖我们而存在的。我们的感觉，我们的意识只是外部世界的映象：不言而喻，没有被反映者，就不能有反映，被反映者是不依赖于反映者而存在的。”②马克思、列宁的论断，深刻地揭示了意识与存在、精神与物质的关系，说明了物质是第一性的，意识是第二性的，物质决定精神，意识是存在的反映。

---

①《马克思恩格斯选集》（第2卷），人民出版社1972年版，第82页。

②《列宁全集》（第14卷），人民出版社1957年版，第61页。

毛泽东根据辩证唯物主义认识论的这一基本原理来考察文化现象，指出："一定的文化是一定社会的政治和经济在观念形态上的反映。"[①]正是基于这样的马克思主义理论思想，根据文艺创作的实践经验，毛泽东就文艺与生活的关系做出了精辟的论断。他指出："作为观念形态的文艺作品，都是一定的社会生活在人类头脑中的反映的产物。革命的文艺，则是人民生活在革命作家头脑中的反映的产物。人民生活中本来存在着文学艺术原料的矿藏，这是自然形态的东西，是粗糙的东西，但也是最生动、最丰富、最基本的东西；在这点上说，它们使一切文学艺术相形见绌，它们是一切文学艺术的取之不尽、用之不竭的唯一的源泉。这是唯一的源泉，因为只能有这样的源泉，此外不能有第二个源泉。"[②]这段论述，不仅说明了文艺与生活的关系，同时也指明了艺术作为一种社会意识形态在反映客观存在时的具体对象。

根据马克思主义的反映论，离开社会生活的存在，就不可能有文学艺术的反映。作为观念形态的文艺作品都是一定的社会生活在作家头脑中反映的产物。既然文艺作品的创造要通过作家、艺术家的头脑，这就产生了作家、艺术家怎样通过自己的头脑去反映社会生活的问题。当然，文艺反映社会生活，不是直观的机械的，而是积极的能动的，这种能动性在于，"文艺作品反映出来的生活却可以而且应该比普通的实际生活更高，更强烈，更有集中性，更典型，更理想，因此就更带普遍性"[③]。如果说，文艺以生活为源泉，这是文艺与生活关系中的唯物论；那么，文艺比生活"更高""更强烈""更集中""更典型""更理想""更带普遍性"，则可以说是文艺与生活关系中的辩证法。毛泽东用唯物辩证法观察文艺与生活的关系所得出的文艺既源于生活又高于生活的科学结论，是对马克思主义文艺理论的丰富与发展。

文学艺术是由两种因素构成的：一是客观存在的社会生活，二是创作主体的主观意识。在文艺创作中，客体始终不能脱离主体而成为艺术品。文艺作品只能是反映的主体与被反映的客体相互作用的结果，而不是两者机械地相加。马克思认为，艺术掌握世界的方式是创作主体通过对客观世界进行形象思维完成的，也就是说，作家、艺术家总是从个体独特的生活体验出发，以个体独特的审美眼光对生活进行独具匠心的筛选，来营造只属于他自己的艺术世界，并在具体营造的过程中，在他所创造的艺术形象中注入自己的审美趣味、审美意识，注入自己的情感态度和价值观念。从这个意义上来说，文艺创作是一种个体性的精神劳动。

---

①《毛泽东选集》（第 2 卷），人民出版社 1991 年版，第 694 页。

②《毛泽东选集》（第 3 卷），人民出版社 1991 年版，第 860 页。

③《毛泽东选集》（第 3 卷），人民出版社 1991 年版，第 861 页。

文学艺术虽然是人的精神活动的产物，但人的思想意识却并非文学艺术的源泉。文艺作品反映的社会生活，作为反映的客体，是不依赖于作家——创作主体的头脑而存在的。事实上，没有存在于我们之外的社会生活，就没有作为观念形态的文学。任何时代的文艺作品，都是以这个时代的社会生活作为物质基础的。这个时代的所有种类的文艺，都可以从这个时代的社会生活中找到它的源泉。任何一个时代的文艺，都不是主观自生的，都是根源于一定的社会生活的。所以，社会生活是文艺作品的“唯一的源泉”。

毛泽东除了明确地指出文艺和社会生活是反映与被反映的辩证关系以及文艺对生活实践的依赖关系外，还正确地解决了生活美与艺术美的关系。

文学艺术是一种特殊的审美的意识形态，它不等同于政治、哲学、宗教等一般的社会意识形态，它来源于生活，但不是也不应该是生活的机械地“模仿”或“复制”。对于文艺的审美特征，毛泽东有精辟的论述，他说：“人类的社会生活虽是文学艺术的唯一源泉，虽是较之后者有不可比拟的生动丰富的内容，但是人民还是不满足于前者而要求后者。这是为什么呢？因为虽然两者都是美，但是文艺作品中反映出来的生活却可以而且应该比普通的实际生活更高，更强烈，更有集中性，更典型，更理想，因此就更带普遍性。”[①]这一论断是对一切文艺审美特征的本质概括。

毛泽东所论述的六个“更”字，科学地说明了文艺反映生活并反作用于生活是通过典型化的途径来实现的。虽然毛泽东在《在延安文艺座谈会上的讲话》中并没有对文艺的典型化问题做专门的论证，但是六个“更”字的思想，实际上概括了典型化的科学原则。

文艺来源于社会生活并且要真实地反映社会生活。文艺的真实要以生活的真实作为依据，但是文艺的真实绝不能等同于生活的真实。因为，文艺是否真实，要着眼于以人为中心的社会生活的整体。文艺既要反映生活的本质，又要塑造鲜明生动和具体感人的艺术形象。现实生活是平淡的，反映到文艺作品中应该是集中的、鲜明的、强烈的和感人的。这正如毛泽东所指出的：“一方面是人们受饿、受冻、受压迫，一方面是人剥削人，人压迫人，这个事实到处存在着，人们也看得很平淡；文艺就把这种日常的现象集中起来，把其中的矛盾和斗争典型化，造成文学作品或艺术作品，就能使人民群众惊醒起来，感奋起来，推动人民群众走向团结和斗争，实行改造自己的环境。”[②]文艺能动地反映生活，就要根据实际生活进行艺术创造，将实际生活加以典型化。

①《毛泽东选集》（第 3 卷），人民出版社 1991 年版，第 861 页。

②《毛泽东选集》（第 3 卷），人民出版社 1991 年版，第 861 页。

文艺的典型化，首先是矛盾和斗争的典型化。毛泽东要求作家、艺术家把日常生活现象“集中起来，把其中的矛盾和斗争典型化”。文艺作品应当通过表现包括重大矛盾在内的各式各样的矛盾冲突，广阔地反映社会生活的各个方面。正如高尔基所说的，文学的任务，必须使现象典型化，把微小而有代表性的事物写成重大的和典型的事物。

当然，文艺典型化的中心是人物的典型化，毛泽东说：“革命的文艺，应当根据实际生活创造出各种各样的人物来，帮助群众推动历史的前进。”这里所指的各种各样的人物，就是作家、艺术家运用典型化的方法所创造出来的既反映一定社会生活本质，又具有鲜明个性特点的人物形象，典型的人物形象应当是一种独特的发现。

生活美与艺术美的区别就在于，前者没有经过典型化而后者是经过典型化了的美。从典型化的意义上说，艺术美应该比生活美更高，因为文艺创作的典型化就是从生活到艺术的过程，就是把平淡无奇的生活现象概括、提炼为鲜明强烈的艺术形象的过程。典型化不是对生活的“拔高”，而是把生活美概括为艺术美，使艺术美表达出生活美所不可能显示出的境界。

如果说，创造出高于生活美的艺术美，这是艺术认识世界过程中的能动性；那么，运用文学艺术推动群众实践，则是艺术在改造世界过程中的能动性。

毛泽东指出：“认识从实践始，经过实践得到了理论的认识，还必须再回到实践去。认识的能动作用，不但表现于从感性的认识到理性的认识之能动的飞跃，更重要的还必须表现于从理性的认识到革命的实践这一个飞跃。”①毛泽东在运用这一认识论原理考察艺术问题时，强调文学艺术不仅要从社会生活中汲取营养，创造出比普通的实际生活更高形态的美，而且要回到人民群众中去，对人民群众创造历史的伟大实践发挥推动作用。

文艺作为一种特殊的意识形态，它对政治、道德乃至整个社会发生影响，并不像意识形态的其他门类那样通过抽象的理论分析达到直接揭示事物的目的，它是通过塑造典型化的艺术形象直接作用于社会实践活动的主体，激发人民群众改造世界的自觉能动性，来实现自己的能动作用的。所以，在文艺创作中，首先要着眼于表现丰富多彩的生活内容和人物性格。人是生活在一定的社会关系中的具体的人。作家、艺术家必须首先从观察和研究各种各样的具体的人出发，也就是从观察和研究各种各样的具体人的个性、特殊性出发，才能塑造出各种各样的人物形象来。经过典型化而创造出来的艺术美，能使人民群众在欣赏之后惊醒起来，感奋起来，走向团结和斗争，实行改造自己的环境。

---

①《毛泽东选集》（第1卷），人民出版社1991年版，第292页。

# 第三节　文化遗产的历史继承性

毛泽东对文化遗产的态度也是继承了马、恩、列在这个问题上所坚持的原则精神的。在建立无产阶级文化问题上，列宁有过十分透彻的论述，在《青年团的任务》一文中指出："只有确切地了解人类全部发展过程所创造的文化，只有对这种文化加以改造，才能建设无产阶级的文化……"[①]无产阶级文化就是对过去的优秀的文化遗产批判地继承和改造的结果，毛泽东所倡导的"古为今用""洋为中用"和"推陈出新"的方针，就是这一思想的体现。

毛泽东1938年10月在《中国共产党在民族革命战争中的地位》这个报告里说："我们这个民族有数千年的历史……我们不应当割断历史……"所谓历史，就是人类世世代代相互交替、承接和发展的过程。每一代都在前一代留下的基础上继续前进，同时又给后一代创造并规定着特定的生活条件。所以，"人们自己创造自己的历史，但是他们并不是随心所欲地创造，并不是在他们自己选定的条件下创造，而是在直接碰到的、既定的、从过去承继下来的条件下创造"[②]。这种历史发展过程中的规定性和承继性，不仅存在于物质生产中，而且存在于精神生产中。可以说，离开前人遗留下来的思想、语言以及各种艺术形式，文艺就不能存在。正是在这样的意义上，毛泽东反复强调文艺上的继承关系："我们必须继承一切优秀的文学艺术遗产，批判地吸收其中一切有益的东西，作为我们从此时此地的人民生活中的文学艺术原料创造作品时候的借鉴。有这个借鉴和没有这个借鉴是不同的，这里有文野之分，粗细之分，高低之分，快慢之分。所以我们决不可拒绝继承和借鉴古人和外国人，那怕是封建阶级和资产阶级的东西。"[③]所以，毛泽东认为，在文艺创作上，有没有借鉴，会直接影响到作家、艺术家的创作质量。

我们对文艺遗产的批判继承，一方面不能割断历史，要给遗产以一定的历史地位；另一方面也要注意遗产在当前条件下的作用。只有对文艺遗产进行具体的历史分析，才能既不苛求古人、否定传统，又不颂古非今，兼容并蓄。毛泽东提出"古为今用"的原则，对于我们正确地借鉴和大胆地创新具有重要的

---

①《列宁选集》（第4卷），人民出版社1972年版，第348页。

②《马克思恩格斯选集》（第1卷），人民出版社1972年版，第603页。

③《毛泽东选集》（第3卷），人民出版社1991年版，第859页。

意义。从历史发展的观点来看，批判继承文学遗产的任务主要是对古人所遗留下来的有益东西而言的。那些在历史上曾经起过积极作用的东西并不一定是我们今天所需要的，相反，那些对我们有用的“那怕是封建阶级和资产阶级的东西”也“决不可拒绝继承和借鉴”。因此，毛泽东指出：“对于中国和外国过去时代所遗留下来的丰富的文学艺术遗产和优良的文学艺术传统，我们是要继承的，但是目的仍然是为了人民大众。对于过去时代的文艺形式，我们也并不拒绝利用，但这些旧形式到了我们手里，给了改造，加进了新内容，也就变成革命的为人民服务的东西了。”这里特别强调了不能原封不动照搬遗产和传统，而要给予改造，通过改造，去掉其中有害的东西，创造出适合时代的新文艺，即“推陈出新”。

文艺不仅与自己的历史存在着割不断的纵向联系，而且在发展过程中还常常与其他民族发生横向联系，从其他民族文艺那里吸取有益的营养。马克思主义经典作家在谈到历史的继承性时，常常同时谈到这种民族之间的相互借鉴。毛泽东认为，对外国文化应当以中国人民的实际需要为基础进行批判地吸收，“中国应该大量吸收外国的进步文化，作为自己文化食粮的原料，这种工作过去还做得很不够。这不但是当前的社会主义文化和新民主主义文化，还有外国的古代文化，例如各资本主义国家启蒙时代的文化，凡属我们今天用得着的东西，都应该吸收。”①同继承古代文化遗产一样，吸收外国进步文化的目的也是为了自己发展的需要，也就是毛泽东后来所概括的“洋为中用”。

总之，对于文化遗产——无论是古代的还是外国的，都应该坚持正确的原则，采取正确的态度。对此，毛泽东曾以形象化的比喻进行了说明：“如同我们对于食物一样，必须经过自己的口腔咀嚼和胃肠运动，送进唾液胃液肠液，把它分解为精华和糟粕两部分，然后排泄其糟粕，吸收其精华，才能对我们的身体有益。决不能生吞活剥地毫无批判地吸收。”②所以，在对待文化遗产问题上，我们应该采取批判继承的态度，那种绝对排斥和盲目搬用的做法都是错误的，前者会造成我们先天的营养不良或眼界狭小，后者则会使我们夜郎自大或失去根基。

当然，吸收中国古代文化和外国文化的最终目的，都是为了创造适合现实发展需要的新文化，这就需要我们立足现实，善于选择，使我们的民族文化沿着健康的道路发展。

---

①《毛泽东选集》(第2卷)，人民出版社1991年版，第706-707页。

②《毛泽东选集》(第2卷)，人民出版社1991年版，第707页。

# 第七章　卢卡契的文艺思想

“西方马克思主义”作为一种社会文化思潮起源于20世纪20年代，50到60年代兴盛于欧美国家。“西方马克思主义”这一名称来自1955年法国哲学家、无神论存在主义思想家梅洛-庞蒂的著作《辩证法的历险》。在该书第二章“‘西方的’马克思主义”中，他对马克思主义做了所谓全新的解释，从此“西方马克思主义”就流行开来了，人们用它来称呼与马克思主义原始形态既有一些联系，又有较多不同之处的一种文化思潮、哲学思潮。

西方马克思主义的产生有着极其复杂的社会历史背景。马克思主义从诞生之日起，就在西方社会文化中占据着重要地位，它不仅是社会主义革命和建设的指导原则，而且也是西方资本主义国家民众争取解放的精神动力。马克思主义之所以对东西方国家产生如此重要的影响在于它一直保持开放的姿态，有着强烈的科学性、革命性和实践性色彩。

第一次世界大战以后，社会主义国家苏联诞生。然而，西欧各国的革命却都遭遇了失败。一大批共产党内部和外部的学者开始对西欧各国革命失败的原因进行反思，如德国的柯尔施、匈牙利的卢卡契、意大利的葛兰西、荷兰的高尔特等人都是这方面早期的重要代表人物。此外，自20世纪以来，西方社会也发生了重大变化，如周期性的经济危机、两次世界大战等，这些事件使资本主义倡导的理性、自由等旗帜彻底被打翻，促进西方资本主义工业发展的工具理性也对人性产生了前所未有的摧残，所有这些都将人类的生存问题推向了极为暗淡的境地。人类究竟要走向何处？人类如何才能克服工业社会所带来的负效应——“异化”？人性如何才能复归？一系列带有社会性质和哲学意味的问题摆在了人们面前，并成为西方马克思主义努力探讨的重要课题。

从学术思潮自身来讲，西方马克思主义者不满于马克思的后继者们（主要指第二国际的理论家）把马克思列宁主义庸俗化、教条化、机械化的做法，认为第二国际的理论家忽视了人的意识的能动性，削弱了社会历史发展进程中的人的主体性地位。他们要求重新理解马克思，重新认识马克思主义，形成了一股“回到马克思”的学术潮流。那么，什么才是西方马克思主义者所理解的马克思主义呢？1927年，青年马克思的著作《1844年经济学哲学手稿》（以下简称《手稿》）的重新发现，终于使这批学者发现了早期的马克思。根据马克思在《手稿》中提出的“异化”概念和人的问题，西方马克思主义者认为，马克思主义在本质上讲是一种关于人类解放的学说，是将人的主体性与人的解放联系在一起的哲学。

一般来讲，西方马克思主义的产生时间为20世纪20年代，以卢卡契1923年出版的《历史与阶级意识》一书为标志。在该书中，卢卡契充分强调了人的主观意识的能动性。该书一出版，便招致了肯定和否定两种极端的评价。尽管卢卡契后来认识到《历史与阶级意识》一书所犯的错误，但该书对一批学者所产生的影响是回避不了的。法兰克福学派基于卢卡契对资产阶级物化的批判，建立了他们的“批判理论”，这个学派的霍克海默、阿多尔诺、马尔库塞等都对卢卡契的理论进行了充分发挥。被称为“结构主义马克思主义者”之一的戈德曼称卢卡契是20世纪最伟大的哲学家。梅洛-庞蒂在《辩证法的历险》中对卢卡契推崇备至，称《历史与阶级意识》是一本“轻松愉快、精力饱满的论著”，它“复活了革命的青春和马克思主义的青春”，由此不难看出卢卡契的观点在当时以及后来的西方马克思主义者中产生的影响。对意识的能动性的强调便成为马克思主义的一条主线，经过以后的补充和发展，形成了声势浩大的“西方马克思主义”思潮，到了20世纪五六十年代这一思潮达到了顶峰，“西方马克思主义”在这一时期也出现了形态各异、纷纭复杂的诸多流派。法兰克福学派以本雅明、阿多尔诺、马尔库塞为代表对资本主义的工具理性、技术工业所导致的人的“单面性”的批判，以及为恢复人的完整性、和谐性所做的美学研究上的努力，成为西方马克思主义的一个最重要流派。此外，西方各种社会主义思潮，都从人的意识的能动性、劳动异化理论和人道主义思想三方面各取所需，同马克思主义结盟，或出于需要以当代理论来解释马克思主义。这便形成了西方马克思主义的众多流派，我们可称之为“形形色色的马克思主义”，较有代表性的有萨特的存在主义的马克思主义、结构主义的马克思主义、弗洛伊德的马克思主义等。

英国学者P. 安德森在《西方马克思主义探讨》中说：“西方马克思主义作为一个整体，当它从方法问题涉及实质问题时，就几乎倾全力于研究上层建筑了。”而且，最常为西方马克思主义所密切关注的，拿恩格斯的话来说，是远离经济基础、位于等级制度最顶端的那些特定的上层建筑层次。换句话说，西方马克思主义典型的研究对象，并不是国家或法律，它注意的焦点是文化。安德森又说：“在文化本身的领域内，耗费西方马克思主义主要智力和才华的，首先是艺术。”①

安德森的观点比较准确地说明了西方马克思主义关注艺术问题的重要特点。那么，西方马克思主义为何对艺术问题情有独钟，热心于研究艺术呢？

西方马克思主义所探讨的主要问题是如何克服异化状态下人性失落的问题，他们认为人类的真正解放不能依靠无产阶级革命，更不能采取暴力革命的手段。那么，如何才能实现人性复归，进而拯救人类呢？西方马克思主义理论找到了艺术。众所周知，马克思主义认为，社会生活对文学艺术起着决定作用，文学艺术作为一种特殊的社会意识形态受社会的生产力、生产关系以及整个社会结构的影响和制约，但同时，文学艺术又以其自身的特性，特别是通过审美方式作用于社会，成为人类掌握世界的重要方式之一。而西方马克思主义在为西方解决社会问题寻找钥匙时，所关注的问题显然是文学艺术作为意识形态的能动作用。在康德、席勒等的人本主义美学思想的影响下，西方马克思主义建立了一个艺术拯救人类的审美乌托邦。在西方马克思主义者看来，文学艺术只有表现了对现存现实的否定和批判，才能显示出其特性，才能在现实中成长。文学虽然不能直接改造现实世界，但它可以间接地帮助人们改造世界，文艺通过发挥其否定功能、颠覆功能完成对社会的批判，成为人们改造世界的一种潜在能量。因此，拯救人类，使人性复归的必然途径就是文学艺术。基于这一认识，从卢卡契开始，西方马克思主义者无一不像安德森所说，都花费较多精力来研究艺术。艺术理论也就成为西方马克思主义的一个至关重要的组成部分。尽管他们对艺术的看法存有这样那样的不足，但他们重视文艺特性的努力应给予充分肯定。研究和总结西方马克思主义的文艺理论对发展马克思主义文艺理论、建构我们的具有当代形态的马克思主义文艺学将有一定借鉴意义，因此，我们选取较有代表性的西方马克思主义文艺理论家加以介绍。

卢卡契（1885—1971）是匈牙利著名美学家和文艺理论家，1908 年起开始研究马克思、黑格尔和德国哲学，第一次世界大战爆发后，在十月革命胜利的影响下，于 1918 年 12 月加入匈牙利共产党，并担任重要职务，后流亡维也纳、柏林、莫斯科，直到 1945 年才返回布达佩斯，当选为匈牙利科学院院士，并担任布达佩斯大学美学、哲学教授，他的主要著作有《历史与阶级意识》《小说理论》《欧洲现实主义研究》《历史小说》《审美特性》《当代现实主义的意义》。

卢卡契一生都在积极自觉走向马克思主义，努力建构他的马克思主义美学和文艺理论体系。从出版《历史与阶级意识》一书开始，卢卡契关注异化问题，

---

① P. 安德森：《西方马克思主义探讨》，转引自陆梅林：《西方马克思主义美学文选》，漓江出版社 1988 年版，第 164-165 页。

在 1967 年为《历史与阶级意识》的西德版所写的序言中仍然没有改变原有观点："人的异化问题是我们生活的这个时代的决定性的问题。"具体考察卢卡契的文艺学美学研究，实际上都贯穿了反对异化，反对人的物化，追求人性的解放和人的全面、自由、和谐发展的人道主义思想原则，因此，人道主义是卢卡契的文艺思想的哲学前提。《审美特性》作为卢卡契美学思想的总结性著作体现了人道主义思想，他的"伟大的现实主义"文艺理论也是依据这一思想而提出的。卢卡契的文艺思想和美学思想除体现在他的专门性理论研究著作中外，还散见于他的文艺批评著作中。

## 第一节　能动的反映论原则

能够坚持能动反映论原则是基于卢卡契对马克思历史唯物主义原则的正确理解。马克思主义经典作家所建立的历史唯物主义原理认为，社会的经济基础对上层建筑有着决定和制约作用，但上层建筑也不是完全被动的，它对经济基础有着能动的反作用。马克思主义同样认为，意识对存在的反映，是在主观能动原则指导下进行的，作为反映者的主体同作为被反映者的客体应是同一的、互为条件的。

但是，马克思主义的历史唯物主义原理却遭到了教条主义者的庸俗化理解。卢卡契认为文学的存在、本质和文学的发生、影响必须放到整个社会的结构中来考察，文学的起源和发展也是社会的总历史进程的一个部分。文学作品的美学本质和美学价值不能离开社会的整个过程来研究。为了正确地理解文学艺术的根本性问题，卢卡契提出，必须竭力反对对马克思主义庸俗化的理解，卢卡契说："我们必须特别清楚地把真正的马克思主义、真正的辩证世界观与对它们浅薄的庸俗化划清界限。"①他批评庸俗唯物主义者认为经济基础和上层建筑之间存在着简单的因果关系，将前者仅仅看作原因，后者仅仅看作结果。卢卡契认为这是不符合辩证法的，因为辩证法否认世界上存在任何纯粹单方面的因果关系。"谁要把各种意识形态看作形成它们的基础的经济过程的机械和消极的产物，那么他就丝毫没有懂得它们的本质和发展，他就不能代表马克思主义，而

① 《卢卡契文学论文集》（一），中国社会科学出版社 1980 年版，第 275 页。

只是在丑化它、歪曲它。”[①]为了强调意识形态的能动性，卢卡契特别引用了恩格斯《致符·博尔吉乌斯》（1849 年 1 月 25 日）中那段著名的话：“政治、法律、哲学、宗教、文学、艺术等的发展是以经济发展为基础的。但是，它们又都互相影响并对经济基础发生影响。并不是只有经济状况才是原因，才是积极的，而其余一切都不过是消极的结果。这是在归根到底不断为自己开辟道路的经济必然性的基础上的互相作用。”[②]从此出发，卢卡契认为马克思主义的历史唯物主义注重主观的创造力，强调主观的活动在历史发展中起着非常大的作用。

马克思主义哲学是重视人的主体性的哲学，马克思主义的反映论并不忽视而且特别强调人的主观能动性。针对马克思主义反映论遭到的曲解，卢卡契给予了严厉的斥责，在《历史与阶级意识》中，他说庸俗化的反映论是一种颠倒了的柏拉图主义，他认为：“只要存在还处于旧的、僵硬的对立之中，只要它们自己的结构以及它们自己的相互联结的结构仍未改变，那么关于思维是大脑的产物，从而必须符合经验世界的客体的见解，就正和关于记忆和柏拉图的观念的世界的见解一样，是这样一种神话学。”[③]“真理和实在的综合不是与经验存在同一的，而是与新的实在同一。”这个实在现在还不是，它正在生成着。“而要生成，则需要有思维的参加。”[④]意识正是那生成过程的必要的组成部分，因为真理的标准是与那正在生成的、有意识参与其中的新的实在联结着，那么真理本身作为意识与实在的符合，就蕴含着真理自身包含下一步发展的方向。卢卡契肯定意识所包含的对现存（资本主义）的否定和对新的实在（共产主义）的肯定两方面。因此，卢卡契认为意识与存在的同一，在于他们是同一个现实的历史和辩证过程的两个方面。真理的超前性就在于能动地反映从现存状态中抽象出来的可能性实在，同时又参与这实在的生成过程，这就是能动的反映。在这一基础上卢卡契研究了文艺与现实的关系。

首先，卢卡契同马克思主义经典作家的主张一样，认为文艺是对现实的反映。结合他对文艺史的研究，我们可以清楚地看出这一点。他指出法国大革命时期，由于社会的发展运动，社会大事件的出现，那个时代的文学艺术家体验到封建秩序的无理性及其必然灭亡的命运。因此，那个时代的文艺作品往往表现出对现状或现存社会秩序的冷嘲热讽，期待新的社会秩序的来临。同时，在这一时期，德国与英国在政治与经济上都远远落后于法国，它们的社会条件使

---

① 《卢卡契文学论文集》（一），中国社会科学出版社 1980 年版，第 276 页。

② 《马克思恩格斯选集》（第 4 卷），人民出版社 1972 年版，第 506 页。

③ 卢卡契：《历史与阶级意识》，转引自徐崇温《西方马克思主义》，天津人民出版社 1982 年版，第 106 页。

④ 卢卡契：《历史与阶级意识》，转引自徐崇温《西方马克思主义》，天津人民出版社 1982 年版，第 106–107 页。

人们的眼光看不到未来的社会，只能从过去中寻找出路。于是，文艺作品就倾向于对过去的缅怀与反映。卢卡契认为20世纪现代艺术的出现也是现实生活的反映，这些作品所表现的是社会解体中病态的人的异化现象。总之，卢卡契在研究文艺创作、文艺发展问题时，坚持了马克思主义的文艺是现实生活的反映的观点。

其次，卢卡契基于能动的反映论，又特别强调艺术是对现实生活的能动反映。卢卡契虽然承认文艺能动地反映现实，但他坚决反对把反映理解为自然主义的“复印说”，认为艺术对现实的反映并不是被动的、机械的，生活材料必须经过作家主观的选择才能反映到文艺作品中去。艺术作品可以超越日常生活中人们所见的现实，为人们提供比现实更加丰富、生动的动态的观照。艺术可以使人们超越自己的经验限制，从而得到对这个世界更加深邃的注视。

卢卡契要求现实主义作家在创作中充分发挥自我的创造性。他认为现实主义不是一种文学风格，而是一切伟大文学的共同基础。它的特质是要透过现象抓住事物的本质，进而在作品中对之进行表现。因此，他特别推崇巴尔扎克、托尔斯泰等伟大的现实主义作家，认为他们不为阶级偏见所局限，表现了没落阶级必然为新兴者所取代的必然趋势。巴尔扎克之所以取得了恩格斯所说的“现实主义的伟大胜利”，也正在于他在创作中敢于超越政治偏见，忠于生活的发展规律和趋势，以一个作家的特有敏感对现实做出了自己的正确判断，反映了社会生活的本质规律。

卢卡契认为，作家的意识的能动性决定作家把握本质的深度。作家只有在意识的主观性引导下，才能揭示出现象的本质。在卢卡契看来，这种主观性一方面指作家把握现实的内在尺度，即由现实、历史文化积淀而成的世界观。它的真实程度，决定了作家对本质真实的把握程度。另一方面，主观性指作家的热诚，即对人类的爱、人的完整性的渴求。只有它才能使作家深入现实和人类心灵的深处，深刻地理解现实。这就是现实主义作家应该具备的艺术激情。也只有这种出自人道主义的伟大激情，才能使艺术家真正成为艺术家。激情来自作家对生活和人类的爱，“没有这种对人类和生活的热爱——这种热爱必然淹没了他对贬抑和曲解他的那种社会、那些阶级、那些人的最深的仇恨——那么在今天的资本主义社会中便不可能产生任何真正伟大的现实主义”[①]。因此，卢卡契强调作家对生活过程的体验，只有体验到现存社会的真实状态，什么是人类生存的可能性，才能对它们做出反映。

福尔加齐把卢卡契的马克思主义文艺理论称为“反映论型”的马克思主义。

---

①《卢卡契文学论文集》（一），中国社会科学出版社1980年版，第234页。

他指出，卢卡契并没有认为文学反映现实就如同镜子反射它前面的物体一样；文学是对现实的认识，而认识不是外在事物与头脑中的观念一一相互对应的问题。在我们的头脑认识现实之前，现实已确定存在，现实反映到文学中要经过作家的创造性的、成型的劳动。福尔加齐十分准确地对卢卡契的反映论做出了评价："卢卡契的反映理论绝不是简单的或相疏的，他从来不认为，文学作品只是反照自然的一面镜子，他的理论是要精确区分'准确的'和'错误的'反映，区分开像巴尔扎克和司格特等'批判的'现实主义者和左拉及乔伊斯等自然主义者和现代主义作家。"①福尔加齐的看法有助于我们理解卢卡契的文艺反映论观点。

另外，值得一提的是，在反映论问题上，卢卡契还反对文艺反映现实的教条主义。他认为文艺尽管有诸多功能，它甚至可以通过对现存资本主义制度的批判达到反对"异化"、人的"物化"的目的。但是，卢卡契又十分明确地指出，艺术并不直接改造社会，或直接改变人生。艺术并不能对特定社会现实问题提出解决方案，而只能是间接地、经由人们心灵情感的净化，使人们更加了解人生的真正价值和意义，使人性得到升华。因此，他反对斯大林提出的"诗人是人类灵魂的工程师"的观点。他认为斯大林这一具有严重理论教条的观点将艺术家及其作品看作改造社会的工具，这样的文艺作品不是以血肉丰满的、性格丰富的具体的人为起点，其创作目的只是为了呈现某种教条，作品中的人物没有血肉，没有个性，更不能真正表现人的心灵。卢卡契指出，将这些具有正面及负面的人，牵强地局限在一个框框里，把人物牵强地放在既定的实际任务内，这种黑白分明的人物不可能使人感动。

## 第二节　文艺反映现实的整体性原则

卢卡契认为，马克思主义哲学的辩证法观点实际上是要求观察和分析时要遵循整体性原则。在《存在主义还是马克思主义》中，他以马克思主义关于"每一个社会中的生产关系都形成一个统一的整体"的论断为依据，认为对客观对象必须从一切方面及表现形态来分析研究，这种全面性拒斥着静止、孤立、单线型的因果分析，是辩证逻辑的基础，它揭示出事物是一个运动的现实过程，

① A. 杰弗逊、D. 罗比等：《现代西方文学理论流派》，李广成译，北京大学出版社1992年版，第178页。

现在的事实只能从它与未来的关系中才能理解。“总体性的概念，使每一个局限服从于历史和思维的整个统一。”[①]正是从这一整体性原则出发，卢卡契提出了文艺反映现实的整体性原则。整体性原则可以说是卢卡契对马克思主义文艺理论的创造性发展。其内容极为丰富，我们从几个层次对之做出总结。

首先，卢卡契注重文学艺术与意识形态的关系，认为文学艺术不是与意识形态的某个或某些部门发生关系，而是与作为整体的意识形态发生联系。在这方面，卢卡契反对普列汉诺夫的观点，认为普列汉诺夫把文艺同哲学、政治联系在一起或把它同社会、心理结合起来，这种做法实际上是用局部的意识形态代替整体的意识形态，最后把文艺看成某个部门的附庸，文艺不可能真正独立。因此，应把文艺放到社会的整个意识形态中进行研究，保证文艺同社会意识形态的正常关系。

其次，卢卡契强调文艺应表现完整的人和完整的社会结构。在《〈马克思、恩格斯美学论文集〉引言》中，卢卡契明确写道：“马克思和恩格斯要求他们的同时代作家用使人物性格化的办法对资本主义分工所引起的破坏作用和对人受到的屈辱所采取激烈的反对态度，他们要求作家们能从本质上、从整体上理解人。而正因为他们同时代的作家大多数没有能做到从整体上和本质上去进行探索，没有作出掌握整体的努力，所以他们把这种作家看成一些没有出息的仿古派文人。”[②]卢卡契自觉地将这一整体观具体应用到对作家作品的评论中。在研究歌德的《浮士德》时，卢卡契提出要从它反映整个社会意识的整体角度进行考察，他说：“我们必须探讨靡菲斯特关于资本主义社会中的自由的概念。外在的表现形式虽说是原始积累，其实质却适用整个时代。”对浮士德来讲，他虽然需要靡菲斯特的帮助，以解散封建社会的意识形态体系，看到资本主义胜利所带来的原始生活方式的毁灭。但他也明白，他无形地“陷入了魔鬼的资本主义魔法的罗网”[③]。浮士德的矛盾是当时社会现实及其意识形态真实而又集中的表现，作品通过人物的命运对社会整体进行了表现。

对于卢卡契从整体观出发，主张表现完整的人和完整的社会结构的观点，西方马克思主义批评家特雷·伊格尔顿也指出：“卢卡契看来，最伟大的艺术家是那些能恢复和再创造和谐的人类生活整体的艺术家。资本主义的‘异化’日益加剧一般和特殊、概念和感觉、社会和个人之间的分裂，而在这样一个社会中，伟大的作家则把这些东西辩证地结合成一个复杂的整体。……在这样做的

① 卢卡契：《历史与阶级意识》，转引自徐崇温《西方马克思主义》，天津人民出版社 1982 年版，第 83 页。

②《卢卡契文学论文集》（一），中国社会科学出版社 1980 年版，第 284 页。

③《卢卡契文学论文集》（二），中国社会科学出版社 1980 年版，第 536 页。

时候，伟大的艺术与资本主义社会的异化和分裂做斗争，展示丰富多样的人类整体形象。”[①]卢卡契的文艺反映社会、表现人生的整体观显然与他对资本主义异化现象的批判是分不开的。资本主义使人性分裂，把本来应全面发展的人变成了马尔库塞所说的“单面人”。卢卡契提出文艺表现整体的人和整体的社会，试图在更深的哲学层次上做些努力。他认识到，在现代条件下，艺术家应对现实做出深刻、全面的反映，即整体的反映。这是因为，现代资本主义生产方式使资本主义社会的客观现实作为一种整体存在，已经不像从前那样可以被人们轻易地凭直觉能把握得了。资本主义社会的人与人之间的关系已被一种物化形式——拜物化形式掩盖起来了。作家如果只停留于对日常生活和日常思维做直观反映，便是对资本主义物化现象的认可，便会模糊对资本主义社会真相的认识。因此，“伟大现实主义艺术家的主要性质就是他们千方百计、废寝忘食地按照其客观本质去掌握并再现现实”[②]。他还指出：“文学——真正深刻的和现实主义的文学，还能够给社会关系最深刻的认识者，提出全新的、意料不到的、十分本质的体验和认识。”[③]

最后，与前两个方面相联系，卢卡契又从整体观出发，提出了典型理论。他认为，文艺作品对社会或人生的整体反映必须通过塑造典型形象才能完成，因为典型作为一种“感性形式”，是资本主义异化造成的本质与现象、个性与共性、客体与主体等方面的对立冲突在艺术作品中的辩证解决。卢卡契认为，因为典型经过作家艺术家的创造性劳动，表现了人们在日常生活中难以看得到的事物的本质特征，所以，典型的存在是对拜物化的一种克服。

卢卡契指出，真正的艺术总是向深度和广度追求，总是竭力从各个方面去掌握生活，去探索现象背后的那些本质因素。而艺术反映现实同科学又有不同，它不把所表现的东西从现象中抽象出来，也不把它与现象对立起来描写。“相反它恰恰要去塑造那生动的辩证过程，在这个过程中本质转化为现象并在现象中显示着自己的本质。”艺术家的主要任务就是坚持辩证法的观点，将一般、特殊和个别结合起来形成一个统一的整体，而要做到这一综合，对艺术来讲必然需要“感性观照”，艺术综合的最重要范畴之一就是典型。

卢卡契特别强调：“典型不是古典悲剧中的抽象化的类型，也不是席勒式的理想化概念化的人物，更不是左拉式和仿左拉式的文学和文艺理论炮制出来的‘平均派’。可以这样来说明典型的性质：一切真正的文学用来反映生活的那运

---

① 特雷·伊格尔顿：《马克思主义与文学批评》，人民文学出版社 1980 年版，第 32 页。

②《卢卡契文学论文集》（一），中国社会科学出版社 1980 年版，第 292 页，第 290 页。

③《卢卡契文学论文选》（第 1 卷），人民文学出版社 1986 年版，第 87 页。

动着的统一体，它的一切突出的特征都在典型中凝聚成一个矛盾的统一体，这些矛盾——一个时代最重要的社会的、道德的和灵魂的矛盾——在典型里交织成一个活生生的统一体。表述平均数必然会导致这些总是反映着某一时代的矛盾在一个折中的人的灵魂和命运中失去锋芒、显得软弱无力，这样就失掉了它们的本质特征。典型的描写和富有典型的艺术把具体性和规律性、持久性的人性和特定的历史条件、个性和社会的普遍性都结合了起来。因而在典型塑造中，在对典型性格和典型环境的揭示中，社会发展最重要的动向就得到了充分的艺术表述。”①卢卡契的典型观的特点在于强调典型的整体性、发展性、矛盾性与统一性，其核心是客观性。他以巴尔扎克为例，说明典型并不仅仅是某个阶级、某个政治集团的意识的寓言式的表现，而是从作家所选取的历史事件中展示出这种运动发展着的社会的矛盾性，竭力表现整个社会的各种结构的统一性。为了达到典型的要求，作家可以违背自己的信仰、政治主张。例如，巴尔扎克写《农民》，“尽管巴尔扎克不辞劳累地做了准备，而且殚精竭虑地进行布局，他在这部小说里实际做到的，恰恰和他准备要做的相反：他所描绘的并不是贵族庄园，而是农民小块土地的悲剧。正是这种主观意图和客观实践之间的矛盾，构成了巴尔扎克的历史伟大性。”这也正是恩格斯所说的现实主义的伟大胜利。巴尔扎克之所以取得了胜利，最终在作品中抛弃了阶级偏见，正说明作家对典型的塑造只要尊重生活的发展规律，就可以突破作家意识形态的某种狭隘性，因此，典型是要建立在人类发展的整体意识形态之上，而不是局部的、狭隘的、集团的利益之上。

## 第三节　文艺的审美特质

《审美特性》一书是卢卡契晚年对他五十年美学与艺术研究的总结，反映了他对审美和艺术的最基本看法。

卢卡契认为要揭示美的本质问题，必须研究审美活动，而审美活动和艺术的发生都是以巫术活动为中介而产生于劳动之中的，卢卡契指出：“产生模仿艺术形象的最初冲动只是由巫术操演活动中产生的。”②“与哲学的审美发生学有

①《卢卡契文学论文集》（一），中国社会科学出版社 1980 年版，第 290-291 页。

② 卢卡契：《审美特性》（第 1 卷），中国社会科学出版社 1986 年版，第 11 页。

关的问题是，一方面要指出这种模仿的巫术与对现实专门的艺术反映之间的共同原理，从而使人了解，为什么审美的产生、形成和发展这样长期都不可分割地隐藏在巫术之中。另一方面还要指出，艺术与巫术的分化是客观的，不是在人的意识中产生，它是怎样由看来是一个整体的现象中经过缓慢的充满矛盾的过程而终于分化开来的。”①

巫术活动对现实的模仿本身就具有情感激发性质。模仿通过其自身的形式定律使直观的感性形象与实际生活脱离，使之成为一种新的映象而非实际生活。这种同生活联系的中断，使人在心理上放松了与周围世界的联系。但是，巫术从人的感受性和对人的激发作用出发，总是力图反映人的现实生活形象。这样，巫术与艺术模仿便形成了矛盾。这种矛盾推动了反映现实的模仿形象逐渐与巫术仪式分离开来，从而形成了原始艺术的重要形式之一的舞蹈。艺术活动从日常自发的情感生活中分化出来，起初并不是由艺术或审美引发的，而是由巫术的需要引起的，是由外部社会生活所确定的。

人类精神生活独立以后，艺术便摆脱了直接功利的需要，而成为审美的需要和产物。审美作为人类精神活动之所以不具有直接的功利意义，正是基于人类对自己行为的情感。这种情感本质上就是人类的自我确认和肯定。艺术作为人的一种情感需要，在本质上就是体现人的本质、人的精神及其外化，是人类自我意识最适当和最高的表现方式。因而，在任何艺术活动背后都潜藏着这样的问题：这世界多大程度上是属人的，多大程度上适合于自己，它的人性化到了什么程度。艺术通过自身拟人化的独特形式消除了人与人、人与物的距离，走出了日常生活的“异化”状态。艺术作品的外在性和内在性的同一是艺术形式的决定性因素，并由此产生情感的激发作用。卢卡契指出，艺术不仅要揭示客观社会历史的必然性，而且要揭示这种必然性与人的本身、人的自身发展与内在丰富性的关系。这样，艺术摹写的即使是客体世界，最终也还是会走向人自身，建构人的真实世界。艺术成为人类的自我意识，也成为人类历史的记忆，它把历史连续性中与个体相关联的环节通过个人的体验记录下来了。

卢卡契认为艺术自在特性就是审美的独特性，这种独特性表现为艺术典型的创造上。艺术典型是为完成艺术的特殊使命而存在的，艺术典型的创造性使艺术成其为艺术，并与其他社会意识形态形式区别开来。

---

① 卢卡契：《审美特性》（第1卷），中国社会科学出版社1986年版，第381页。

# 第四节　现实主义文艺论争

1934年至1938年，卢卡契发表了两篇重要论文《表现主义的伟大和衰亡》及《现实主义辩》。两文的发表引起了一场国际性的关于现实主义问题的论战。这一场论战被称为马克思主义文艺理论史上第二次大论战。参与论战的除卢卡契外，还有本雅明、布洛赫、布莱希特等文艺理论家。

卢卡契认为，现实主义文学的性质是人民性和反映现实的客观性，而先锋派艺术却用抽象化了的非理性形式，发泄主观感情，背弃了真理，远离了人民。卢卡契在论文中明显地表现出对现代艺术的不满，对现代艺术给予了过多的贬斥。卢卡契认为帝国主义时代从自然主义到超现实主义的走马灯式的现代主义流派，有一个共同特点，即全都按照现实向作家及其作品中的人物直接展示的那样去把握。无论在思想上还是艺术上，它们都从来没有超越过直觉的水平。这种直觉的思维只能导致抽象的结论，而这种脱离现实的抽象只能意味着对现实生活的理解是支离破碎的、混乱的。现代艺术背离和敌视现实的态度必然造成这样一个后果：内容越来越贫乏，甚至发展到原则上主张完全没有内容或敌视内容的地步。

卢卡契的观点一出，就引来了布洛赫、本雅明、布莱希特、阿多尔诺的批评。他们不同意卢卡契对现代艺术的看法，由此展开争论。布洛赫曾专门发表《表现主义探讨》《当代的遗产》等文章为表现主义艺术争辩。他认为表现主义打破了艺术的程式化，注重人的本质开掘，是符合现实主义原则的。本雅明从艺术生产的角度为现代主义艺术辩护。本雅明认为，艺术的产生与发展同时代的生活有密切关系。与手工业社会相随的是古典艺术，而随着现代科技的发展，在工业社会和后工业社会，新的艺术形式出现，本雅明称之为“机械复制时代的艺术”。从时代发展的角度，本雅明对现代艺术的合理性给予了充分肯定。同时，他还指出，艺术生产有其独特性。文学艺术活动作为一种商品生产，要求不同时代的作者既要改变政治主张，又要改变艺术生产的工具技术，以满足不同时代的具体消费者的需求，表现主义的先锋派艺术做到了这一点。阿多尔诺也参与了论战，他一方面指责本雅明的艺术生产论过分机械，忽略了艺术的技术性，过分抬高了流行艺术而轻视严肃艺术。另一方面，他又认为卢卡契观念是保守的“前美学”理论。

布莱希特虽没有直接参与论战，但写了一系列文章对卢卡契的观点提出批评，他的理论观点成为现实主义争论的重要内容。布莱希特的有关文章有《论现实主义理论的形式主义性质》《评一篇文章》和《大众化与现实主义》等。在此，我们将对布莱希特的主要观点加以介绍。

首先，与卢卡契不同，布莱希特在对现实主义进行概念界定时，显示出更开放的视野。布莱希特主张现实主义的概念必须宽泛、有政治性、凌驾于一切成规习惯之上。布莱希特认为时间在流动，社会处于永不停息的运动过程中，新问题会不断出现，要求新的解决方法；现实不断变化，而表现现实的方式也会不断变化，因此，现实主义创作方法也要不断发展，呈现出开放的状态。现实主义意味着“发现社会复杂的因果现象，揭示流行的对事物的看法是当权者的看法；从无产阶级的立场出发写作，它为人类社会卷入其中的紧迫困难提供范围最广泛的解决办法；强调发展因素；使具体的东西成为可能，并从中做出可能的抽象。它不是走回头路，不是同过去的好时光相联系，而是同现在的坏时光相联系。它所涉及的不是废弃技巧，而是发展技巧”①。布莱希特明确主张作家创作决不能抱着“经过考验的”叙事规则、已成的所谓永恒不变的美学规则不放，而要不断探索新的叙述模式、艺术技巧。布氏对表现主义的艺术形式创新给予了肯定，他还结合自己的创作实际，认为“形式方面的困难极大”。不能把艺术家束缚在界定过分刻板的叙事方式之中。因此，现实主义不能仅仅从托尔斯泰、巴尔扎克等作家的小说中引申出来，“确定一部作品是不是现实主义的，不能只靠查验它是否像现有的被说成是现实主义的。在任何情况下都必须将艺术作品里对生活的描述同被描述的生活本身相比较，而不是将其同另一种描述相比较”②。布莱希特是以创新、开放的眼光来看待现实主义的，并以更加开放的眼光对待现代主义，他还明确指出，凡是“愿意学习和探索事物实际方面的现实主义者可以从表现主义那里学到大量的东西”③。

其次，布莱希特在强调艺术反映现实的同时，注重作家的阶级立场，要求作品必须把具体和抽象结合起来，把现实同未来、客观描写和主观思考融合起来。因此，他提出了“间离效果”理论。“间离效果”又叫“陌生化效果”，它有两方面的含义：一方面，要求剧作家将事物、人物陌生化，剥去显而易见的东西，制造出惊奇效果，其目的是让观众从剧情中“退出来”做短暂思考。在

① 董学文：《现代美学新维度——西方马克思主义美学论文精选》，北京大学出版社 1990 年版，第 45 页。
② 董学文：《现代美学新维度——西方马克思主义美学论文精选》，北京大学出版社 1990 年版，第 61 页。
③ 董学文：《现代美学新维度——西方马克思主义美学论文精选》，北京大学出版社 1990 年版，第 52 页。

《论实验戏剧》中，他指出，陌生化是“把一个事件或者一个人物性格陌生化，首先意味着简单地剥去这一事件或性格中的理所当然的、众所周知的和显而易见的东西，从而制造出对它的惊愕和新奇感”。根据这一理论，他认为西方现代派戏剧《秃头歌女》《椅子》就是通过对新奇感的追求，使观众思考、理解作品所表现的深刻的理性。另一方面，重视观众的“旁观”态度，力反观众进入剧情，让观众有更多的思考空间。布莱希特在《戏剧小工具篇》中指出：“因为观众不是被邀请来像投河那样一头扎进剧情而难以自拔，所以事件之间的联结一定要十分明显。这个事件与下一个事件的过渡应该引人注目。观众应该在一个事件结束之后和下一个事件开始之前能做出自己的判断。”“戏剧必须使观众吃惊。要做到这一点就必须运用对熟悉的事物进行间离的技巧。”布莱希特举例来说明陌生化效果，他说，如果想使一个人把他的母亲视为一个男人的妻子，这就需要一种陌生化效果。比方说，如果他有一个继父，就会产生这种效果。再如，如果一个人看到自己的教师被法警追逐，陌生化效果就会产生，他会因这个形象高大的教师变得渺小而感到震惊。任何比喻都是有缺陷的，但布莱希特所举例子比较形象地说明了陌生化效果的基本内涵。

卢卡契和布莱希特等有关现实主义的争论基本上都是在各自认为的马克思主义哲学观的基础上展开的。他们的争论有一个共同的前提，即承认现实主义的人民性和文艺反映现实的功能。卢卡契注重批判现实主义的文学传统模式，强调文艺作品的形式与客观现实本质的直接联系性。因此，卢卡契特别推崇现实主义作家巴尔扎克和托马斯·曼等，而布莱希特则力图扩大现实主义概念的范围，认为有利于表现现实的一切形式都可作为现实主义的艺术形式，他甚至将某些现代派作品也看作现实主义的作品。

另外，人民性与通俗化之间的关系也是双方争论的一个焦点问题。卢卡契现实主义的人民性要求一方面为人民利益而呐喊；另一方面，艺术形式为人民群众喜闻乐见。布洛赫认为表现主义的形式改革，更近于民间文艺传统，即使暂时一部分人不易接受，但人民最终是会明白的。布莱希特认为文艺的人民性是代表人民说话，揭露统治阶级罪恶，站在群众立场，使他们易懂，或使人民中的最进步部分引导别的人看懂。但随着时代的发展、文化的进步，艺术的人民性并不以看懂的人的多寡为尺度，而在它代表了那个阶级的利益。

总之，争论双方没有质的分野，只是他们的美学观有所不同。他们的理论观点尽管不无缺点，但基本上都坚持了马克思主义的历史唯物主义观点，并在某些方面对马克思主义的艺术理论有一定程度的发展。

# 第五节　关于卢卡契文艺思想的评价

卢卡契一生努力追求马克思主义，并不断修正自己的错误，积极而自觉地走向马克思主义。实事求是地讲，卢卡契的思想（包括文艺思想）比其他“西方马克思主义”者的理论更符合马克思主义的原义。他的现实主义文艺强调人道主义，反对异化，但并不像马尔库塞等人那样带有过多的人本主义思想。卢卡契对现实主义文艺思想的研究，对典型的理解以及对某些具体艺术技巧（如关于小说的叙述方式的研究）的探讨都是对马克思主义文艺理论的合理吸收与发展。

卢卡契的文艺思想也有其不足。如关于文艺与意识形态关系的探讨，卢卡契为了强调文艺同整个意识形态的关系，便使得文艺同现实及其意识形态的关系有抽象化之嫌。此外，卢卡契讨论现实主义主要以19世纪批判现实主义创作为参照，没有更多地以发展的眼光来看待现实主义。卢卡契之所以对现实主义如此重视，是与现实主义自身的创作特点有直接关系的。正如D. 波塞尔所指出的：“现实主义正式承认了人们及其社会之间存在着紧张的斗争，这种斗争，他是感到有意义的，也是能掌握的。这种现实主义形式的处理，最适合于十九世纪的长篇小说，难怪它占有了卢卡契的大部分注意力。因为十九世纪的长篇小说的特点在于，它们具有精心构思的情节和前后连贯的叙述手法，其目的在于描写一个同样稳定而有秩序的世界。人物性格圆整而连贯，在同社会及其成员的具有教育意义的冲突中成熟起来。这种对发展和变化不言而喻的认识正好与现代主义静止不变的观点相反，因此，它们理当得到这个称号：‘现实主义’。”①卢卡契对现实主义的重视是与他重视文艺反映现实、传达社会真理的文艺观直接联系在一起的。

随着理论研究的深入，再加上关于现实主义的大讨论，卢卡契对现实主义的概念、范围等认识也发生了改变。在早期，卢卡契曾认为先锋艺术是一种“思想的病态”，而后来他承认了现代主义对现实主义本身的贡献：“实际上，许多这种（现代主义的）经验是当代现实的反映。如果现实主义的作家与这些经验发生了共鸣，并受其促进因而拓宽了现实主义的视野，这是因为他们都希望发

① 罗里·赖安等：《当代西方文学理论导引》，四川文艺出版社1986年版，第176页。

现新的手段去处理当代的题材。”[①]卢卡契认为卡夫卡就是如此，他将卡夫卡视为“一个伟大的现实主义作家，确实是所有最伟大的作家之一，如果我们考虑到在想象中唤起有关这个世界的具体的新颖感上，只有为数甚少的作家有着堪与其媲美的技巧的话”[②]。

卢卡契对人道主义的呐喊，对资本主义异化、物化的批判以及对文艺独特性的重视都对后来的西方马克思主义理论家产生了重要影响。

① 罗里·赖安等:《当代西方文学理论导引》，四川文艺出版社 1986 年版，第 178 页。

② 罗里·赖安等:《当代西方文学理论导引》，四川文艺出版社 1986 年版，第 179 页。

# 第八章 法兰克福学派的文艺理论

## 第一节 法兰克福学派的产生及发展

法兰克福学派是西方马克思主义各种思潮中影响最大的一个流派。它的研究面极广，包括社会、文化、哲学、艺术等多个领域。

法兰克福学派这一名称源于 1923 年在德国法兰克福成立的“社会研究所”，该所第一任所长为卡尔·格林贝格。这一时期，研究所主要研究西欧工人运动史和马克思主义学说史。1930 年，霍克海默接任所长，提出整体社会哲学研究，以与资产阶级社会学的片面专业化研究相对抗，进而使资本主义生产条件下的人们摆脱纯粹经济基础的支配，获得人性的解放。它要求把历史与现状、哲学理论和经济理论、社会和个人、经济研究和社会哲学交融起来。这就是霍克海默在该所的刊物《社会研究杂志》上发表的《传统理论与批判理论》一文的中心论题。霍克海默将他的理论称为“批判理论”，以示与正统马克思主义的不同。

为研究社会批判理论，霍克海默广罗人才，其中包括文学社会学家洛文塔尔、文学评论家本雅明、心理学家弗洛姆、哲学家阿多尔诺和马尔库塞等人。这一代研究者初期所从事的主要工作是对社会现象和其他哲学学派进行批评，继续发展卢卡契、柯尔施所开创的把马克思主义黑格尔化的工作。希特勒上台后研究所被迫迁往法兰克福，马尔库塞、弗洛姆等人则留在美国。流转期的批判理论逐渐染上了悲观色彩而带有弗洛伊德痕迹。研究者力图将马克思主义弗洛伊德化。到了第二代研究者，哈贝马斯是其中的右翼中坚，他坚持批判理论的历史连续性，把它当作西方马克思主义的理论基础。左派代表是涅格特，他鼓吹工人运动的自发性、分散性，否认组织的作用。第三代的代表人物是哈贝马斯的两个学生——韦尔梅尔和奥菲，后因为左右两派的争议，二人同他们的老师一起离开研究所。至此，法兰克福学派从组织形式上看已分崩离析，但其成员的学术研究在世界各地仍具有较大影响。

法兰克福学派将西方马克思主义研究推向了高峰，继承了卢卡契的物化理论、马克思的“异化”理论以及黑格尔的自由理性观及辩证哲学观。他们极力反对第二国际以来将马克思主义庸俗化的倾向。此外，法兰克福学派由于受到欧洲浪漫主义传统、生命哲学及精神分析理论的影响，故这一学派的学术研究带有强烈的人本主义色彩，最具代表性的就是马尔库塞所着力建构的“审美乌托邦”。

法兰克福学派的最基础的理论是它的社会批判理论。社会批判理论具有人道主义特征，它与社会的专门知识论相对抗，通过对非人性的现存社会进行否定，力图实现社会的公正。霍克海默曾指出：“批判理论除生来对废弃社会不公正感兴趣之外，没有什么特别的要求，批判理论家唯一关心的事情是加速那种应当导致一个没有不公正的社会的发展。”①社会的不公正导致人的异化，实现一个没有不公正的社会需要消除异化，而异化在法兰克福学派看来，不是指阶级的对立，而是超越于社会的经济、政治、阶级的。异化就是人性的压抑，是人的性本能的压抑。马尔库塞在《爱欲与文明》中认为人生活于较自由的境域之中，能够建立一个非压抑性升华的社会，而“非压抑性升华”是指“性冲动，在不失其爱欲能量时，将超越其直接的目标，而且通常还使个体与个体之间，个体与其环境之间的非爱欲甚至反爱欲关系爱欲化”②。因而，人性的压抑就是性的压抑，克服异化，就是使人的基本需要获得回归。

在法兰克福学派看来，人性的“异化”来自工具理性，是人的本性所具有的全部丰富性为工具理性所扼杀的结果。霍克海默、阿多尔诺在《启蒙的辩证法》中声称“恐怖是和文明分不开的”，“文化的发展是在绞刑吏的记号下发生的”，“我们不能抛弃恐怖而保存文明”，人的目标是与自然的和解，而不是统治、支配它。马尔库塞在《单向度的人》中进一步发挥了这一思想，认为人在单向度的社会里，成为工具理性的被动零件，丧失了人的一切属性，马尔库塞的理论后面将专门讨论，此不赘述。

总之，基于社会批判理论，法兰克福学派对诸多学术领域都做了深入探讨，形成了具有强烈时代色彩和战斗色彩、内容极其丰富的一个学术派别。综观法兰克福学派的学术研究，可以概括为以下几个方面：第一，后自由竞争时代资本主义社会的一体化形式；第二，家庭社会化和自我发展；第三，大众媒介和

---

① 霍克海默：《批判理论》，转引自刘放桐《现代西方哲学》，人民出版社 1981 年版，第 631 页。

② 马尔库塞：《爱欲与文明》序言，上海译文出版社 1987 年版，第 15 页。

大众文化；第四，社会心理学；第五，美学和艺术理论；第六，对实证主义和科学技术的批判；第七，致力于创建发达工业社会理论；第八，建构弗洛伊德的马克思主义；第九，否定的辩证法的研究。

如上所述，法兰克福学派历经多年，研究人员较多，在较有代表性的理论家中我们选取在艺术理论方面贡献卓著的三位理论家的文艺思想分别加以介绍，他们是本雅明、阿多尔诺和马尔库塞。

## 第二节　本雅明的艺术理论

瓦尔特·本雅明（1892—1940），德国著名文艺理论家，他出生于德国一个富有的犹太家庭，青年时代就学于弗莱堡、慕尼黑、波恩等城市学习哲学，并积极参加激进的文学活动。在波恩，以《德国浪漫主义的艺术批评观》获博士学位。1928 年，发表《德国古典悲剧起源》的教授资格论文。本雅明与戏剧家布莱希特和思想家布洛赫交往甚密，友谊深厚。由于受到布洛赫和卢卡契的影响，本雅明开始接触马克思主义。1924 年，在苏联导演拉西斯影响下，他进一步钻研马克思主义原著，成为一个自觉的马克思主义者。1927 年，本雅明访问苏联，回国后加入法兰克福研究所。1933 年，希特勒执政，本雅明逃亡巴黎，纳粹攻占法国后，其在逃亡西班牙途中自杀身亡。

本雅明一生短暂，但研究文章甚丰，他以敏锐的目光对现代艺术倍加关注，评论了从象征主义到超现实主义之间的所有现代文艺思潮，并对多位当时著名的文学家、艺术家和诗人进行了研究。他的主要文艺理论著作除上面提到的博士论文和教授资格论文外，还有《普鲁斯特的意象》（1929）、《作为生产者的作家》（1929）、《讲故事的人》（1936）、《论波德莱尔的几个主题》（1939），以及后来由阿多尔诺等人整理出版的《理解布莱希特》（1973）、《波德莱尔——发达资本主义时代的抒情诗人》（1973）等。

在法兰克福学派中，本雅明可以被认为是第一个关注艺术和美学的人，对当时的新的艺术实践进行了认真总结，形成了自己独特的现代艺术理论。

### 一、艺术生产理论

本雅明依据马克思关于艺术生产的理论，发表《作为生产者的作家》一文，描述了人类艺术活动的矛盾运动，提出了他的具有现代色彩的艺术生产理论。

本雅明认为，艺术创作过程同物质生产过程一样，虽然各有其规律，但二者又表现出较多的共同性。既然艺术也是一种生产，那么艺术家就是生产者，艺术品就是为了消费而生产的商品，而艺术创作技巧则构成了艺术生产力。艺术生产者与艺术品消费者之间的关系则组成了艺术生产关系，人类艺术活动的特点和性质是由艺术生产力与艺术生产关系的矛盾运动所构成的。在人类的艺术活动中，当艺术生产力与艺术生产关系发生矛盾时，就会产生艺术上的革命。因此，本雅明极为推崇艺术生产技术，即艺术技巧在艺术活动中的重要作用，认为艺术技巧的更新不仅可以克服艺术形式和艺术内容之间的对立，更为重要的是技术和技巧与艺术的政治倾向有着密切的关系。"技巧概念也包含对正确界定倾向与质量关系的说明。"而且，"只要一部作品正确的政治倾向一同包括了其文学质量……那么，这种文学倾向就能存在于文学技巧的某种进步或倒退之中"①。他要求艺术家应像布莱希特那样，不断革新艺术创作技巧，推动艺术生产力的发展。本雅明明确指出：革命的艺术家不应当毫无批判地接受艺术生产的现成力量，而应该加以发展，使其革命化。革命的艺术家应当充分利用报纸、电影、无线电、照相、音乐唱片等新的艺术生产技术，改造旧的艺术生产方式，改变传统的艺术感知方式。真正的革命艺术家不能只关心艺术目的，还要关心艺术生产工具，关心怎样得心应手地重建艺术形式，使作家、读者和观众成为艺术活动的合作者。②例如，本雅明认为报纸可以逐渐融合各种文学体裁以及作家与诗人、学者与通俗读物作者甚至作家与读者的传统划分。

正是基于这一发展艺术生产力的认识，本雅明在《机械复制时代的艺术作品》中更进一步论述了这一问题。本雅明认为随着信息时代的到来，一种新的艺术形式——机械复制艺术应运而生。较之于传统的古典艺术，这种艺术是全新的艺术，是新的艺术生产力发展的结果。因此，根据这种艺术样式的革命，本雅明称现时代为"艺术的裂变时代"。

本雅明认为传统的古典艺术可称为有韵味的艺术，即能够展现出某种或某些韵味的艺术。它具有一种稀罕、特权、距离与永恒的韵味。因此，有韵味的艺术具有若即若离和独一无二性。但是，机械复制丧失了这种脱离群众的"韵味"，它使"真品"和"摹本"的区分不再有效，本真性的评判标准也不再适用。在机械复制的艺术中，原作不具有不可取代的独一无二性。本雅明对艺术发展的这一新动向给予了充分肯定。他指出："复制技术把所复制的东西从传统领域

① 本杰明：《理解布莱希特》，转引自王才勇《现代审美哲学新探索》，中国人民大学出版社 1990 年版，第 14 页。本雅明也曾译作本杰明。——编者注

②《马克思主义文艺理论研究》（第 10 卷），文化艺术出版社 1989 年版，第 301–318 页。

中解脱了出来，由于它制作了许许多多的复制品，因而，它就用众多的复制物取代了独一无二的存在。由于它使复制品能为接受者在其自身的环境中去加以观赏，因而它就赋予了所复制对象以现实的活力，这两方面的进程导致了传统的大崩溃——作为与现代危机对应的人类继往开来的传统大崩溃，它们都与现代社会的群众运动密切相连，其最有力的工具就是电影。”①

于是，本雅明在《机械复制时代的艺术作品》一文中用大量的篇幅研究了作为机械复制时代艺术的典型代表的电影。他通过将电影与戏剧及绘画艺术的比较，勾勒出了电影不同于传统艺术的特点，并揭示出电影的独特意义。在本雅明看来，电影的出现具有如下三个方面的意义。

首先，电影艺术通过它所特有的技术手段，丰富了人们的视觉世界，展现了人们在日常视觉中未察觉的东西。本雅明说：“电影借助一些辅助手段，例如通过下降和提升，通过分割和孤立处理，通过对过程的延长和收缩，通过放大和缩小，便能达到那些肉眼察觉不到的运动。我们只有通过摄影机才能了解到视觉无意识，就像通过心理分析了解到了本能无意识一样。”②在本雅明看来，电影通过它固有的技术手段展现的日常未察觉的东西，实际上是异于既存现实的东西，它使现实世界中尚未出现的东西达到了超前显现。

其次，电影还通过特有的技术手段，对现实进行分割并重新组合，展现了现实中非机械的方面，而艺术对现实中非机械方面的展示又是现代所需求的。本雅明指出：“在摄影棚中，摄影机这样深深地闯入了事实中，以致其纯粹地摆脱摄影机那陌生性的方面，成为某个独特程序的产物，即用某个特制摄影机进行拍摄，并用另一种相同的摄影对之进行重新组合的产物。在此，现实的那些非机械的方面就成了现实中最富有艺术意味的方面，而对直接现实的观照就成了技术王国中的一朵蓝色之花。”③本雅明将电影与绘画相比较，指出两者所展示的形象是有很大差异的，画家所提供的形象是一个完整的形象，而电影摄影师提供的形象则是一个分解成许多部分的形象，这些被分解的部分按照一个新的原则重新组合在一起。因此，本雅明说：“电影对现实的表现，在现代人看来就是无与伦比地富有意义的表现，因为这种表现正是通过其最强烈的机械手段，实现了现实中非机械的方面，现代人就要求艺术品展现现实中的这种非机械方面。”④

再次，作为机械复制时代艺术的电影还改变了大众与艺术的关系。本雅明

① 董学文：《现代美学新维度——西方马克思主义美学论文精选》，北京大学出版社 1990 年版，第 174-175 页。
② 董学文：《现代美学新维度——西方马克思主义美学论文精选》，北京大学出版社 1990 年版，第 193-194 页。
③ 董学文：《现代美学新维度——西方马克思主义美学论文精选》，北京大学出版社 1990 年版，第 188-189 页。
④ 董学文：《现代美学新维度——西方马克思主义美学论文精选》，北京大学出版社 1990 年版，第 190 页。

又将电影与绘画艺术做了比较。绘画所提供的是个人观赏的对象，它无法提供一个共时接受群体的对象。而电影则不然，它是被某个群体中的一群人共同观赏的。本雅明说："在电影院中，观众的批判态度和享受态度瓦解了，这就是说，电影院中的主要特点在于，无论在电影中的哪个角落，个人的反应从一开始都是以眼前的直接大众化为条件的。个人反应的总和就组成了观众的整体反应。个人反应由于表现了出来，因而，个人也就控制了自己。"①

最后，本雅明基于电影艺术的如上意义，称电影的出现是人类艺术活动中的一次革命。在电影产生之前，照相术就已存在，但它更多地带有技术性，电影产生之后，照相摄影的技术性与电影的艺术性完美地结合起来。本雅明认为，电影的革命功能之一就是使照相摄影的艺术价值和科学价值合为一体，而在此以前，两者是彼此分离的。

总之，本雅明从艺术生产力的发展角度，对电影这一新的艺术形式给予了探讨，对我们理解当代大众化艺术的出现及其基本特征亦有较大帮助。

从对艺术生产力和艺术生产方式变革的肯定立场出发，本雅明对布莱希特的戏剧创新给予了充分肯定。在20世纪20年代末、30年代初，布莱希特创立了与传统戏剧不同的叙事剧理论，并积极付诸实践。布莱希持的叙事剧理论就是要求戏剧通过对间离技巧的运用，达到一种间离效果。间离就是与现实相异，这种对现实的间离就使观者对戏剧采取一种积极探讨的态度。用布莱希特自己的话说，这种新的叙事剧就是通过抽掉一个过程或者一个人物形象的理所当然的、众所周知并明白无误的因素，使观众对它产生惊异和好奇心，引导观众对所表现过程或人物采取一种探讨的、批判的态度，从而把握剧情所展现的真实。对布莱希特的探索和创新，本雅明大加赞赏，并将它作为现代艺术的典型去描述。本雅明在《理解布莱希特》中认为，今日戏剧的关键不在于剧本而在于舞台，布莱希特的叙事剧打破了传统的舞台结构，它展现的是一种行动中的静态片断——"姿态"。这样传统戏剧的功能就发生了改变，它不再有亚里士多德所要求的"净化"色彩，它所唤起的不再是传统戏剧的"幻觉效果"，而是令观众惊异；它不再给接受者以被动的娱乐性，而给他们以启示。这样，一种新的观众与演员的关系就产生了，舞台成为公众的演讲台，观众冲破了"第四堵墙"的阻隔，参与到演出中来。

本雅明对布莱希特叙事剧理论的推崇是独具慧眼的。今天，仍有人认为布氏的戏剧及戏剧理论是反现实主义的，而在半个多世纪之前，本雅明则以一个现代艺术理论家的眼光对之充分肯定，并为之呐喊助威，这一方面表现了本雅

① 董学文：《现代美学新维度——西方马克思主义美学论文精选》，北京大学出版社1990年版，第190页。

明的理论勇气，另一方面也可看出他对艺术创新的倍加重视。

## 二、现代艺术的功能

本雅明对现代艺术的态度带有明显的矛盾性。一方面，如前所述，他对现代科技发展带来的艺术生产力的解放和进步给予热情的肯定，并希望艺术家都要珍视新艺术生产力的发展。但是，另一方面，本雅明对现代艺术得以产生并成为它发展根源的现代工业社会所带来的人的异化、人性的丧失表现出极大忧虑。本雅明结合对具体作家创作的研究希望通过艺术建立起审美乌托邦与现代工业社会的非人化的一面相抗衡。

在《讲故事的人》中，本雅明区分了"经验"与"经历"两种社会存在样式以及与之相适应的两种文学样式：传统叙事和现代小说。这一思想同在《机械复制时代的艺术作品》中表现的思想基本一致。本雅明认为，经验是前工业社会的特征，在前工业社会里，现在的活动是按照过去传承下来的手工业技艺和传统来理解的。经验意味着对过去和现在采取整合的观点，经历则是后工业社会的时代特征。现代城市生活常常发生片断的、不连贯的知觉之间的冲突，经历意味着经验的丧失，意味着个人与社会的分裂。与上述两种社会形态相对，故事和小说两种艺术形式随之产生。故事由于小范围的交往而产生，是联结生活与意义的纽带，故事所具有的叙述方式如注重完整性、具体性、详尽性等同传统经验相合拍。在现代社会，讲故事的人已走到穷途末路，随之产生的是以个人阅读为基础的小说。根据本雅明的观点，小说与现代都市生活中体验方式的孤独性是一致的，"小说的发源地是孤独的个人，他不再能通过给他最重要的关切以实例来表现自己，他自己不接受劝告并且他也不能劝告他人……小说表现了生存的深刻困窘"①。本雅明的深刻之处就在于他从人类生存的角度，即从人类学本体论的角度考察某种艺术形式出现的原因。同时，也显示出他在对待艺术发展上所持的某种保守态度。但是，无论如何，本雅明对资本主义现代工业社会的特征的剖析是非常有意义的。那就是，现代社会的分散化、原子能状态毁灭了人类经验的完整性。本雅明在《发达资本主义时代的抒情诗人》中曾引用巴尔扎克在《米农老爹》中的话来说明社会的这一发展趋势："可怜的巴黎女人！为了你小小的浪漫，你可能喜欢默默无闻。可是公共场所的马车往来都要注册登记，寄信要查邮戳，信寄到了又要重新清查盖戳，住房相应要有牌号。这样，整个国家的每一小块土地都被注册登记了，在这种文明下，法国女

① 转引自王鲁湘《西方学者眼中的西方现代美学》，北京大学出版社 1987 年版，第 22 页。

人怎么能随心所欲呢！”随着资本主义的发展，到本雅明的时代，这种科学化的趋向显然是越来越明显了。本雅明通过对普鲁斯特、波德莱尔作品的解读，试图找到恢复人类经验完整性的途径，这就是伟大的现代作家的艺术。

在一切都变成了商品的时代，本雅明不得不承认艺术家的命运和处境。他非常关注文人的状况，本雅明通过波德莱尔的诗作来表达自己的思想。波德莱尔曾将包括自己在内的文人比作娼妓，比作“为钱而干的缪斯”。波氏曾有一首诗这样写道：“为一双鞋她卖掉了灵魂 / 但在卑鄙者身旁，我扮出 / 伪善的小丑般的高傲，老天爷耻笑 / 为当作家我贩卖我的思想。”本雅明也乐于把写作看成一种生产，而把整个文化活动领域比作一个市场。在《波德莱尔笔下的第二帝国的巴黎》中，本雅明描绘了文人的形象。文人就似“密谋者”，文人与“波希米亚人”一样享有一种自由。文人随着“波希米亚流浪汉”进入了“游手好闲者”的行列，他们在拥挤不堪的人流中漫步，文人在这种漫步中“展开了他同城市和他人的全部的关系”。这种漫步正使文人在现代城市中占有了自己的独特视角，通过这一视角对资本主义工业社会进行批判。

波德莱尔正是以自己的独特体验，在资本主义“文明”城市的体验中创作了《恶之花》。按照波德莱尔自己的说法，他的创作就是“反抗”。他奉行福楼拜的宣言：“一切政治我只懂反抗。”本雅明引用波德莱尔笔记中的一段话进一步阐述这一思想——波德莱尔写道：“我说‘革命万岁’——如我说‘毁灭万岁、苦行万岁、惩罚万岁、死亡万岁’。我不仅乐于做牺牲品，做个吊死鬼我也挺称心——要从两个方面来感受革命！我们所有人的血液里都有共和精神，就像我们所有人骨头里都有梅毒一样，我们都有一种民主的传染病和一种梅毒的传染病。”[①]波德莱尔在给她母亲的信中宣称，他要用他的书发泄他的愤怒，甚至要让整个人类起来同他作对，从中取得无比的快乐。[②]

波德莱尔的诗展现了现代人的震惊经验。他在《恶之花》《巴黎的忧郁》中，运用象征手法抒发了他的感受，他描写的是拥挤的城市中拥挤的大众、致人死命的交通、性的诱惑、商品的移情、虚假的时尚、机械生产的节奏、流浪汉以及被抛入市场的艺术家本人。在这样的社会中，人们最深刻的感觉就是震惊（又称惊颤）体验。本雅明把波德莱尔的抒情诗与当代人的经验方式相联系。他认为波德莱尔的抒情诗根植于当代人的经验方式中，即根植于当代人的震惊经验中。本雅明举例说，行走，对单个人来说，是以一系列震惊和信息冲击为条件的。在危险的交叉路口，行人马上获得一系列震惊信息并迅速发生一系列神经

① 本雅明：《发达资本主义时代的抒情诗人》，生活·读书·新知三联书店 1989 年版，第 31 页。
② 本雅明：《发达资本主义时代的抒情诗人》，生活·读书·新知三联书店 1989 年版，第 32 页。

反应。而惊颤感觉显然是同工业社会中的机器相联系的。“照相机赋予瞬间一种追忆的震惊。这种触觉经验同视觉经验联合在一起，就像报纸的广告版或大城市交通给人的感觉一样。在这种来往的车辆行人中穿行把个体卷入了一系列惊恐与碰撞中。在危险的穿越中，神经紧张的刺激急速地接二连三地通过体内，就像电池里的能量……当今的行人都是为了遵照交通指示而不得不这样。从而，技术使人的感觉中枢屈从于一种复杂的训练。”①在本雅明的心目中，展现惊颤经验的波德莱尔的抒情诗是与现代人的惊颤体验相一致的，现代人的经验方式就是它赖以生存的社会条件。

总之，波德莱尔展现的是现代城市社会的真实面目，人性在现代文明中丧失，资本主义文明正经受着考验。

## 第三节　阿多尔诺的艺术理论

阿多尔诺是法兰克福学派的最重要代表之一，他的思想受到本雅明影响，从而将法兰克福学派的美学研究、文艺研究推向了顶峰。阿多尔诺著述很多，以哲学思辨见长，他的文艺思想也是以其哲学思想为基础的。20 世纪 80 年代以来，阿多尔诺的著作相继在英美等西方国家翻译问世，形成了不小的阿多尔诺研究热潮。

阿多尔诺 1903 年出生于法兰克福市，其父为犹太籍酒商，其母为一名歌唱家，姨母也具有丰富的音乐知识。阿多尔诺对音乐的研究显然得益于幼时及青年时代的音乐环境的熏陶。15 岁开始，阿多尔诺开始学习德国古典哲学，特别是康德的《纯粹理性批判》。1922 年，阿多尔诺进大学学习哲学、社会学、心理学和音乐理论，1924 年以题为《关于埃德蒙特·胡塞尔》的论文获博士学位。1934 年在法兰克福大学任教，后迫于法西斯当局对犹太人的迫害而流亡英国，继而去美国哥伦比亚大学法兰克福研究所工作。第二次世界大战以后，同研究所一起迁回联邦德国，任该所哲学和社会学教授。1951 年，担任法兰克福研究所第三任所长。在 20 世纪 60 年代的学生运动中，阿多尔诺因不支持左派学生造反而受到学生们的攻击，被迫去瑞典度假，1966 年 8 月 6 日忧郁而逝。

阿多尔诺精通哲学、社会学、心理学、美学、文学、音乐等，并强调将它

① 本雅明：《发达资本主义时代的抒情诗人》，生活·读书·新知三联书店 1989 年版，第 146 页。

们融为一体。阿多尔诺的主要代表作品有《黑格尔的哲学》《否定的辩证法》《新音乐哲学》《音乐社会学导论》《美学理论》《启蒙的辩证法》（与霍克海默合著）。其中，《美学理论》为其晚年著作，带有通论性质，由于其思想受到胡塞尔等人影响，该著读起来较为晦涩。

阿多尔诺的文章具有片断般的行文风格特点，他反对建构体系，在《文化批判和社会批判》中，宣称他的写作是“反体系”的。哈贝马斯曾指出，“阿多尔诺遗留下来的是一个混乱的领域”。虽然阿多尔诺反对体系建构，但他的美学思想仍有内在的联系，他对文艺问题也有许多精辟的见解。

## 一、关于艺术的本质与功能

阿多尔诺对文艺本质的看法与其强烈的人本主义哲学思想直接相联系。同法兰克福学派的其他学者（如马尔库塞等人）一样，阿多尔诺认为人性的压抑、沦丧主要来自工具理论的压迫，人的本性的全部丰富意蕴为工具理性所扼杀。在与霍克海默合著的《启蒙的辩证法》中，阿多尔诺声言，“恐怖是和文明分不开的”，“文化的发展是在绞刑吏的记号下发生的”，“我们不能抛弃恐怖而保存文明”，“人的目标是与自然和解，而不是统治、支配它”。阿多尔诺对艺术本质及功能的认识同马尔库塞一样，是建立在他们的社会批判理论基础上的。

阿多尔诺认为艺术具有间离本质。传统文艺认为，艺术是对现实的模仿，现实是艺术家所表现的对象，而阿多尔诺则认为，艺术的价值在于否定现实，通过否定现实而存在。他指出，艺术通过特有的物化形式“追求那种尚不存在的东西”。首先，阿多尔诺认为艺术具有“异在性”特点，艺术所表现的内容是异于既存现实的。在《美学理论》第七章分析艺术作品的真实内容时，阿多尔诺指出，艺术所追求的作为真实内容的东西实际上是一种异于现实的“异样事物”。艺术只有在其异在性中才会获得自身的规定，这种规定是艺术的“无形根系”。正是由于艺术具有“异在性”特点，在阿多尔诺看来，艺术具有超越于当下现实的超越性，具有了精神性特征，“升华和自由是相通的，艺术通过围绕着现实之内蕴的自由所展现的魅力，就是从这内蕴中借用而来，并把这内蕴转化到了幻想的否定性表现中”[①]。

阿多尔诺认为人性的回归有两大障碍：一是工具理性所统治着的现实世界；二是工业文化所造就的与工具理性世界相一致的标准化了的文化意识。工具理性使人失去了人性，艺术应对它进行否定，正是基于病变了的社会现实，

① 董学文：《现代美学新维度——西方马克思美学论文精选》，北京大学出版社 1990 年版，第 141 页。

艺术才担负起拯救人性的使命。阿多尔诺特别指出，艺术仅仅否定现实存在的工具理性本身，还不能使人性得到最终的回归。在否定既存现实的同时，艺术还必须对与之相应的文化意识予以颠覆，人性才能真正复归。

阿多尔诺认为工业技术的发展导致了工业文化的产生，艺术品的成批量生产成为事实，这种如同广告一样的艺术品生产，使艺术活动的自主性丧失，接受者的接受观念除了接受既成的惯例、事实之外，已不能再表达任何事物，只能使广大接受者顺从现状。这种标准化了的接受意识，本身就否弃了人是创造主体的性能，将人性从现存意识中排除，人成了工具理性的奴隶，失去了历史主体性。艺术在现实的状况之下，也只有在工具理性的控制之下进行，艺术在现代资本主义社会中丧失了艺术之为艺术的东西，成了“反艺术”，于是真正的艺术就不得不“落入这样的负担之中，默默无言地为一切政治所禁止的东西辩护”[①]。政治意识已为工具理性的非人性所浸透，艺术作为对人性的拯救，就必须对现存意识形态予以彻底颠覆，通过这一颠覆“使意识形态掩饰的那些东西昭示于人”[②]。艺术正是通过对现存的否定的反映，以自己的主体性和创造性来对现存意识进行颠覆。艺术通过对现存社会的批判、对现存矛盾的揭示，完成了对麻木僵化了的文化意识的颠覆。

在阿多尔诺看来，冷酷无情的世界，使生存的真理总是与不幸和苦痛相连。只有经历这苦痛的人，才有对真理-生存意义的热切追求，因而，“让痛苦说话的需要，是一切真理的一个条件”。在这一点上，艺术作为人的生存意义世界就必然表现社会不公正所造成的人类苦难，同时作为对工业文化意识的颠覆，也要表现人类粗暴地控制自然降临的灾难，以使主体意识复苏。在艺术中，保存着人类对史前时期与自然相统一的记忆，这种统一，在人类文明伊始便失去了，于是，艺术中的这一记忆，就成了这种统一在将来可能恢复的预兆。只有经历磨难的人，对这种真理才会热切地向往。但这一记忆的恢复，只有在其割断与现实中的僵化意识的联系之后，才可得到。因此，阿多尔诺说：“艺术也许是可信的，仅当它本身完全摆脱了确定性的观念时。”只有这样，人的主体意识才能复苏，才能领略艺术对自然的、美的表现形式中蕴含的真实人性意识，并对之做出肯定的反映。

正是从以上理论认识出发，阿多尔诺对现代主义艺术创作给予了高度评价，这一态度是与卢卡契判然有别的。阿多尔诺之所以参与关于现实主义的论争，也主要是出于对卢卡契有关先锋艺术的保守态度不满。在阿多尔诺的影响下，

---

① 戴维·莱恩：《马克思主义艺术理论》，湖南人民出版社 1981 年版，第 88 页。

② 马丁·杰：《阿道尔诺》，湖南人民出版社 1988 年版，第 198 页。

卢卡契对现代主义的态度也发生了一定程度的改变，有关这一问题我们已在卢卡契文艺思想研究部分做了说明。在此，我们想正面评论一下阿多尔诺对现代主义艺术所持的肯定态度。

如前所述，阿多尔诺认为，艺术存在的价值在于对现实存在的否定，艺术模仿现实仅仅是一种“表象”，在模仿的背后潜藏着艺术的否定本质。艺术的真理只有“拒绝与社会，即与这个被统治的世界认同”[①]，才能得到表现。艺术作品也必须“通过与被诅咒的现实的差异，体现一种否定的立场，只有这样，存在才能回到它原来的位置，即它自身的本来位置”[②]。也就是说，艺术只有站在现代工业社会的对立面，不被社会的虚假需求所迷惑，才能保持其自身的纯洁性，才能对社会现实进行批判，以实现对“尚未存在”之物即审美理想的追求。以贝克特、卡夫卡为代表的现代派作家可以说在这方面做出了表率，因此，他们深得阿多尔诺的称许。阿多尔诺认为，现代主义艺术与传统艺术和流行艺术最重要的不同在于：它从根本上就拒绝与现实认同，它是否定现实，批判现实的。只要以不带主观偏见的眼光来看现代派艺术，我们透过那些似乎荒诞的艺术形式，仍然可以十分清楚地看出现代派作家所表现出的强烈的批评意识、孤独感、隔膜感，对现实的失望甚至是绝望是它们最重要的主题。从此意义上讲，现代主义艺术不是如有人所说的那样是偏离现实的，而是与现实有着紧密联系的。按阿多尔诺的观点看，现代主义艺术也模仿现实，然而它的目的不是美化现实，而是批判、暴露、否定既存现实。

众所周知，阿多尔诺对音乐有着深厚的兴趣，单是研究音乐的著作就有多部，他对音乐的研究也始终贯穿着文艺的否定性本质及批判性功能的思想。在阿多尔诺看来，音乐受社会的制约，但现代音乐在现代社会中通过否定性功能便具有了拯救绝望的功用。他认为，现代工业文化破坏了音乐消费，破坏了听众的自主性及创造性精神。这样，在听众和音乐之间就出现了一种彼此异化的病变，因而在工业文化的音乐消费实践中，传统音乐看不到这种文化对音乐的消极作用而趋向衰亡。阿多尔诺指出：“音乐的非理性成分，直到有声电影，无线电和歌唱的广告节目时代，才被商业社会的逻辑所没收。对一切文化商品进行工商业管理的一套完整制度建立，同时也取得了对美学上不顺从的一切的生杀大权。由于传播音乐的垄断工具几乎全部听任艺术糟粕和妥协的文化价值观使用，迁就听众受社会左右的癖好，激进音乐到了工业化末期便陷入完全孤立

① 阿多尔诺：《美学理论》，转引自章国锋《“否定的美学”与美学的否定》，《外国文学评论》1989 年第 4 期。

② 阿多尔诺：《美学理论》，转引自章国锋《“否定的美学”与美学的否定》，《外国文学评论》1989 年第 4 期。

的境地。对于那些挣扎求生的作曲家来说，孤立成为他们乞降求和的道德借口和社会借口，从而出现了一类大言不惭地自称‘现代派’和‘严肃音乐’，其实是意志薄弱者力求适应大众文化的那种音乐创作。”[①]而真正的现代派音乐之所以能抵挡住听众退化了的反应方式而得以存在，其根本原因就在于音乐通过内容和形式的处理，起到了拯救绝望的作用。现代音乐以其特有的表现内容和表现方式，使人脱离了异化的现实，从而使人和现实所丧失的真实内容相交往，挽回了人在现实中所失去的东西。现代派音乐之所以能够存在，并能发现拯救作用，就在于它对现实的否定。通过否定，使人告别令人失望的现实而达到生活的真实内容。在谈论勋伯格音乐创作时，阿多尔诺说：“激进的音乐所认识的是没有美化的人类的苦难。人类的软弱无力每况愈下，已经不容许用假象和游戏来对待了。”[②]传统音乐之所以走向衰亡，就在于它对现实持肯定态度。因而，现代主义音乐要存在和发展，就必须与现实进行斗争，正是在这一意义上，阿多尔诺十分推崇勋伯格，认为勋伯格的作品在审美上是失败的，是“紊乱的”作品，甚至是一些断片，但它们表现了社会中尚不存在的“可能性东西”，因此具有极高的价值。而另一位音乐家斯特拉文斯基则没有在音乐中对既存现实和传统音乐采取否定态度，而是以肯定的态度表现了原始主义，热衷于古代那种神话般的题材。因此，阿多尔诺认为，斯特拉文斯基的音乐不具有否定性功能。关于音乐，阿多尔诺讲过一句十分精彩的话：“音乐的哲学只能是现代音乐的哲学。唯一的希望在于这种文化终将敲响它自己的丧钟。它只能促使人走向野蛮主义，再因此而大怒。”[③]

从艺术的否定性本质和批判性功能出发，阿多尔诺对“艺术真实”这一传统的文艺学命题的内涵进行了重新界定。对于艺术真实的研究，西方美学史上基本上有三种代表性的观点：其一是以亚里士多德为代表的，主张艺术的真实是对客观现实之必然规律的反映；其二以柏拉图、黑格尔为代表，认为艺术的真实内容在于先在的理念或绝对精神；其三即以表现主义为代表，主张艺术的真实内容为艺术家纯然主观的个体意识。阿多尔诺对这一问题重新检视。他认为，艺术品的内涵不是一种直接可辨的东西，它是中介性的被认知和中介性的被传导，这中介特质就存在于作品的感性事物之中，但是，作品的感性事物并不是单纯地对外在现实的模仿，它是被塑造而成的东西。艺术真实的内涵是不需要艺术家在作品中做出解释的，它与作家的意识和意志有着重要的区别，从这一认识看，阿多尔诺的观点似乎是针对主观表现说而发的。但同时，阿多尔

① 阿多尔诺：《新音乐哲学》，转引自《外国美学》（第3辑），商务印书馆1986年版，第378页。

② 董学文：《现代美学新维度——西方马克思主义美学论文精选》，北京大学出版社1990年版，第163页。

③ 董学文：《新音乐哲学》，转引自《外国美学》（第3辑），商务印书馆1986年版，第382页。

诺也认为，艺术真实也不是用理念范畴所能概括得了的。阿多尔诺讲得比较明确："像伟大的传统哲学偏向于视艺术中的真实内容为理念一样，或许这样的理念在其哲学构造中消除了单纯主观的内涵，但是，这种理念不管人们如何运用它，在艺术作品上它总是表面的和抽象的。……艺术的内容并不是用理念可解释的东西，而是对不可解释事物的推断。"①那么，什么才是阿多尔诺所说的艺术的真实内涵呢？"真实内容在作品中只是一种否定性的东西。"②在阿多尔诺看来，艺术的真实内容就是对非真实之物的具体否定，是对尚未存在事物的追求。因此，艺术的真实只能是变动不居的，它是对作品之谜的真正解决，艺术的真实内涵存在于未实现事物和实现事物之间的不确定区域。阿多尔诺指出："艺术作品的真实内容作为对作品具体存在物的否定，是通过作品的存在而被传导的，但是，作品的存在并未始终传导着真实内容，由此，作品的真实内容就不再是作品的存在所置入的了，这就是作品在历史上的摹拟关系和被限定的批判，艺术作品通过其形象在历史上造就了这种批判。作品中属历史的东西却不是被制作的，正是这历史作品从单纯的设计或制作中解放了出来，这就是说，真实内容不是外在于历史的，而是历史在作品中的积淀。"③

阿多尔诺把艺术作品的真实内容确定为一种非直接地存在的有待生成的东西，强调它的运动性，这一点与传统文艺学的见解确实不同。传统理论认为，艺术作品所表现的真实内容不管是主观的还是客观的，或是主客观统一的，但都是可以解释的，作家可以对之做出解释，接受者也可以对之做出解释。而阿多尔诺则认为艺术真实的内涵是不可解释的，是不可言传的。我们认为，阿多尔诺对艺术真实内涵的"否定性"规定以及对它的生成的强调，同他的艺术本质论是一致的。艺术否定既存现实，它指向未来，所谓艺术所表现的"非实存之物"也即作家心目中的人文理想境界，因此，艺术虽着眼于现实，但其内容是现实所无法涵盖的，它同样是指向未来的，有不确定性。阿多尔诺特别强调了想象的作用，"艺术作品的存在表明：非实在物可能是存在的。艺术作品的实现证实了可能性事物的可能，对艺术作品的渴望导致了非实在物的实现。对艺术作品来说，这非实在物则演变成了想象，在艺术作品中所存在的东西，那些所造成的东西与非实在的东西是结合在一起的，因为，作品中所造成的东西不再是存在的了"④。通过艺术想象，艺术作品传达了非现实之物，对现实世界进行了批判和颠覆。

① 董学文：《现代美学新维度——西方马克思主义美学论文精选》，北京大学出版社 1990 年版，第 138 页。
② 董学文：《现代美学新维度——西方马克思主义美学论文精选》，北京大学出版社 1990 年版，第 146 页。
③ 董学文：《现代美学新维度——西方马克思主义美学论文精选》，北京大学出版社 1990 年版，第 146 页。
④ 董学文：《现代美学新维度——西方马克思主义美学论文精选》，北京大学出版社 1990 年版，第 145 页。

在研究艺术问题时，阿多尔诺对艺术形式给予了特别关注，构成了他全部艺术理论的重要组成部分。关于艺术形式的研究是“西方马克思主义”美学家、文艺理论家都曾涉足的一个领域，但卢卡契还只是在内容决定形式的一般哲学理论的框架之下研究艺术形式问题，本雅明只是注意到了新的艺术形式出现的一般意义，而阿多尔诺对艺术形式的探讨真正走向了深入。综观阿多尔诺对艺术形式的研究，可以概括为以下几点。

首先，阿多尔诺批判了传统形式论的观点。他不同意以黑格尔、克尔凯戈为代表的内容论美学，认为这类观点把形式作为内容的附庸，把形式看成完全受内容支配的东西，艺术形式也就失去了其自身的独立价值；认为它没有看到审美创造物的目的在于用形式法则使艺术创造所使用的材料与细节连成一体的。此外，内容论美学一味强调内容的决定性，忽视形式之价值，必然不重视艺术形式的创新，对现代艺术发展显然十分不利。这一观点对抽象派绘画的形式创造就有遏制作用。对于纯形式论观点，如前所述，阿多尔诺认为艺术作品的真实内容是积淀着历史内容的，而形式论美学一味强调形式与内容无关，主张为艺术而艺术，显然没有看到“历史地积淀的内容”。阿多尔诺认为，形式不仅是自主的，它也来自社会习俗及日常行为方式。而形式论美学把形式概念曲解成与经验生活截然对立的艺术命题，这样，在经验生活中，艺术的存在就成了没有保障的东西。

其次，阿多尔诺强调了形式的重要审美价值及其对艺术作品的意义。在《美学理论》中，阿多尔诺看到了艺术内容与“感性事物”之间的联系，艺术内容的传达是依赖于作为感性之物的艺术形式的，因为“艺术作品通过其物化的法则从事否定性工作”①。阿多尔诺指出：“精神内容是通过感性事物而形成的，真实内容的中介特质就存在于这种感性事物中。艺术作品的精神内容并不是悬浮在作品构造的彼岸世界，而是艺术作品通过其构造，通过艺术家精心塑造的产物超于作品的事实之上”。②阿多尔诺认为，形式体现了艺术作品所具有的区别于其他意识形态因素的独特审美要素，艺术形式确保了一部作品的独特逻辑。艺术形式是对审美内在性的保证，只有通过形式，作品才会演变成具有自身理性的自为存在。艺术作品由之展开的独特逻辑及其与既存事物相抗衡的东西都是由形式建成的。

不过，阿多尔诺虽然强调形式的自主性价值，但他并没有割断形式与社会内容的联系。在讨论音乐时，阿多尔诺指出，音乐语言靠某种音乐材料来传导，

---

① 董学文：《现代美学新维度——西方马克思主义美学论文精选》，北京大学出版社 1990 年版，第 147 页。

② 董学文：《现代美学新维度——西方马克思主义美学论文精选》，北京大学出版社 1990 年版，第 139 页。

但这材料不是“纯粹的自然物质材料”，而是社会内容融于其中的“积淀的精神”。“它是一种社会性的历史材料，并处于永恒的发展变化之中。当这种材料能用某种形式去表现，并且由此形式构成某种观念的造型之时，那么，这种材料就在作品中转化为音乐语言。”[①]可见，作为艺术形式要素的音乐语言是融于社会性内容之中的。

最后，艺术形式具有整一性作用。阿多尔诺指出，形式在艺术作品中创造了整一，正是通过这种整一才出现了艺术品与经验的差异。形式是“每部艺术作品的所呈现达到多重含义的客观机制，它是对分散物的有效组合，然而，这种组合在分散物之间的离异和排斥中却保留了其所属的东西，而且，基此它实际上就是一种对真实的展示”。艺术形式将生活中零乱的、无序的材料变成一个艺术整体，“形式的作用正如一块磁铁，总是要对各种经验的成分加以整理”[②]，通过这种整一艺术形式参与到了它所批判的文明之中。

总之，阿多尔诺对艺术形式的界定超越了传统的形式理论，给艺术形式以充分的自主价值，同时，他又指出形式不是艺术家在对象上留下的主观印证，而是一种客观规定，它来自社会习俗与日常行为方式。阿多尔诺又指出艺术形式的整一功能，更加强了形式的审美意味。阿多尔诺的艺术形式理论对马尔库塞产生了很大影响，马尔库塞更加强调艺术形式的自律，沿着阿多尔诺的思路专门讨论了艺术形式问题，在《作为现实形式的艺术》等文章中对艺术形式多有涉及。

总体来讲，阿多尔诺讨论艺术问题始终围绕一个中心，即艺术的间离本质和它的社会批判功能。阿多尔诺热情地呼唤艺术要以自己的独特性，拒绝向那标准化了的一般原则的极权主义整合，它应维护自己的个性，深知自己的使命。阿多尔诺说：“在我们生活的世界中，总有一些东西，对于它们，艺术只不过是一种救赎；在是什么和什么是真的之间，在生活的安排与人性之间，总是存在着矛盾。”[③]这种矛盾的存在，使人性从这世界中逃离、丧失。因此，艺术的救赎就是那失落了的人性的拯救，将那史前时期人与自然的同一性记忆唤回到现实中来。阿多尔诺的艺术批判理论从根底上讲就是对完美人性的呼唤。

阿多尔诺的艺术观是建立在他的否定的辩证法哲学基础上的。早在 1931 年的《哲学的现实性》中，阿多尔诺就提出要建立一门既辩证又唯物的哲学，这门哲学同当时形形色色的哲学流派是对立的。他认为这些理论流派既不能从理论上阐明社会的整体，又不具备否定和批判现实的功能，而新哲学（即后来

---

① 参阅王才勇：《现代审美哲学新探索》，中国人民大学出版社 1990 年版，第 82 页。

② 陆梅林：《西方马克思主义美学文选》，漓江出版社 1988 年版，第 368 页。

③ 马丁·杰：《阿道尔诺》，湖南人民出版社 1988 年版，第 203 页。

的“否定的辩证法”）的任务是通过解释现实，来否定和废除现实。在 1966 年出版的《否定的辩证法》中，阿多尔诺明确宣称，享有“辩证法大师”称号的黑格尔乃至马克思主义的辩证法都是不彻底的，而他的辩证法是真正彻底的辩证法。他认为黑格尔的辩证法所说的否定是扬弃，即带有肯定性的否定，既然带有肯定性，那么这种否定性就是不彻底的。因此，“否定的辩证法”是一种批判的哲学，它与现实是不妥协的，它对过去和现存的东西进行全盘否定，它要求尊重差异和个性，在思维中恢复微不足道的带有偶然性的事物的应有权利地位。这一思想直接影响了阿多尔诺的艺术观，他赋予艺术以否定和批判既存现实的功能。

## 二、大众文化批判

阿多尔诺之所以提出他的艺术的否定性的本质观，是有其文化背景的。阿多尔诺看到了资本主义工业社会带给文化的负面效应，才要求艺术对文化工业进行反抗。

阿多尔诺认为，从启蒙时代开始的二百多年来，在科学理性的影响之下，艺术日益向科学趋同，逐渐成为理性的工具，因此艺术已走向没落。在《启蒙的辩证法》中，阿多尔诺对资本主义工业社会的根本特征及其对文化所产生的影响进行了深入论述。他认为，启蒙精神的实质就是人类对自然的控制，就是把理性客观化于历史。随着人类社会的发展，特别是科学技术的发展，人类对外部自然控制的深度和广度都在加大，但是，科技发展又使人性受到摧残。启蒙把人从外在自然的压迫下解放出来的同时，也使人的内在自然受到科学、理性以及社会的组织管理的奴役。因此，启蒙已走向了它的反面。在资本主义工业化的时代，社会中个人的生活方式都被现存制度所同化，但社会对个人的意识、潜意识的控制不是通过暴力进行的，而是由意识形态的影响而发动的，这也就是西方学者所说的资本主义“文化霸权主义”。资本主义的意识形态对个人的操纵是通过由工具理性和消费至上原则所构成的“大众文化”或“文化工业”来实现的，而“文化工业”的弊病是显而易见的。在与霍克海默合著的《启蒙的辩证法》中，阿多尔诺指出：“轻松艺术曾是自律艺术的阴影，它是严肃的艺术坏的社会意识……分化本身就是真理：它至少反映了由各种不同方面组成的文化的否定性。对立绝不能通过把轻松艺术吸收到严肃艺术中去的方法而实现调和。但这恰恰是文化工业所力图实现的……由大拍卖的手段来消除教育特权并不能为群众提供那些曾经向他们关闭的区域，而且为他们直接提供没落的教育和野蛮的无聊事物。”[①]阿多尔诺所批判的并不是大众文化本身，而是在垄断资本主义制度下形成的大众文化的畸形特点。

阿多尔诺对“大众文化”的畸形特征进行描述。在《文化工业：作为大众欺骗的启蒙》一文中，阿多尔诺认为“文化工业”作为凭借现代科技手段大规模的复制，传播文化产品的娱乐工业体系，广泛地产生于发达工业社会。它大批量地制作和传播大众文化的手段和载体，以独特的大众传播媒介，如电影、电视、收音机和报刊等，操纵了非自发的、物化的虚假文化，成为束缚意识的工具和独裁主义的帮凶，并以较以前更为巧妙有效的方式来欺骗和奴役大众，从而显示了启蒙向意识形态的倒退，进入了大众蒙昧的阶段。

“文化工业”对艺术来讲具有种种弊端。大众文化呈现为商品化趋势，在这一文化环境中，文化艺术同工商业融为一体，为资本主义的价值规律所统摄，它们已沦为商品，具有商品拜物教特点。这也就是马克思所说的在资本主义生产方式的支配下，艺术创造已变成了“生产性劳动”，成为赚钱和营利的工具。资本主义文化工业带给艺术的，只能是艺术生产的异化，艺术的自主性必然丧失。

在1938年，阿多尔诺发表《关于音乐中的拜物教性质及听觉的倒退》一文，进一步探讨了大众文化。阿多尔诺模仿马克思对商品拜物教的分析过程，也从文化工业的消费上溯到文化工业的生产过程。他指出，“大众文化”的生产与现代工业的“标准化”生产的现象有直接关系。通过这种“假个体主义”手段，标准化垄断而推进其对于群众娱乐的垄断和操纵。阿多尔诺指出，假个体主义一方面向群众提供自由选择文化娱乐的假象；另一方面却为标准化本身的扩大市场提供最实际的服务。“歌曲的标准化通过群众的收听活动而把其顾客安排在预定的队列中，而假个体主义则使顾客一方面忘记他们自己所听的恰恰是他们收听过的和预先消化的；另一方面又使听众任其摆布。”[②]通过假个体主义，标准化的文化产品顺利为大众所接受。在这一前提下，官方所宣传的所谓群众“所乐意接受”的文化，其实是一种骗局，是音乐和文化拜物教麻醉的结果。

这样一来，广大的接受者的期待视野也为这种“文化工业”所限定，他们只热衷于欣赏那些通俗化的音乐，对具有否定性的现代音乐置若罔闻。在《新音乐哲学》的“导论”中，阿多尔诺指责现代听众听不懂现代音乐而热衷于通俗音乐时曾讲过这样一段话：“广大听众同新音乐的产生完全隔绝，一看到它的外貌就远而避之，殊不知，这种音乐的最深刻根源恰恰出自那些听众的特定社会基础和人种学基础，使他们毛骨悚然的不谐和音恰恰证实了他们的处境……

---

① 转引自马驰《艺术所能做到的只是否定异化的社会——论阿多诺的美学思想》，《黄河学刊》，1998 年第 2 期。

② 阿多尔诺：《论流行音乐》，《哲学与社会科学研究》1991 年第 9 期，第 25 页。

那些听滥了的东西则相反，同支配今天生活的力量相距甚远，听众的亲身经历同传统音乐作为见证的一切几乎不再发生共鸣，他们自以为听懂的时候，其实只见一个死的模型，却死死抱住不放，以为是自己的当然财宝。岂知就在被他们占为己有的一刹那，连这具模型也不复存在了，变成了一个冷冰冰的展览品，中立而丧失了最本质的东西。事实上，只有最粗俗的东西，一些容易记住的片断——美而不祥的乐句、意境的联想——才能得到听众的理解。”[①]在“文化工业”的背景之下，听众、读者的审美能力不但不能得到提高，而且不断降低。

大众文化畸形发展，必然导致艺术家的个性和创造性的消失。阿多尔诺十分尖锐地指出：“大众文化时代与已经过去的自由阶段相比，其新的地方就在于对新东西的排斥。机器总在同一个地方运转着。而在决定着消费的时候，它却将未经试验的东西作为一种危险而加以排斥。艺术生产已同工业生产一样被大批量地复制，在内容和形式上都为合理化和标准化所统摄，例如流行音乐就是这种标准化的产物。……不管怎样，正是节拍与和声是流行歌曲的基石，即它的多个部分的首尾必须仿效一种标准的模式。这加强了最基本的结构而不论其中也许会发生什么偏离……没有任何新的东西被允许闯入，只有有意的效果——向千篇一律的作品加一些风味而又不会对千篇一律有所威胁。”[②]这样，一味为了适应大众的欣赏趣味，而不是提高他们的审美品味，其创造性也必然受到戕害。因此，阿多尔诺才对现代派艺术投入较大热情。

总之，我们认为，阿多尔诺的艺术理论是从现代艺术经验出发得来的，他对于当代社会的文化状况给予了充分关注，因此他的理论具有强烈的当代色彩。他看到了艺术具有否定现实、批判现实的作用，并认为现代艺术还具有超然于现实的超前性。所有这些对于我们的文艺理论甚至是文化建设都具有重要的理论意义和现实意义。

## 第四节　马尔库塞的文艺思想

马尔库塞（1898—1979）是法兰克福学派最具代表性的人物之一。他于1898年7月19日生于德国柏林一个犹太资产阶级家庭，曾服役于第一次世界大战。

---

① 转引自《外国美学》（第3辑），商务印书馆1986年版，第381页。

② 王鲁湘：《西方学者眼中的西方现代美学》，北京大学出版社1987年版，第251-252页。

1917年，马尔库塞加入德国社会民主党左翼，并参加柏林士兵代表会的政治活动，后脱离该组织。随后到柏林大学和弗莱堡大学研究哲学，先后师从现象学大师胡塞尔和海德格尔。在海德格尔指导下完成博士论文《黑格尔的本体论与历史性理论的基础》，获哲学博士学位。因与海德格尔在政治观点上发生分歧离开弗莱堡大学，在胡塞尔帮助下加入霍克海默任所长的法兰克福大学社会研究所。1933年纳粹上台时，马尔库塞到了美国。1934年到1940年供职并迁往美国的社会研究所。第二次世界大战期间曾任华盛顿战略服务局研究员，战后在美国国务院情报研究所供职。20世纪50年代后重返哥伦比亚大学，并在美国多所大学任职。马尔库塞一生致力于学术研究，其研究领域也相当广泛，包括社会学、哲学、心理学、美学、文艺学等多种学科，他的学术思想也经历过多次转折。纵观马尔库塞的学术研究，我们可以把它划分为几个阶段。在早期的学术活动中，马尔库塞致力于将黑格尔的辩证法与海德格尔的存在主义同马克思主义结合起来，主要著作有：《历史唯物主义现象概要》《论具体哲学》《文化的肯定性质》《理性与革命》。20世纪50年代以后，马尔库塞努力把弗洛伊德的理论同马克思主义结合，用弗洛伊德的理论来补充和发展马克思主义，最重要的代表作有《爱欲与文明》。这一时期的马尔库塞主要研究重点是对当代资本主义的批判，寻求“异化”社会中人类解放的道路。除《爱欲与文明》外，还有《单面人——发达工业社会意识形态研究》《论解放》《反革命与造反》和《作为现实形式的艺术》。晚年，马尔库塞推出了总结一生美学思考的专著《美学方面》[①]。

## 一、建构审美乌托邦

马尔库塞的艺术理论同法兰克福学派的其他理论家（如阿多尔诺）一样，其出发点是他们的社会批判理论。马尔库塞的理论之所以引入对艺术的关注和研究是基于他对资本主义社会中人的生存状态的分析。

马尔库塞在《爱欲与文明》一书中曾对现代社会的文明状况和人的生存状态做了分析和描述。马尔库塞接受弗洛伊德的思想，认为现代社会是以理性来统治的。“在现实原则的指导下，人类发展了理性功能：学会了‘检验’现实，区分好坏、真假和利弊。人获得了注意、记忆和判断诸机能，成了一个有意识的思想主体，并且做到了与外部强加于他的合理性步调一致。”[②]这样，感性就

① 该书在1977年用德文发表时所用书名为《论艺术的永恒性——对一种特定马克思主义美学的批判》，次年，作者与其他人共同将该书译成英文出版，易名为《美学方面》（亦译《审美之维》）。

② 赫伯特·马尔库塞：《爱欲与文明》，上海译文出版社1987年版，第5页。

作为对立面受到了压抑。现代文明社会总是牺牲感性、快乐、冲动，加强理性。因此，文明给现代社会所带来的是一种“压抑性理性统治”，无论理论上，还是实践上，这种理性当然应加以废除。在现代文明社会中，人们要获得幸福，获得满足，就必须摆脱这种压抑性现实原则的支配，进入非压抑性状态，从而实现人类生存的自由。

马尔库塞还分析了现代文明社会的人格形象。他认为，在资本主义发达工业社会中，在工具理性或技术理性的统治之下，人变成了“单面人”。在《单面人》中，马尔库塞把现代资本主义社会的单向度概括为四个方面：第一，社会同国家一体化，社会的自由竞争越来越被国家垄断所代替；第二，个人同整个资本主义社会一体化，也就是说个人被资本主义社会所有化；第三，个人与个人之间的一体化，即在一体化的大机器内相互配合的零件与零件之间的关系，人与人之间的区别变得越来越模糊不清；第四，每一个个人的思想和行为具有多种机能的一体化。每个个人的自我的内容是由社会为了某种特殊社会利益的需要从外部灌输和强加于个人的，人已大大地失去了自我的个性，成了机器人。因此，在现代工业社会中，个人没有真正的自由，人性已大大失落。如何挽回失去了的人性是马尔库塞所致力探讨的另一个重要课题。

在《论解放》中，马尔库塞企图通过建立“新的感受力”（或译“新感性”）来实现人类解放的愿望。他认为自由人类的新世界是不能由任何既成社会来建立的，这类社会无论如何现代化或合理化，其阶级结构无不通过固有的价值观念产生奴役，并使奴役变成自愿。这种“自愿”的奴役只有通过包括与传统决裂的新的感受力才能使人类的视觉、听觉、触觉等感官得以接受一些通向非侵略性、非剥削性世界的潜在形式。因此，“新的感受力已经变成了实践：它们出现在反对暴力和剥削的斗争中，这场斗争是为了争取崭新的生活方式，即否定整个既定制度，否定这个制度的道德和文化，肯定建立一个新社会的权利，在那个社会由于废除了贫困和劳役，终于出现了一个新天地，一切感官的、好玩的、平静的和美的事物在这里成为生存的形式，从而成为社会本身的形式”①。在马尔库塞看来，新的感受力的产生必须通过审美方能实现，而艺术在审美活动中显然具有十分重要的作用。马尔库塞指出，美学天地就是自由的需要和机能赖之以求解放的新天地。这一美学天地出现在物质生产和精神生产中，人的非侵略性的、性爱的、感受性的机能与自由意识相一致，人与自然达到了和谐境界。在这一新感受力的获得过程中，艺术的重要职能便是不能缺少的了，为了达到社会的重建，新的感受力的产生，“现实完全会具备一种表示新目标的

① 赫伯特·马尔库塞：《现代美学析疑》，文化艺术出版社 1987 年版，第 49 页。

Form（形式）。这种 Form 的主要审美性质将使之成为一件艺术品，但是因为 Form 势必出现在生产的社会过程中，艺术便将改变它传统的位置和社会功能：它将在物质改造和文化改造中成为一种生产力。作为这样一种力量，艺术在形成事物的性质和‘表象’，形成现实、生活方式等方面将是一个不可或缺的因素”①。

由此看来，马尔库塞是沿着这样的思路把艺术问题引入他的理论视野的：现代工业社会由于理性的操纵，人的感性内容受到压抑，人性丧失。要找回失去的人性需要依赖于“新感受力”的建立，而新的感受力离不开审美，而艺术在审美活动中担负着重要使命。于是，马尔库塞通过艺术建构审美乌托邦的工程也就开始了。

在马尔库塞眼中，艺术是具有否定性特质的。艺术由于创造了一个新的幻想世界来打破现实的规则，因而它成为一种革命力量。马尔库塞认为，艺术在方法上和异化的社会保持着距离。并创造出那个不现实的“表面的”世界，在这一世界里，只有艺术才拥有真实性并传达真实性，同时艺术通过这一异化和社会发生了关系……作为思想意识，它使统治的思想意识“失去效力”。艺术由于否定了现存世界而对未来的理想世界做出了肯定，或反过来讲，艺术由于肯定了它所创造的幻想的理想世界，同时也就否定了现存以现实原则为行为准则的现实世界。这一思想在马尔库塞的总结性论著《美学方面》中表述得更加完善也更加清楚。他认为，艺术所表现的世界在任何时候、任何地方都不是日常现实中的既有世界，虽然它不是仅由幻想、幻象构成的世界，但从根本上讲它是一个“幻象”，是“虚构的世界”。马尔库塞指出，“然而，一件艺术品的世界在通常的意义上又是‘不真实的’：它是一种虚构的现实。但是，它‘不真实’，不是因为它少于既定现实，而是因为它多于它，并且在质上‘异’于它。作为虚构的世界，作为幻象，它比日常现实包含更多的真实……只有在‘幻想世界’中，事物才显出它本来有和可能有的样子”②。艺术要“虚构”，要呈现世界可能有的样子，进而达到对现实的否定，这就特别需要艺术的自主性。马尔库塞不是一个“为艺术而艺术”者，他多次提出“艺术是对于解放的允诺”，艺术实现其革命的目的，必须要有其自主性的地位。“艺术品只有作为自主的作品，才能在政治上达到目的。美学形式对于艺术品的社会职能是至关重要的：形式的特质否定了压抑人的社会的特质——它的生活、劳动和爱情的特质。”③正因如此重视艺术的自主性，马尔库塞在《美学方面》的第一章便提出“正统马克思

① 赫伯特·马尔库塞：《现代美学析疑》，文化艺术出版社 1987 年版，第 54 页。

② 赫伯特·马尔库塞：《现代美学析疑》，文化艺术出版社 1987 年版，第 35 页。

③ 赫伯特·马尔库塞：《美学方面》，转引自《现代文学析疑》，文化艺术出版社 1987 年版，第 35 页。

主义”的六个方面的问题：

第一，在艺术和物质基础之间，在艺术和全部生产关系之间，有一种明确的关系。随着生产关系的变革，艺术本身转化为上层建筑的一部分，虽然像其他意识形态一样，它可能落后于或先行于社会变革。

第二，在艺术和社会阶级之间，有一种明确的联系。唯一真实的进步的艺术就是上升阶级的艺术，它表现了这个阶级的意识。

第三，政治性和艺术性，革命内容和艺术质量达到一致。

第四，作者有义务表达上升阶级的利益和需要（在资本主义社会，上升阶级就是无产阶级）。

第五，没落阶级或其代表人物仅仅只能产生“颓废”艺术。

第六，现实主义（在多种意义上）被认为是最切合社会关系的艺术形式，因此是“正确”的艺术形式。①

马尔库塞认为，以上后果的产生都来自经济基础和上层建筑的关系命题。也就是说，在被庸俗化的马克思主义那里，与马克思、恩格斯曾辩证阐述过的经济基础和上层建筑理论相互作用的理论相反，将两者之间的关系变成了一种僵硬的“图式”，即把经济基础看成决定上层建筑的绝对因素，因而，“意识形态变成了纯意识形态，于是整个主观性领域都被贬低了，不仅包括作为 ego cogito（我思故我在）的主体，连内心、情绪和想象也变得一文不值”②。这样，“主观性变成了客观性的一个原子，即使在反抗的形式中，它也得向集体意识投降”③。马尔库塞所批判的锋芒是针对自第二国际开始把马克思主义历史唯物主义原理庸俗化现象的话，他的上述言论是有一定道理的。

## 二、艺术形式的功能

马尔库塞认为，要实现艺术的自主性，艺术对社会的否定功能就要借助于艺术形式。因此，艺术形式问题是马尔库塞艺术理论中的一个重要内容。马尔库塞艺术理论中的形式概念同传统的“内容—形式”二分法中的“形式”是不同的，他对与整个传统美学和批评定式相适应的偏狭的形式概念十分不满，尤其反对把形式从艺术作品的整体中分离出来的做法。马尔库塞批判了流行的关于艺术形式的几种错误观点。首先，在他看来，形式不是情节，因为同一故事情节可以为许多作品采用而获得不同的含义，如索福克勒斯的悲剧与其他许多

① 赫伯特·马尔库塞：《现代美学析疑》，文化艺术出版社 1987 年版，第 4 页。

②《马克思主义文艺理论研究》，文化艺术出版社 1983 年版，第 444 页。

③《马克思主义文艺理论研究》，文化艺术出版社 1983 年版，第 444 页。

作品都分享过“俄狄浦斯的故事”。其次，形式也不是艺术表现对象所具有的普遍样式，如绘画不是指人的坐姿、立姿或表现风景、静物的常用范式，这些都是被许多作品广泛采用而不断重复的因素；形式不是指艺术素材的原有外在形式，因为它们尚未进入艺术活动中而成为艺术品不可缺少的特点标志。

那么，什么才是马尔库塞所说的艺术形式呢？马尔库塞认为，艺术这一概念既不能用单纯的语言技巧来说明，也不能用单纯的意识形态性来说明，艺术有其基本的审美本质，这种审美本质就是使艺术成为艺术的东西——艺术形式。马尔库塞这样界定形式概念：“我们不妨把‘美学形式’解作一个既定内容（现有的或历史的、个人的或社会的事实）转化为一个独立自足的整体（如一首诗、一篇剧作、一部小说等等）的结果。作品就是这样从现实的永恒过程中‘取出来’的，它具备自己特有的意义和真实性。美学转化得以完成，是通过对语言、感觉和理解力的改造，使之能在现实的现象中显示现实的本质：人与自然的被压抑的潜能。艺术品就是这样一面控诉现实，一面复现了现实。”①可见，马尔库塞所说的艺术形式是从本体论意义上来讲的，它是现实向艺术转化的最根本条件。马尔库塞对形式的研究，可以概括为以下两点。

第一，形式是内容的转化。马尔库塞说，艺术的批判功能就是寓于美学形式之中的。衡量一件艺术品真实与否，不看它的内容（即社会条件的“正确”表现），也不看它的形式，而要看内容是否变成了形式。因此，形式概念在马尔库塞艺术理论中是至关重要的。马尔库塞甚至把形式看成一个居于专制地位的概念，他认为形式对艺术作品实行了近乎暴力式的统治。马尔库塞提出了“形式的专横”这一命题，他解释道：“‘形式的专横’——在真正的作品中常见的一种必然现象，要求任何一行文字，任何一个声音都不能加以更换（指在实际上并不存在的最理想的情况下）。这种内在的必然性（区别真假作品的特质）的确是一种专横，因为它压制了表现的直接性。但是这里被压制的却是虚假的直接性：只要它拖曳着未被反映的被蒙蔽着的现实，它就是虚假的。”②在马尔库塞看来，经过对虚假的直接性的压制和改造，素材也就被转化为陌生的、与现实疏离的形式。为了进一步说明形式与现实的疏离，马尔库塞借用弗洛伊德的“升华”概念来加以强化他的形式概念。马尔库塞认为，依据美学形式的规律，既成现实必须加以升华，直接的内容要“风格化”。所谓“风格化”，其实也可译作“形式化”，即指内容在作品中必须具备艺术形式，被形式所改造，与形式化为一体。马尔库塞认为，古典艺术形式的首要功能是一种“升华”机制，即

① 赫伯特·马尔库塞：《现代美学析疑》，文化艺术出版社 1987 年版，第 8 页。

② 赫伯特·马尔库塞：《现代美学析疑》，文化艺术出版社 1987 年版，第 28 页。

艺术借助形式超越其对立面或压抑物的能力；而升华后的形式世界一方面导向“更高的真理”，唤起人们变革现实的欲求，另一方面也注定这种真理只是“一种特权和幻影”。[①]但同时，马尔库塞也看到随着现代科技的发展和资本主义秩序的愈加稳固，资产阶级古典文化也必然走向衰落。这种文化原先所具有的“精神抗议”转化为虚幻的承诺，并进一步蜕化为“精神抚慰”。为了保持艺术的独特地位，不致使其批判和颠覆功能丧失，艺术必须进行一场自身的革命，尤其需要把形式升华机制转变为新的“反思”功能。这就要求艺术通过其形式创造打破日常经验、日常感觉，使人们恢复对外在世界的感受，恢复对现实的反思和批判的能力。显然，马尔库塞对形式的青睐受到了“俄国形式主义”批评理论的影响。在《论解放》中讨论新感受力的问题时，马尔库塞首先引用了俄国形式主义者艾亨鲍姆关于形式是一个“能动的整体”的论述，接着又引用什克洛夫斯基关于新的艺术形式的产生是新的生命感受力的重要条件的言论来强调艺术形式的重要功能。

第二，马尔库塞指出新艺术的诞生丰富了形式的历史内涵。法兰克福学派的学者对现代艺术都给予了极大关注，马尔库塞尤其如此，他热烈颂扬新的艺术出现是从它们提供了新艺术形式的角度考虑的。新的艺术（如先锋派）创造了崭新的对象世界，它抛弃了粉饰现实的升华功能，把形式化机制引入了新的历史维度，但是，形式的逻辑内涵的任何变迁也不会导致形式自身的毁弃，艺术也不能摆脱形式对它的限制。马尔库塞极力反对某些现代艺术家在艺术创造中不重视形式的功能，甚至忽视、放弃形式的做法，认为这无异于“自暴自弃”“自挖墙脚”。因此，艺术家时刻不能忘记是艺术形式使得他们和政治活动家区别开来，因为艺术家是通过营造艺术形式对现实世界进行反思和批判的。马尔库塞呼吁现代艺术家们要向勋伯格、乔伊斯和毕加索等人学习，在古典形式与现代形式、艺术传统与创新意识之间保持必要的平衡。总之，马尔库塞的文艺思想是立足于艺术对现实的批判功能之上的，他努力通过审美，借助于想象，建立一个“乌托邦”的理想世界。

---

① 赫伯特・马尔库塞：《单向度的人》，上海译文出版社 1989 年版，第 57 页。

# 第九章　结构主义的马克思主义文艺理论

结构主义作为一种思潮，兴起于20世纪50到60年代的法国，然后蔓延到欧美国家，成为20世纪最重要的社会思潮之一。结构主义之所以在法国产生，有其社会背景和理论前提。从学术研究看，19世纪下半叶以来，西方学术研究的显著特点表现为把知识分为相对孤立的学科，学科的专门化、孤立化相当严重。结构主义的产生还是对存在主义哲学的反动。存在主义把人的主体性作为哲学的起点，认为世界上的一切都来源于主体的选择和创造。结构主义者在越来越发达的工业社会甚至是后工业社会的背景之下，深深体验到个体在社会大结构中的无能为力，提出了人只是构成结构复杂的关系网络中的一个关系项，本身没有独立性，是被结构所决定的，因而人是被动的。因此，结构主义反对个体的主体性。此外，存在主义重个体体验，反对科学。存在主义作为一种人本主义思潮显然是主张非理性的，结构主义则重视科学性和社会结构的整体性。

在20世纪60年代和70年代结构主义思潮在法国盛行之时，对马克思主义哲学及文艺学的研究在当时学术界较为流行。一些声称相信马克思主义的理论家尝试着将结构主义和马克思主义结合起来，于是形成了“结构主义的马克思主义”。这一特殊的“西方马克思主义流派”与“存在主义的马克思主义”“法兰克福学派的马克思主义”有着十分明显的不同。后两者主要是从人本主义的角度对马克思主义进行重新阐释，它们特别注意对马克思早期著作《1844年经济学哲学手稿》的阐释和理解，而结构主义的马克思主义在文艺学和美学研究方面所突出的是文艺与社会结构、文艺与社会集团的意识形态的联系。

需要注意的是，结构主义的马克思主义的产生还有一个重要的社会背景，这就是阿尔都塞所指出的，随着苏共二十大对个人崇拜的谴责，国际共产主义运动中出现了一场深刻的意识形态上的反动，各种资产阶级、小资产阶级的世界观严重威胁着马克思主义的纯洁性。结构主义的马克思主义正是以“科学”的眼光对马克思主义进行研究，阿尔都塞甚至得出一个结论：马克思主义是反人道主义的。

# 第一节　阿尔都塞的文艺与意识形态理论

阿尔都塞是法国著名哲学家，生于阿尔及尔郊区的比曼德雷小镇上的一个银行家家庭。第二次世界大战期间，德国法西斯入侵法国，阿尔都塞应征入伍，曾于 1940 年 6 月不幸被俘，进入德国集中营。1945—1948 年再次入国立高师攻读哲学专业，获哲学博士学位。他的主要哲学著作有《列宁与哲学》《保卫马克思》《阅读〈资本论〉》《政治和历史》等。在文艺学、美学方面阿尔都塞没有专门的研究著作，只有一些单篇文章或书信论及文学艺术和美学问题，这些文章基本都属某哲学著作中的一部分，如《皮科罗剧团、贝尔多拉西和布莱希特》是《保卫马克思》一书中的第四篇文章，《一封论艺术的信》《抽象画家克勒莫尼尼》收在《列宁和哲学》论文集中。综观阿尔都塞的文艺思想，可以从以下两方面来考察。

## 一、文学艺术与意识形态的关系

要全面理解阿尔都塞对文学艺术与意识形态关系的观点，必须先把握他对马克思主义哲学的研究和分析以及得出的一些基本结论，阿尔都塞既表现出对斯大林经济主义的强烈反对，又不赞成用黑格尔派的马克思主义人道主义来替代斯大林主义的做法，他反对讨论异化、人道主义等带有人本主义色彩的哲学问题，主张用结构主义来保卫马克思主义。

在 1965 年出版的轰动一时的著作《保卫马克思》一书中，阿尔都塞对黑格尔化的马克思主义表示强烈不满，在本书中，他重点对意识形态做了新的解释和界定。他认为意识形态理论可以包含两方面的内容即意识形态表象体系和意识形态国家机器，所谓意识形态国家机器强调的是意识形态的物质性，它包括教会、教育、家庭、政治组织、通信交往及文化等，所谓意识形态表象体系是指人们体验自己与自己的生存条件的关系，他认为，这两个方面是相互联系的，意识形态国家机器为每一个体在这部大机器中准备好了一个位置，并赋予个体一个名称，然后通过自我形象或再现的形式给个人提供一种抚慰性的关于整体的幻景、一种抚慰性的一致感，说明白一些，阿尔都塞认为意识形态因为受到阶级利益的支配，因而就不可能对世界的整体做出真实的反映。概括起来看，阿尔都塞对意识形态做了这样一个界定:“意识形态是具有自己的逻辑和严格性的表象（意象、神话、观念或概念）体系，它在给定的社会中历史地存在并起作用。”具体来讲，意识形态有如下特征：意识形态作为社会生活的基本结构是普遍的、无所不在的；意识形态的主要功能在实践方面，“意识形态作为表象体系之所以不同于科学，是因为在意识形态中，实践——社会的职能比理论的职能（即认识的职能）更重要得多”；意识形态以神话的方式体现着世界，他认为，“一个社会或一个时代的意识形态无非是该社会或该时代的自我意识，即在自我意识的意象中包含、寻求并自发地找到其形式的直接素材，而这种自我意识又透过其自身的神话体现着世界的总体”；意识形态的强制性，意识形态并不是供人们选择的东西，它是强加在人们身上的，是人们必须接受的赠品。[①]与意识形态相对，阿尔都塞认为科学超越了狭隘的阶级利益的局限，它可以给人们提供关于世界的真实的知识。意识形态的主要职能是社会实践或社会生产的，而科学的职能则主要是理论的。

那么，文艺与意识形态的关系如何呢？阿尔都塞对之做出了分析。他明确提出：艺术并不是意识形态，“我并不把真正的艺术列入意识形态之中，虽然艺术的确与意识形态有很特殊的关系”[②]。同时他又指出：“艺术使我们看到的，因此也就是以‘看到’‘觉察到’和‘感觉到’的形式（不是以认识的形式）所给予我们的，乃是它从中诞生出来、沉浸在其中、作为艺术与之分离开来并且暗指着的那种意识形态。”[③]因此，阿尔都塞尽管不把艺术列入意识形态范畴，但他承认，艺术是一种生产实践活动，或者说，艺术作为生产本身就是作为意识形态的艺术的存在方式。由此可见，阿尔都塞并不否认艺术具有意识形态性质，但他不是把艺术理解为意识形态的自在存在方式，而是把它理解为意识形态的生产，也就是把艺术看成以意识形态为原料的精神生产活动，阿尔都塞认为，艺术作为意识形态的生产具有两个基本特点：其一，由于艺术生产的原材料是“人的意识”或意识形态，因此，艺术同意识形态有不可分割的联系，艺术就不是艺术家个人纯粹主观意识的创造，而是建立在意识形态基础之上并接受其制约的活动；其二，艺术是对意识形态的加工、生产和改造，因此，艺术品与意识形态显然有极大差别。意识形态的直接形式往往在生产过程中被抛弃，成为艺术品中的隐匿的“不在场”的存在。因此，阿尔都塞进一步指出，真正优秀的艺术作品与艺术形态保持“距离”。阿尔都塞以巴尔扎克和托尔斯泰的创作为例，说明这一理论。他说：“巴尔扎克从来没有放弃过他的政治立场。我们

① 毛崇杰：《二十世纪西方美学主流》，吉林教育出版社 1993 年版，第 586 页。

② 陆梅林：《西方马克思主义美学文选》，漓江出版社 1988 年版，第 520 页。

③ 陆梅林：《西方马克思主义美学文选》，漓江出版社 1988 年版，第 520-521 页。

甚至还知道：他的独特的、反动的政治立场在他的作品内容的产生上起了决定性作用。”[①]像巴尔扎克、托尔斯泰这样的作家，“他们作为小说家的艺术的‘效果’在他们的意识形态内都造成这个距离，使我们得以‘觉察到’它”。但是这种艺术效果是以那个意识形态本身为前提的。阿尔都塞指出，巴尔扎克“只是因为他保持了自己的政治概念，他才能产生出自己的作品，只是因为他坚持了他的政治上的意识形态，他才能在其中造成这个内部距离，使我们得到对它的批判的‘看法’”[②]。

同时，阿尔都塞还将艺术同科学（认识）区别开来。阿尔都塞认为艺术只是使人们“看到”“觉察到”意识形态，而不是直接“认识到”意识形态。他指出：“艺术（我是指真正的艺术，而不是平常一般的、中不溜的作品）并不给我们以严格意义上的认识，因此它不能代替认识（现代意义上的，即科学的认识）。”但是，艺术与认识之间又有联系，两者之间的关系不是同一的关系，而是差异的关系，这种差异就是艺术同科学不同，在反映现实方面有着自己的独特方式。意识形态也是科学的对象，但艺术同科学在处理同一个意识形态对象时采用了不同的处理方式。阿尔都塞指出：“艺术使我们看到的，因此也就是以‘看到’‘觉察到’和‘感觉到’的形式（不是以认识的形式）所给予我们的，乃是它从中诞生出来、沉浸在其中、作为艺术与之分离开来并且暗指着的那种意识形态。”阿尔都塞还举例说，如果索尔仁尼琴的小说的确使我们“看到”对“个人崇拜”及其后果的“体验”，那么，他绝没有使我们认识它们：这个认识是对那些最终产生出索尔仁尼琴的小说中所讨论的“体验”的复杂机制的概念上的认识，也就是说，一部关于“个人崇拜”的小说不管多么深刻，它可能引起人们对它的被体验到的后果的注意，但是并不能使人们理解它，它可能把“个人崇拜”问题提到日程上来，但是它不能确定说出有可能补救这些后果的手段。因此，艺术并不给我们提供认识对象，艺术的效果也不是让我们认识作品中所表达的内容，而是让人们去“看”，去“觉察”。阿尔都塞对艺术的这一认识使我们自然而然地想到俄国形式主义者什克洛夫斯基关于“陌生化”的观点，在讲到陌生化时，什克洛夫斯基也明确指出，艺术的目的在于“感知”而不在于认识。他说：“艺术存在的目的，在于使人恢复对生活的感受；它的存在，在于使人感知事物，在于使石头显示出石头的质感。艺术的目的，在于让人感知这些事物，而不在于知道这些事物。”[③]艺术正是以其特有的方式（如形式化）将作家对生活的感受固定在艺术作品之中，而接受者的欣赏过程也主要表现为对作品表达

① 陆梅林：《西方马克思主义美学文选》，漓江出版社 1988 年版，第 523 页。

② 陆梅林：《西方马克思主义美学文选》，漓江出版社 1988 年版，第 524 页。

③ 畅广元：《二十世纪西方文学理论》，陕西人民出版社 1990 年版，第 35 页。

的意蕴的体验感悟，这其中当然不排斥理性的理解和认识活动，但这种理解和认识并不是一个独立的推理过程，它与读者的体悟是联系在一起的，在过去的很长一段时间，由于我们只承认艺术反映论的观点，从而把文艺看成一种认识生活的手段，而相对忽视了文艺的其他功能和文艺的自身特性，形成了文艺理论研究中一个大的误区。阿尔都塞对艺术和认识的区分是有其一定价值的。当然，我们并不完全同意阿尔都塞的观点，我们不否认文艺的认识价值，但这种认识是建立在艺术特性基础上的。

## 二、"根据症候"阅读文本的方法

在《保卫马克思》中，阿尔都塞认为马克思的思想发展前后存在着"断裂"，"断裂"前为意识形态阶段，以后为科学阶段。具体来讲可分为四个时期：第一时期是1840—1842年，这一阶段的马克思主要受到康德、黑格尔的理性加自由的人道主义影响，认为通过哲学和政治的批判就可达到一个符合人性的国家。第二时期为1844—1845年，为费尔巴哈的人道主义所支配，主张通过恢复人的本质来实现人道的共产主义。第三时期是1845—1857年的转变期，这一时期，马克思与过去的理论决裂，具体表现为三个方面：一是在社会结构、生产力、生产关系、上层建筑、意识形态、经济的"最终决定作用"和不同上层建筑的相对自主性等全新的概念上建立历史与政治理论；二是对一切哲学人道主义理论进行了批判；三是把人道主义本身规定为意识形态。第四时期是1857—1883年的成熟期，马克思创立了以《资本论》为代表的科学的马克思主义。[①] 1965年，阿尔都塞出版了《阅读〈资本论〉》，在这部书中，他运用更为系统的科学的方法论述自己的见解，并提出了阅读文本的方法，他称之为"依据症候阅读"。"依据症候阅读"受到了结构主义语言学及拉康的精神分析学的影响，拉康就认为文本中没有直接言明之处与看得见的东西是同样重要的。因此，阅读了马克思的著作也应该善于从可以看得见的文字的背后发现构成第二个"沉默的论述"的空白之处。他指出，不应该用直接阅读的方法来对待马克思的文本，而必须采取依据症候阅读的方法来对待它们，以便在话语的表面的连续性中辨认出缺失、空白和严格性上的疏忽，在马克思的话语中，这些东西并没有说出来，它们是沉默的，但它们在他的话语本身中浮升出来。可见，阿尔都塞的阅读文本理论特别强调阅读主体的能动性，要求读者透过文本的表层结构发现文本的深层结构，这样，文本的容量也就极大地被丰富了。

---

① 马新国主编：《西方文论史》，高等教育出版社1994年版，第563-564页。

阿尔都塞也将这一阅读理论运用到文学活动中去。他认为文学艺术作品浸润着意识形态，但它并不明确表述意识形态，而是“暗指”着意识形态，并且在文本中造成与意识形态的疏离。文学批评要成为可能就必须依据意识形态的结构阐明文学作品。他在分析抽象派画家克勒莫尼尼的作品时指出：“为了‘看懂’克勒莫尼尼的画，尤其为了说出画家想让人们看到什么，我们必须放弃鉴赏美学的范畴。我们不能凭个人的好恶去看待物体，而要换另一种眼光，的确，这位造型画家的全部力量在于，他‘画’的不是‘物体’（被肢解的羊，伤痕累累的尸体，石头、植物，1900 年的安乐椅），也不是‘场所’（以小岛的嶙峋岩石上或从敞开的窗户中所眺见的大海，高悬空中的阳台，摆设着油漆衣柜和床铺的寝室，可疑的盥洗室，夜行列车上的单间），也不是‘时间’或‘瞬间’（破晓时分，深夜，正午：小女孩在烈日当空的庭院中的玩跳房子游戏），克勒莫尼尼所‘画’的，是把物体、场所和时间都包括在内的关系。”[①]阿尔都塞的意思是说，从表面上看，画家画的东西似乎都是分散的、零碎的、不完整的，但是，欣赏者要读懂他的画必须有一种整体的眼光，必须透过这些表层的东西去发现所表现的“关系”，这种关系就是“‘人’同他的物体之间的真实关系。或极而言之，是‘物’同它的‘主人’之间的真实关系”[②]。阿尔都塞认为，既然是一种关系，也就必须是抽象的。因此，一旦读者通过“依据症候”阅读的原则和方法，就可以看出画家的抽象画所表现的意蕴。克勒莫尼尼用作品直接描绘的“在场”的形象去暗指某种“缺失”的意识形态，用作品内容与作家个人意识形态的距离，去暗指现实的意识形态，这就是艺术作品的审美效果。

总之，阿尔都塞主张在艺术的“空白”、沉默和“缺失”中揭示出深层的文学意义，不是在意识形态的想象性关系中体验自我，而是通过科学分析的方法去获得真知，他主张用科学对意识形态的神话和谎言进行揭露。

## 第二节　马歇雷的文学生产理论

皮埃尔·马歇雷，法国著名的哲学家和文学评论家，法国共产党员，阿尔都塞的学生和同仁。马歇雷被认为是阿尔都塞学派的第一位职业文艺理论家，

① 陆梅林：《西方马克思主义美学文选》，漓江出版社 1988 年版，第 527 页。

② 陆梅林：《西方马克思主义美学文选》，漓江出版社 1988 年版，第 527 页。

他基本上坚持了阿尔都塞关于文学与意识形态的理论观点，并努力将其深化、扩展，从生产论和意识形态角度研究文学，使阿尔都塞学派的理论形态更加完整和系统化。马歇雷最重要的代表作为《文学生产原理》《论文学作为一种意识形态：某些马克思主义的主张》和《反映论》等。后期的马歇雷努力弥补早期理论的不足。

## 一、作为生产性劳动的文学创作

马歇雷的文学生产理论同文艺社会学、接受美学的某些理论家以及“西方马克思主义”学者中的本雅明、阿多尔诺的艺术生产理论都有不同。马歇雷对文学生产理论所做的最突出的贡献是将阿尔都塞的意识形态论纳入其理论体系，文艺与意识形态的相互关系构成了马歇雷文学生产理论的中心课题。

马歇雷认为：“作品并不是直接植根于历史现实，而仅仅是通过一系列复杂的中介。”其中，最重要的中间环节就是思想体系（意识形态）。马歇雷认为，没有意识形态而能创作出成功作品的作家是不可想象的，在他看来，文学创作好比生产性劳动，通过这种劳动，原材料被加工成了作品，作家创作并不是“无中生有”，作品也不是由某种无形态的泥土组成，作家是将先期存在的文学形式（如文学体裁、文学传统和文学语言）去加工意识形态，从而生产出文学本文。正如 D. 福尔加齐在《马克思主义的文学理论》一文中所指出的，马歇雷确实赋予“生产”一词很特殊的意义，他认为文学像生产劳动一样，原材料经过加工成为最终的产品，文学创作所依靠的虽然是现有材料，但进入艺术作品的任何东西，都会变成一种另外的东西，正如制造飞机螺旋桨的材料，经过切削、焊接和磨光后与其他零件一起安装到飞机上，就改变了它的外形和作用。

因此，在考察作家创作的文本的时候，就不应该将作品同现实直接对立起来。马歇雷把文艺作品对意识形态的偏离和重建视为文艺生产过程中的决定性步骤，因此，他要求将文学批评的重心从文艺与现实的关系上移开。

在《列宁——托尔斯泰的批评家》一文中，马歇雷指出，马克思和恩格斯对文艺创作表现出一种持续的兴趣，但由于各方面的条件限制，他们没有对艺术问题做过更多的广泛研究。甚至在 20 世纪初，除了普列汉诺夫和拉法格讨论艺术和社会生活的一些论文外，仍然没有系统的马克思主义美学。因此，列宁论托尔斯泰的文章就成为科学马克思主义的历史发展中很重要的著作。马歇雷首先肯定了列宁的这一组文章。“在这里，我们看到了第一个有所为的批评的真正范例，一个值得称之为‘批评的镜子’的范例。”[①]马歇雷认为列宁的批评方法的一般原则是“文学作品只有按照它和一个确定的历史时期的关联来考虑，才具有意义……因此，在文学著作和历史之间，有一种必不可少的关系，一种甚至在最初问世时就具有的相互关系”[②]。马歇雷基本上赞同列宁对托尔斯泰作品中所表现出的某些最佳的分析，他指出，“事实上，托尔斯泰的作品既揭示了他的时代的矛盾，也揭示了跟他对那些矛盾的偏见有关的缺陷。列宁指出托尔斯泰的作品反映了那个时代的开端的某些状况，正意味着这一点。这就是为什么列宁把托尔斯泰叫作‘俄国革命的镜子’的缘故”[③]。但马歇雷又认为，列宁的这些论文最明显的特征是政治工作的产物，而不是文学或理论工作的产物。其根本原因在于列宁是从“作品—现实”“作品中的矛盾—现实中的矛盾”这一思维框架来思考文学问题的。

文学创作的情况似乎要复杂得多，其关键是如何处理作品本文与意识形态的关系问题。马歇雷把意识形态（马歇雷称之为“幻觉”）与作品文本（马歇雷称之为“虚构”）的关系做了说明。他认为，幻觉作为人们普遍的意识形态经验是作家创作所依据的材料，但是作家在进行创作时，运用一系列文学特有的手段（如修辞、描写、叙述等技巧），把它改变成某种不同的东西，赋予它形状和结构。正是通过赋予意识形态某种确定的形式，将它固定在某种虚构的界限内，从而暴露出意识形态自称万能的虚妄。这样，艺术就有助于我们与意识形态保持距离，摆脱这种“幻觉”。马歇雷指出：“分析一部文学作品，既不是利用通常用以描述历史进程的科学概念，也不是利用思想概念。它要求能够表示作品的文学性的新概念。”[④]

马歇雷提出了考察文学作品必须注意的双重关系序列：

1．历史进程 ⎫
2．思想体系 ⎭（1）
3．思想体系 ⎫
4．作品（特殊的文学性）⎭（2）

马歇雷认为，文学和现实的关系不是直接的，和思想体系的关系也不是自发的，因此文学批评的直接对象是第 4 项（即文学性），文学批评的重心应该移置于第二组关系序列。如果说第一组关系相对来说比较直接的话，那么第二组关系就要间接和隐蔽得多，马歇雷用“体现”“表达”“翻译”“表现”等一系列

① 陆梅林：《西方马克思主义美学文选》，漓江出版社 1988 年版，第 585 页。
② 陆梅林：《西方马克思主义美学文选》，漓江出版社 1988 年版，第 585 页。
③ 陆梅林：《西方马克思主义美学文选》，漓江出版社 1988 年版，第 585 页。
④ 陆梅林：《西方马克思主义美学文选》，漓江出版社 1988 年版，第 597 页。

字眼来表示它们之间的复杂关系。

总之，马歇雷将文学的生产性质同文学与意识形态的关系结合起来考察。他在《文学生产理论》中认为意识形态是幻觉的社会信念的密集体系。意识形态本身是完整的。文学通过写出意识形态“生产”意识形态。意识形态给文学以形状和轮廓，而意识形态因为是一种幻觉，所以它没有形状和轮廓。这样，作品就使意识形态“中空”。用马歇雷的话说，就是“在作品内文字叙述和文字的意识内容是有矛盾的”，“文学在运用意识形态的同时又向意识形态挑战”。

## 二、文学作品的“离心结构”

马歇雷认为，文学具有通过加工意识形态而又窥破意识形态的功能。那么，这种功能从何而来呢？他认为关键问题在于作品本身具有离心式结构。意识形态是一种虚假的思想体系，“思想体系（即意识形态——引者注）是它自己的局限性的俘虏（这并不是一回事）。思想体系是封闭的，有限的，但它错误地宣称自己在其限度之内是无限的（对每一事物都能做出回答）。因此之故，思想体系不能创造一个会成为矛盾条件的系统。（只有在一个构成的系统之内才能够有矛盾；否则，就只有对立。）思想体系是一个虚假的整体，因此它并没有指定他自己的限度，因为它不能反映出它自己局限性的有限性”①。因此，马歇雷认为思想体系的根本弱点是：“它不能为自己识别自己的实际限度：充其量，它只能从别的地方得知这些限度。”②基于以上认识，马歇雷反对卢卡契等人所主张的艺术形式的有机整体观。因为，文学生产是为没有形态和外形的意识形态提供形状和结构。有机整体的文学形式无法呈现意识形态的局限性和自身矛盾性，因而是向意识形态认同。这样，为了表现意识形态的虚假性，作品的形式则必须是“离心”的、“不规则”的、“不完整”的，作品没有中心的要素，只有含义的不断冲突，歧异和消散。产生这种现象的原因是多方面的。

首先，文学生产是意识形态的虚构制作，在这种特殊的生产过程中，作家立足于两种基本构思，即观察和评判。作家要运用两种表达方法，即文学性表达法和意识形态性表达法。这样一来，作家在创作开始时试图写出一个统一连贯的文本，但两种构思和两种表达的矛盾，就使得创作出来的文本同原先设想要写的东西出现差异，产生不一致现象。马歇雷在《文学生产理论》一文中通过对凡尔纳和巴尔扎克作品的研究来说明他的观点。他认为，在作者开始写作

① 陆梅林：《西方马克思主义美学文选》，漓江出版社 1988 年版，第 611 页。

② 陆梅林：《西方马克思主义美学文选》，漓江出版社 1988 年版，第 610 页。

时有目标，计划创作出统一和一致的内容，但是在创作实践中这种协调是不可能也不曾达到的。凡尔纳的目标是表明工业和科学怎样证明和改变自然，巴尔扎克的目标是“观察和判断社会”。但他们二人的目标都没有按他们的预想而达到。马歇雷对凡尔纳的《神秘岛》做了具体分析。他指出，凡尔纳想把《鲁滨孙漂流记》的题材做“现代化”处理，写一群同孤独的鲁滨孙不同的漂泊者。凡尔纳的漂泊者后来发现他们并不是孤独的，也不是第一批殖民者，尼莫船长生活在火山脚下，他的船员曾在海上住过，在一头死猪身上发现一颗子弹，尼莫给了漂泊者们一箱货物。马歇雷认为，给货物的事是旧的鲁滨孙题材的一个方面，也是凡尔纳在小说开头所没有写的，尼莫给货这样的题材又出现了。这样，在凡尔纳的叙述中他的目标被自己的内容所破坏，现代化的鲁滨孙题材被旧的鲁滨孙题材所破坏，因此，马歇雷认为叙述是“错误”的，它使作家的某些创作意图不能得到表现。就这点而言，马歇雷的看法是极有道理的，由于作家在创作中坚持了主体性原则，他的作品往往会超越其固有的意识形态局限，打破阶级的偏见，创作出能够揭示生活的某些本质规律的伟大作品，巴尔扎克、托尔斯泰这两位被马克思主义经典作家倍加称赞的现实主义伟大作家之所以取得了胜利，关键在于“如实地叙述”了他们所看到的社会现实，从而在作品中抛弃主观上的阶级偏见。马歇雷借鉴列宁对托尔斯泰作品的分析，表明了自己的观点：“真正决定托尔斯泰的作品的，是整个历史结构，只要它使我们能够考虑到他的特别观点。托尔斯泰的个人观点是由他的社会出身决定的：托尔斯泰伯爵自发地代表了地主贵族。但是作为一个作家，作为一部作品和一种伦理（这两方面必须区别开来）的创造者，他享有某种社会灵活性：他具有旅行者的身份。托尔斯泰在他的作品中吸取了一种并非‘天然地’属于他自己的思想：眼睛望着农民，而同他当时的历史建立了一种新关系。他关于改革后俄国社会的看法，并不是一个地主贵族的看法。托尔斯泰精心制造了一种哲学（叫作托尔斯泰主义）。这种哲学事实上更切合于一个不同的社会阶级。”①在马歇雷看来，托尔斯泰并没有赋予自己的作品以自觉的批判倾向，而只是在作品中提出了一些可以促进人们去思考的历史问题，因此，文学批评就不能直接去揭示作品的社会意义和意识形态意义，而应该努力发现作品的无意识的“离心结构”。所谓“离心”，是指它偏离了自身所赖以产生的意识形态，正是这一“离心结构”的存在，意识形态便借助艺术的“特殊形式”或“明确的客观形式”发生了内部的换位效应，暴露出自身的混乱、差异、矛盾和种种不一致的方面。

其次，作品“离心”式结构产生的另一个原因是，当作家从事创作时，他

---

① 陆梅林：《西方马克思主义美学文选》，漓江出版社1988年版，第591页。

不仅记录下他所看到的一切，甚至还记录下他的视野以外的东西，而且他也可以表现现实的一切因素。但是，作家的作品不可能同现实直接对应。因此，一部作品往往部分地或不一致地表现现实而有疏漏。读者可以通过疏漏看出作品背后隐藏着什么。所以，从作品本身来讲，它是不完整的，有“沉默”，有“空隙”之处。马歇雷明显受到阿尔都塞观点的影响，他认为，文学作品甚至只有记录了自身反映的局限性和偏见，记录了关于历史进程的不真实的东西，才能是一面真正的镜子。文学作品的特权在于：为了展示整体，它不必完整无遗地、明白无误地叙述这个整体，作品所要表达的东西是深深地埋藏在作品之中的，读者正是要借助于阿尔都塞的“依据症候阅读”来读出作品的意义。

## 第三节　戈德曼的发生学结构主义理论

吕西安·戈德曼（1913—1970），法国社会学家、文学批评家，生于罗马尼亚布加勒斯特。大学期间，曾读过马克思的多种著作，因为参加秘密的左派团体，遭到逮捕，1933 年逃往维也纳。第二次世界大战爆发之后，戈德曼给卢卡契做研究助手，并获哲学博士学位。因此，戈德曼的思想深受卢卡契影响。他努力将马克思、卢卡契和皮亚杰的思想结合起来，创立了“发生学结构主义”的马克思主义。其主要著作有《人文科学与哲学》《隐藏的上帝》《辩证法探索》《拉辛》《小说社会学》《马克思主义和人文科学》《现代社会中的文化创造》等。

### 一、艺术作品的内在结构和社会集团的世界观精神结构的同构关系

从哲学方法论的角度讲，戈德曼坚持辩证法，反对理性主义及经验主义。他认为理性主义由天赋观念或明显的观念出发，经验主义从感觉或感知出发，两者都承认在进行科学研究时有一套先期得到的知识，这些方法是一种直线型的方法。而他所说的辩证思维的方法从来没有肯定的出发点，也没有最终解决了的间距，显然，戈德曼的辩证法与马克思主义哲学的辩证法是有很大不同的，但是，戈德曼又强调指出：“一切局部的真理只有通过它在整体中的地位才具有真正的意义，同样只有通过在认识局部真理的方面进步，整体才能被认识。因此，认识的进程就像是在应当彼此相互启示的各部分与全体之间的永恒摆

动。”[①]戈德曼又接受了马克思和卢卡契思想的影响，特别是卢卡契整体性哲学思想的影子在他的这一段话中明显可见。

这种辩证的方法运用到文学研究中，就是要求把文学作品的内在结构放到社会历史的整体结构中来考察。戈德曼的“发生学结构主义”的“结构主义”是指他所侧重的研究对象不在于某一世界观的内容，而是这种世界观所展示的范畴结构；而“发生学”是指研究这种精神结构是如何历史地产生的，即研究一种特殊的世界观与产生这种世界观的历史条件之间的关联。因之，他认为研究作家作品的内在结构，发现作品的意义，必须首先克服传记式的研究方法，原因有二。

第一，传记式方法局限于从个人的生平、心理以及言论等方面考察作品的意义，它无法完满回答作家、作品之间经常出现的不一致，甚至相反的现象。戈德曼举例说，休谟和笛卡尔都是信仰上帝的，但前者的经验主义却是怀疑论的，后者的理性主义则是无神论的。他还特别强调，文学史家和哲学家感兴趣的是作品的客观意义，而一个作家的创作意图和他自己所认为的文学作品的主观意义并不是相吻合的，也就是我们常说的“形象大于思想”的现象。因此，传记式批评以这点来看是不科学的，运用这种方法所得出的结论也是不可靠的。“新批评”认为传记式研究会产生“意图谬误”与戈德曼的思想有一致之处。戈德曼反对传记式批评方法的第二个理由是因为这种方法是一种非常表面的和零碎的心理学研究方法，它不能使人们从总体上来把握作家与社会及自然环境的深刻关系。因此，他认为这种方法尽管表面上看来非常博学，并具有科学的严谨性，但它得出的结论必然或多或少是武断的。传记研究也有助于澄清一些细枝末节的问题，具有重要意义，“不过这最终是一种辅助的、局部的研究方法，必须用各种不同的方法检验其结果，尤其是无论如何不能以此作为解释的依据”[②]。

第二，戈德曼又提出，试图通过结合作者的传记以超越书面文本很困难，其结果也是靠不住的。那么，重新恢复实证主义的方法是否就有必要了呢？戈德曼的回答是否定的。他同样反对实证主义的方法。因为这种方法也有两个弊端：其一是它很难划定作品的范围；其二，艺术作品的意义往往具有不确定性，不是清楚明白的，甚至是相互矛盾的。因而这种方法也很难奏效。戈德曼指出：“实证主义的方法由于没有能使它判断不同文本的重要性及其在整个作品中的意义的客观标准，因此面对这两个障碍是完全无能为力的。”[③]

---

① 陆梅林：《西方马克思主义美学文选》，漓江出版社 1988 年版，第 544-545 页。

② 陆梅林：《西方马克思主义美学文选》，漓江出版社 1988 年版，第 550 页。

③ 陆梅林：《西方马克思主义美学文选》，漓江出版社 1988 年版，第 552 页。

如何对作家的作品进行研究呢？戈德曼做出了比较详细的回答和论述。戈德曼极力主张研究作家作品要从作品整体出发，这包括两个方面：一方面，不能断章取义，从一部作品中抽取出某一部分内容，然后再认定这就是作品所要传达的意义，戈德曼指出这样做的后果是："把一部分作品的某些局部内容与上下孤立开来，把这些内容变成独立的整体，然后证实在另外一部作品中也存在类似的内容，并且和这部作品进行对照比较。这样便造成一种人为的类似，有意无意地把上下文抛开不顾，而上下文却完全是另外一回事，它甚至赋予这些类似的内容以不同的或是相反的意义。"①例如对待卢梭作品的分析，流行的观点就犯了以偏概全、以部分代替整体的毛病。卢梭的作品中尽管有强调主观自我、热爱大自然的思想，表现出浪漫主义色彩，但是，如果从其作品整体出发，联系他的《社会契约论》等著作，情况就复杂了，他的思想有时会表现出同浪漫主义相反的情况。戈德曼认为康德非常钦佩卢梭，同时又反对慷慨激昂和感情放纵，也就是说康德对卢梭的理解是较为正确的。

研究作家的作品的内在结构最为重要的就是将作品放到作家创作的整体中去考察。再深入一个层次，就是要把作品放到社会结构中去考察。戈德曼认为，社会行为不是来自纯粹个人的意志，它来自一个集体行为的意志。"任何一个人的精神运动行为都是由他与周围环境的关系而产生的。"②戈德曼用皮亚杰的"同化"与"顺应"思想来说明个人与环境的关系，并把这些关系的作用分解为两个相互补充的过程：一是周围环境同化于主体的思想和行动模式，一是周围世界没有被同化时，这些模式便适应于周围世界的结构。③戈德曼批评了哲学史上把个人当作绝对主体来看待的一些观点。他认为笛卡尔、费希特的"自我"，新康德主义者和现象学家的"先验自我"等都是不成立的，因为人的任何行动都不是以孤立的个人为主体的。表面上看，社会结构通过物化把作为群体的"我们"变成几个彼此不同并且互相隔绝的个体，但是行动的主体仍是一个群体，是"我们"。"在人与人之间，除去主体和客体，'我'和'你'的关系之外，还有另外一种可能的关系，一种集体的关系，我们把这种关系称之为'我们'，这是对自然或社会客体的共同行为的表现。"④因此，个体都是群体中的个体，都处在一定的社会集团之中，在阶级社会中，对文学艺术创作产生重要影响的最为重要的群体就是"社会阶级"。

从此出发，戈德曼认为，作家的作品表现了世界观，但这种世界观并不是

① 陆梅林：《西方马克思主义美学文选》，漓江出版社 1988 年版，第 557 页。
② 陆梅林：《西方马克思主义美学文选》，漓江出版社 1988 年版，第 557 页。
③ 陆梅林：《西方马克思主义美学文选》，漓江出版社 1988 年版，第 557 页。
④ 陆梅林：《西方马克思主义美学文选》，漓江出版社 1988 年版，第 559 页。

纯个人的，世界观是使一个群体（往往是一个阶级）的成员聚合起来并使他们与其他诸群体相对抗的全部愿望、感情和思想。因此，他反对将文学作品看作作家个人的观点。作为个体的作家必然是社会集团中的一分子，他的作品也必然表现他所属阶级的世界观。“作品的真正作者不是个人，而是社会集团。”作家的作品之所以具有艺术的生命力，是因为杰出的作品能清楚地表达作家所属的社会集团的世界观。戈德曼认为伟大的作家不同于常人之处，就在于他能把握到自己所属社会集团的世界观，并能用艺术的方式将它化为艺术的世界。他认为：“凡是伟大的文学艺术作品都是世界观的表现。世界观是集体意识现象，而集体意识在思想家或诗人的意识中达到概念或感觉上最清晰的高度。”①因为伟大的作家精心构筑了社会集团的精神结构，作品就能使社会集团敏锐地意识到这种精神结构。戈德曼还特别指出，作家在作品中重现集体意识不是采取机械的方式，而是“从相当可观的程度发展了。至今集体意识只是以粗略、现成的方式达到的结构上的连贯性。因此，作品是通过作品创造者个人的意识而获得的集体成果，是一种随后能为集体揭示出这集团没有意识到的活动方向的效果”②。越是伟大的作家，他的作品就越体现了这个特点。“伟大的作家恰恰是这样一种特殊的个人，他在某个方面，即文学（或绘画、概念、音乐等）作品里，成功地创造了一个一致的，或几乎严密一致的想象世界，其结构与集团整体所倾向的结构相适应；至于作品，它尤其是随着其结构远离或接近这种严密的一致而显得更为平凡或更为重要。”③在这里，戈德曼就明确地指出了作品内在结构同社会集团的世界观的关系。

## 二、“发生学结构主义”的批评模式

戈德曼努力将其理论运用到文学批评的实践中去。既然作品的内在结构同社会集团世界观之间具有同构关系，那么探求文学作品、世界观和历史之间的整套的辩证的结构关系，从作品中发现集团的世界观就是文学批评的重要任务。戈德曼用他的理论对拉辛的全部作品表现了一种特殊形式的世界观，即“悲剧观”。悲剧观是通过悲剧作品中经常出现的范畴结构——上帝、世界和人的关系得到表现。人和世界、上帝之间形成一种三角关系，上帝和现世的王权共同向悲剧的个人施加压力。戈德曼还将拉辛作品的精神结构和社会结构即穿袍贵族和宗教上的詹森主义联系起来考察。拉辛悲剧的精神实质在于看到这个世界是

① 陆梅林：《西方马克思主义美学文选》，漓江出版社 1988 年版，第 561 页。

② 转引自《当代国外文学理论流派》，上海外语教育出版社 1991 年版，第 216 页。

③ 陆梅林：《西方马克思主义美学文选》，漓江出版社 1988 年版，第 568 页。

毫无价值的世界，人们承认这个世界是唯一存在（因为上帝看不见），但还是继续抗议它，以某种始终隐而不见的绝对价值的名义替自己辩护。戈德曼用发生学结构主义的方法为这种世界观找到了基础。他认为詹森主义的基本精神（即否认人的自由意志，认为人的命运是上帝决定的）同拉辛的悲剧观有同构关系。而詹森主义则是17世纪早已丧失了地位的法国“长袍贵族”这一社会集团的意识。这一集团一方面依附于专制王权，另一方面又要求个人主义以谋得自身的发展，某种程度上体现了新兴资产阶级的要求。因此，他们便处于极为矛盾的情景之下：既需要王权，又在政治上反对王权，既依赖于隐藏的上帝的吸引力，又对资产阶级的理性主义和个人主义表现出一定的向往。所以，拉辛的作品是穿袍贵族，詹森主义和奉行王权政治的路易十四时期法国社会错综复杂的矛盾在结构上的悲剧性表现，反映了文学、世界观、历史之间的同构关系。

戈德曼的“发生学结构主义”理论从总体上借鉴了马克思主义的辩证观点，注重将部分和整体结合起来考察作品，表明他的理论还受到了卢卡契的影响。他的理论对于破除传记式的和“实证主义”的研究方法起到了重要作用。戈德曼尝试将作家的创作与社会历史结合起来又与马克思主义的历史唯物观有着亲密关系。戈德曼对作品、作家、世界观和历史之间的复杂关系做了不同于传统社会学的思考，有较多新意。

波塞尔在《马克思主义文学理论：对文学的终极分析》一文中曾对戈德曼的研究方法做过评价：“戈德曼为文学研究提出了一种同任何文化现象都相同的方法论，那就是现在众所周知的生成结构主义。所有的文化产品和文化过程，都应做通盘的观察；一种文化不应同包围着的‘社会和经济生活’孤立起来进行理解。”因此，戈德曼的出发点一般来说是同马克思主义者一致的：一种文学分析必须置于其社会经济的背景之中。但是，我们也不得不看到，戈德曼在具体运用这一方法的过程中，也暴露出不少缺陷：其一，其理论是“结构主义”的，故在研究作品、世界观和历史之间的“同构”关系时，只是重视了文学的认识价值研究，即从作品中发现社会历史的状况，而较少对作品进行审美判断，这可以说是一切结构主义文论的通病，戈德曼自然不能例外。其二，戈德曼的方法虽然反对“实证主义”，但他本人的研究有时也暴露出“实证主义”的倾向，甚至是机械论的弊端。在《小说社会学》中，他对小说的结构变化与资本主义社会结构变化的同构关系进行了研究，提出了不少有价值的见解。戈德曼曾指出，结构马克思主义的小说社会学最感兴趣的问题是在传统的小说总概念中确定不同的小说样式，而这些小说样式确切地反映出不同社会阶级和集团的状况。例如，18世纪笛福等人的小说中主人公表现出对现实生活的深信不疑，这类小说中的人物都体现着个人战胜世界的乐观信念，反映了上升的资产阶级集团的积极愿望。戈德曼还将小说对价值与超验精神的求索与失败置于资本主义社会经济基础的深层来加以剖析。他说："小说形式实际上是在市场生产所产生的个人主义社会里日常生活在文学方面的转移，在一个为市场而生产的社会里……小说的文学形式，同人和财富，广而言之人与人的关系之间，存在着一种严格的同源性。"[①]以上观点都是有价值的。但是，一旦将小说这种艺术形式同社会经济基础直接对应，忽视艺术作品同经济基础之间的复杂关系，必然导致历史主义分析方法的庸俗化。他指出，长篇小说结构的演变可以划分为三个阶段，它们同资本主义社会的结构演变是对应的。第一阶段，也就是指早期资本主义社会，它以竞争市场的出现为特点。这种经济上的自由放任主义使文学的注意力集中在主角的自我发展上，这种自我发展构成了长篇小说的结构。长篇小说的发展，就以主人公个性特点的逐步消亡为其特点，而这种情况的出现，是同经济从自由竞争发展到集中和垄断的过程相对应的。第二阶段，垄断资本和金融资本达到空前繁荣。这种经济上个人自由的"消逝"被转换到长篇小说中，试图以来自各不相同的思想体系的价值观念，也就是以社团和集体的价值观念，取代个人自传作为小说的内容。第三阶段，表现为以国家干预为特征的晚期资本主义时代物化趋于极致、个人创造力趋于消失的小说，这一时期"大约从卡夫卡开始，直到当代的新小说，并且尚未结束，它的特征是放弃用另一种现实来努力取代有疑问的主人公的任何尝试，以便写作没有主体的小说，其中不存在任何正在进行中的追求"[②]。戈德曼还用形象化的语言指出，第三阶段小说的时代特征可以用这句话来表示："愿望还在这里，可是旅行结束了。"或者说："旅行已经结束了，路却从未开始。"第四阶段，后期资本主义开始创立一个自主的客观物体构成的世界。在结构上，它被转换为诸如罗布-格里勒的小说中，人的个性被贬低到物的地位。

对于这种"对应"关系的划分以及长篇小说特点的分析，D. 波塞尔指出："戈德曼对资本主义历史的描述太可怀疑，他似乎硬把经济的发展纳入他事先就构想好了的长篇小说发展的框架之内。……结构对应观点的机械采用，否认了长篇小说的结构具有任何偏离或破坏资本主义交换结构的独立性。长篇小说的结构，在他看来，不过是包容经济结构被动的文化外壳。"[③]波塞尔还指出："要为这种有关长篇发展史的简单化观点进行辩护是极端困难的。举例来说，在戈德曼所谓的第四个阶段里，一系列完全不同于罗布-格里勒的小说已流行起来。譬如，美国的现实主义运动，尤其是贝娄、马拉默德和斯代隆，就维护了人道

① 戈尔德曼：《论小说的社会学》，中国社会科学出版社 1988 年版，第 11 页。

② 戈尔德曼：《论小说的社会学》，中国社会科学出版社 1988 年版，第 20 页。

③ 罗里·赖安等：《当代西方文学理论导引》，四川文艺出版社 1986 年版，第 185 页。

主义思想。倘若所有这些小说都只有同罗布-格里勒同样的结构，那么戈德曼含糊地坚持结构这个概念，这个概念对文学理论家们来说，就已不具备任何兴趣，也毫不重要了。另一方面，如果戈德曼承认在同一个资本主义历史时期内不同的长篇小说具有不同的结构，那么显而易见，他就承认了文学结构不仅仅是一个容纳经济内容的外壳；其他不同于经济的因素就必须予以考虑。”[①]波塞尔的评论同英国马克思主义理论家特里·伊格尔顿对戈德曼理论方法的分析基本一致。伊格尔顿指出，戈德曼整个小说模式过于讲究匀称，不能适应文学与社会关系的特点，如辩证的冲突和复杂性、不平衡性和间断性。在《小说社会学》中，“这种模式实质上退化成了一种关于基础与上层建筑关系的机械论了”[②]。波塞尔和伊格尔顿的批评是中肯的。

① 罗里·赖安等：《当代西方文学理论导引》，四川文艺出版社 1986 年版，第 185-186 页。

② 特里·伊格尔顿：《马克思主义与文学批评》，人民文学出版社 1980 年版，第 38 页。

# 第十章　杰姆逊的文化理论及艺术阐释学

弗雷德里克·杰姆逊（1934—）是当代美国著名的西方马克思主义批评家，他的主要作品有《马克思主义与形式》《语言的牢房》《政治无意识》，三部作品被伊格尔顿称为西方马克思主义批评的三部曲。杰姆逊的研究领域广泛，涉及社会学、哲学、文化学、美学、文艺学等，他思路开阔、思维敏锐，其研究著作表现出对当代文化发展的浓厚兴趣。杰姆逊坚持经济基础对上层建筑作用的理论，同时吸收了卢卡契关于意识形态的理论，借鉴了弗洛伊德、拉康的精神分析学说以及阿尔都塞的结构主义理论，以期达到发展马克思主义的目的。杰姆逊的理论可以概括为以下几个方面。

## 第一节　对资本主义当代文化的关注

杰姆逊对资本主义的发展做了分期研究，认为资本主义可以分为三个阶段，与之相适应，资本主义的艺术和文化发展也显示出了不同特点。第一阶段，为国家垄断资本主义阶段，在这个阶段，形成了资本主义的国家市场，马克思写作《资本论》就是在这一时期，杰姆逊还指出，与国家资本主义相适应，第一阶段的艺术准则是现实主义，产生了巴尔扎克等现实主义作家。第二个阶段是被列宁称为垄断资本主义或帝国主义的阶段，在这个阶段形成了不列颠帝国、德意志帝国等，在这一阶段产生了现代主义艺术。第三阶段是指第二次世界大战之后的资本主义，杰姆逊将其概括为晚期资本主义，或叫多国化的资本主义，与这一阶段相适应，资本主义的文化和艺术表现为后现代主义特征。杰姆逊还特别指出，在第三世界国家，出现了三个阶段的文化并存且交叉在一起的现象。

我们主要分析一下杰姆逊对后现代主义文化的研究。杰姆逊认为，后现代主义文化的出现有其具体的社会历史背景。第二次世界大战之后，世界进入冷战时期，社会生产力得到了进一步发展，这一阶段是稳定的发展时期，被人们称为“后工业社会”。这一社会以科学技术和信息为基础。电视、广告及其他大众传播媒介的出现使通俗文化的产生获得了基础的条件。杰姆逊还指出:“德国古典美学家康德、席勒、黑格尔都认为心灵中美学这一部分以及审美经验是拒绝商品化的;康德将人类活动分为三类:实际的、认识论的和美学的;对康德以及其后很多美学家甚至象征主义诗人来说,美、艺术的最大长处就在于其不属于任何商业(实际的)和科学(认识论的)领域,这里的科学知识是从不好的角度来理解的……在后现代主义中,由于广告,由于形象文化、无意识以及美学领域完全渗透了资本和资本的逻辑,商品化的形式在文化、艺术、无意识等领域是无处不在的,正是在这种意义上我们处在一个新的历史阶段,而且文化也就有了不同的含义。”①

后现代主义的文化是无所不包的。在后工业社会里,形成了“文化工业”。杰姆逊指出,文化和工业生产及商品已经紧紧地结合在一起了。如电影、大批量生产的录音带、录像带等,都是工业技术的产物。如果说,现代主义艺术之所以被人们欣赏,还是因为文化是逃避现实的一种方法的话,那么,到了后现代主义阶段,文化已经完全大众化了,高雅文化和通俗文化,纯文学与通俗文学的界限也正在消失。艺术作品正在成为商品,甚至理论也成了商品。杰姆逊解释说:“当然这并不是说那些理论家们用自己的理论来发财,而是说商品化的逻辑已经影响到人们的思维。总之,后现代主义的文化已经从过去那种特定的‘文化圈层’中扩张开来,进入了人们的日常生活,成为消费品。”②

## 第二节 总体性的历史的辩证批评视角

杰姆逊认为,由于马克思在完成《资本论》的写作之前便逝世了,因此,他没有来得及建立起一个成体系的马克思主义哲学,而卢卡契的《历史与阶级意识》被杰姆逊认为是一部真正体系化的马克思主义哲学著作。杰姆逊否认马克思主义经典作家有自己的理论体系,并认为恩格斯的理论忽视了主体性及实践观点,所有这些看法当然都是错误的。但杰姆逊的研究方法借鉴了卢卡契《历史与阶级意识》中所提出的“总体性”原则,这对他深入探讨资本主义社会的

① 史雷德里克·杰姆逊:《后现代主义与文化理论》,陕西师范大学出版社 1987 年版,第 129 页。
② 史雷德里克·杰姆逊:《后现代主义与文化理论》,陕西师范大学出版社 1987 年版,第 130 页。

文化艺术起到了很大作用。他认为，卢卡契所提出的只有通过总体性才能发现最终真理，也就意味着，谬误的意识形态或坏的意识形态正是因为没有总体性原则，所以才是部分的、局部的真理。卢卡契认为只有工业无产者才能运用总体性原则来思维，而其他的阶级则或多或少地受其阶级地位的局限，阻止了他们用总体性原则来思维，但无产阶级这种总体性认识方法是从哪里来的呢？卢卡契认为这是一种“输入意识”，是一部分知识分子按照这样的逻辑思维顺序来推论的：先确定无产阶级在一个阶级社会里应该有什么意识，然后将其输入到无产阶级中去。而资产阶级不可能运用整体性原则，其原则在于资产阶级意识形态是一种“局部意识”。杰姆逊则把这种现象称为“限定的笔略”，即并不是说资产阶级的意识是错误的，而是说其必然有结构性不完整。

杰姆逊的文学批评正是坚持了“总体性”原则。众所周知，关于文学的本质特征的讨论有着各种各样的观点，特别是到了20世纪，各种理论流派都从不同的角度对文学艺术的本质做出了自己的回答。杰姆逊认为，对文学艺术本质的所有解释都有其合理性，但是，考察艺术问题必须将它放在一个最根本的、不可超越的框架里才能得到最终的解释，这个框架就是人类历史。杰姆逊认为，历史是一个既有空间性，又有时间性的总体。在历史面前，各种理论都不过是一个角度，一种视野，而历史本身则是能包容、超越这些互相冲突的不同角度的一个终极框架、终极视野。个体总是一种历史情境的组成部分。在此基础上，杰姆逊建立了他所谓的“辩证的批评”模式，要求在对作品进行批评时，不直接给出作品的意义，而是注重探求作品所赖以产生的历史情境，进而揭示出文学作品的内在意蕴及其与历史的深层联系。杰姆逊认为，现代文学批评面临着双重困境：一方面是作品的“意义”越来越隐晦、曲折和难以确认；另一方面，20世纪几乎所有的批评流派都放弃了对内容的解释，企图建立起一种连贯的和普遍有效的批评方法或模式。

杰姆逊对当代文学理论流派中的俄国形式主义和结构主义方法进行了分析和评论。关于俄国形式主义，他认为：“它的独创性显然已经在文学客体及其‘意义’之间的分离中，在形式与内容之间的分离中，引起了一种关键的转变。”[①]这种批评方法把作品的意义、它所产生的效果及它所体现的世界观等都看成了为了凸显艺术技巧和“文学性”的目的。同时，这种批评方法注重从生产者而不是从消费者的角度去考察作品。在杰姆逊看来，俄国“形式主义”批评完成了一次批评的革命。“作品的内在结构，第一次以它作为一种构成的独立性为肉

---

① 陆梅林：《西方马克思主义美学文选》，漓江出版社1988年版，第747页。

眼所见。”[①]他认为，尽管形式主义批评家有其优点，在文艺批评实践中也取得了不少成绩，但从总体上讲，这一批评流派有两个弱点：一是它较适合于分析诗歌、短篇小说、民间故事等小型作品，对长篇小说等大型作品则显得力不从心；二是这种批评模式基本上是共时性的，在文学史或单个作品方面都无法充分进行历史性分析。

对结构主义，杰姆逊也做了评价：“在我看来，结构主义的真正超越（这意味着对它的完善而不是抛弃）只有我们将结构主义的基本范畴（隐喻和转喻、修辞手段，二元对立）——被结构主义者设想是最终的、康德式的思想形式，是固定的、普遍的、组织的和领悟经验的方式——转变为历史的范畴才成为可能。因为结构主义不可避免地缺乏真正对评论的评论，而这是因为它禁止自己对自己的一切评论，禁止它对自己观念方法的一切评论，认为它的观念主法是永恒的东西。但对我们来说，历史范畴不仅是解决斯芬克斯之谜的问题，即把它理解为一个产生‘对立’的地方，而且一旦那种情况完成，它还是以拉开距离的方式来理解这个谜本身作为文学类型的真正形式的问题，是认识我们的理解作为具体和确定历史时期的反应的真正范畴的问题。”[②]杰姆逊的意思是说，对“结构主义”批评的超越意味着必须把它视为终极形式的范畴（如二元对立、隐喻、转喻）转变为历史的范畴。

杰姆逊反对忽视内容的形形色色的批评流派，可以说他从总体上看到了当代文学批评的基本特征。但同时，杰姆逊并不认为艺术作品是不可解释的。在他看来，“正如每一种思想，在我们能够将它的观念环境，它的意识形态的歪曲，回归到它本身时都是真实的一样，只要我们找出使隐晦显得非常自然而不被注意的角度，每一部作品也都是清晰的”[③]。正是基于这样一种认识，杰姆逊企图建立起马克思主义的文艺阐释学，这一阐释学力图纠正抛弃内容的批评方法，将文艺作品同历史建立起联系。他对之做了具体说明：“一切关于解释的思考，必须深入阐释环境的陌生性和非自然性；用另一种方式说，每一个单独的解释必须包括对它自身存在的某种解释，必须表明它自己的证据并证明自己合乎道理：每一个评论必须同时也是一种评论之评论。因此真正的解释使注意力回到历史本身，既回到作品的历史环境，又回到评论家的历史环境。”[④]这种“评论之评论”就是指“辩证的批评”，一种新的对文艺作品进行阐释的批评。显然“历史”这一概念在杰姆逊的批评理论中占有十分重要的地位。杰姆逊认为历史作

① 陆梅林：《西方马克思主义美学文选》，漓江出版社1988年版，第748页。

② 陆梅林：《西方马克思主义美学文选》，漓江出版社1988年版，第757-758页。

③ 陆梅林：《西方马克思主义美学文选》，漓江出版社1988年版，第744页。

④ 陆梅林：《西方马克思主义美学文选》，漓江出版社1988年版，第746页。

为一个整体有两个特点：其一，它是一个哲学意义上的范畴，它所意味的不是从特定角度发现个别的内容，而是一切社会-文化现象之间内在的必然联系。其二，历史是一个时间性的开放总体，一个巨大的未完成的情节。一切人类活动和文化产品只有在历史中才能得以阐释清楚。与其他已成为封闭的理论体系不同，历史这一终极视野是呈现为开放状态的。这样，便从根本上保证了新的批评阐释活动的必要性和可能性。作为辩证的批评方法，要求做到“历史化”，也就是说，辩证的批评不是孤立地去分析作品，不是预先规定文学批评的范畴，而是把它们理解为历史情境的某个方面。

总之，杰姆逊的“辩证批评”努力将历史重新纳入批评的视野之内。他认为，马克思主义批评作为“辩证批评”将会重新焕发出生命力。杰姆逊认为“辩证的批评”在方法上最重要的步骤是在艺术与历史的基本框架内具体探索艺术品以何种隐蔽或被歪曲的形式表现了历史情境。他提出，应借助弗洛伊德考察潜意识的方法，即区分症候和被压抑的思想，区分掩饰的行为和被掩饰的信息。

## 第三节 艺术形式观

在前面的章节曾涉及“西方马克思主义”文艺理论家如马尔库塞、本雅明、阿多尔诺对艺术形式问题的研究。他们对艺术形式进行强调的主要目的在于强化艺术作为反“异化”的手段有着自己的自律性，它可以表现现实，也可以表现意识形态，但它又担负着否定既存现实的重要使命。杰姆逊作为一个“西方马克思主义”者，探讨艺术形式问题与以上几位有不同之处：他在对艺术形式的研究中更重视社会因素的作用，试图在社会和历史层面同马克思主义文艺理论沟通起来。

第一，杰姆逊的艺术形式观是对西方古典形式美学、马克思主义形式美学和当代西方形式主义文艺理论的批判和继承。一方面，他抛弃了柏拉图、亚里士多德、康德以及俄国形式主义、庸俗马克思主义、结构主义的形而上学的、片面的“形式”观；另一方面，他借鉴歌德、席勒、黑格尔、经典马克思主义和以卢卡奇、阿多诺、本雅明、马尔库塞、布洛赫、萨特为代表的西方马克思主义的“形式的辩证法”，提出了“外在形式”和“内在形式”等重要概念。

杰姆逊认为传统的内容与形式二分法是有缺陷的，必须加以抛弃。他反对将形式同内容对立起来考察，认为文学中的内容与形式是一对辩证的概念，文学的内容从一开始就不是没有形式的，它们一开始就已经是富有意义的形式了。文学作品并不是赋予词语、思想、客体、愿望、人物、场所和活动等因素以意义，而是将这些因素的初始意义转化为一种新的意义结构。

在杰姆逊看来，“外在形式”有两层含义：第一层含义是指形式美学所说的素材、语言、技巧、语义、结构等纯形式的基本范畴；第二层含义是指只用眼看不用思考的艺术的外部表象。“从原则上讲，把社会历史领域同审美——意识形态领域熔于一炉应该是令人兴趣盎然的事情。……总之，卢卡奇对我来说意味着从形式入手探索内容，这是理想的途径。”[①]在这种辩证的批评中，应该把作品所体现的形式和美学的特性转述成真正的历史的存在。

“内在形式”（inner form）的概念是歌德和威廉·冯·洪堡从普罗提诺那里发展而来的，杰姆逊将这一概念运用于阐释活动。洪堡对外在形式与内在形式的语言学划分为杰姆逊将“内在形式”作为阐释学概念并提出“从外在形式向内在形式运动”的阐释过程提供了重要的思想资源。

“内在形式”是指统摄作品并最终与社会、政治、历史相联系的深层结构。“内在形式”包含两个层面：“既作为对具体的伪装又作为具体的揭示”[②]。第一层面，所谓对具体的“伪装”是指外在的表层结构，它使内在的深层结构神秘化、歪曲化，这种“伪装”是文本的寓言化、象征化之后的形式。第二层面，作为对具体的“揭示”，内在形式是受到外在形式的歪曲和异化的，只有将外在形式这一伪装卸除，才能揭示内部形式。“内在形式”体现了作品的真正内涵和社会历史的深层底蕴，所以透过外在形式，揭示“内在形式”成为杰姆逊阐释学的最终目的。

要揭示“内在形式”，必须深刻了解文本表达方式。一切文本都是寓言化了的。杰姆逊在《寓言》中指出，对内在形式的揭示有时也可以说是对“寓言机制”的揭示，尤其在戏剧艺术中更是如此。“寓言包括从某一特定再现中抽取它自足的意义。”[③]

从以上可看出，杰姆逊认为文学作品的“内在形式”具有对“政治无意识”的意识形态的遏制作用，“文艺阐释学应该采取由文本形式去揭示文艺的政治、社会、历史内涵的阐释路径，既要揭示出文本形式所遮蔽的历史真实或政治欲

---

① 费雷德里克·杰姆逊：《马克思主义与理论的历史性》，王逢振主编《杰姆逊文集》（第 1 卷），中国人民大学出版社 2004 年版，第 136 页。

② 费雷德里克·杰姆逊：《语言的牢笼：马克思主义与形式》（下），钱佼汝、李自修译，百花洲文艺出版社 2010 年版，第 371 页。

③ 费雷德里克·杰姆逊：《寓言》，王逢振主编《杰姆逊文集》（第 2 卷），中国人民大学出版社 2004 年版，第 134 页。

望，又要阐明审美形式进行意识形态遏制的运行机制”[①]。

作品的“内在形式”与社会、历史密不可分。文学进入社会、经济或者进入历史都不是将文学研究滑入其他学科的研究，而是“文学作品的形式在陈述上都必须有一个潜在的历史维度来支撑它们”[②]。在历史面前，各种理论都不过是一个角度、一种视野，而历史本身则是能包容、超越这些互相冲突的不同角度的一个终极框架、终极视野，个体总是一种历史情境的组成部分。在此基础上，杰姆逊建立了他所谓的“辩证的批评”模式，注重探求作品所赖以产生的历史情境，从而揭示文艺作品的内在意蕴及其与历史的深层联系。杰姆逊特别强调“真正的解释使注意力回到历史本身，既回到作品的历史环境，也回到评论家的历史环境”[③]。这种对评论的评论，即为元批评（meta - commentary），这也是杰姆逊阐释学的核心观点。

另外，杰姆逊的艺术形式理论还融汇了弗洛伊德的精神分析理论。他从内容的每一个层面都仅仅是一个乔装的形式的辩证思想出发，指出批评的过程与其说是对于内容的解释，不如说是对于内容的显示，是将被多种潜意识压抑所歪曲的原始含义和原始经验重新揭示出来，恢复其原来面貌。这种显示所要解释的是内容何以要受到如此的歪曲，因此，不能将它和对于潜意识压抑机制的描写分割开来。

第二，由外在形式到内在形式的运动存在内在的逻辑，二者之间有着紧密的联系。

首先，在形式与内容之间，存在同一性，这种同一性就是二者之间的联系。辩证思维在其结构上是自我意识（self - consciousness）的，对于马克思主义辩证法来说，自我意识的目的是于认识思考者在社会和历史本身中的地位以及认识造成这种阶级地位的原因和条件。我们根据杰姆逊的观点把这样的辩证思维描述为“同义反复”（tautology），因为运用辩证思维，主体和客体、思维过程和真正的现实之间具有同一性、互译性。主体和客体、思维过程和真正现实作为独立的实体，最终表现的是一个命题——对社会和历史本身的还原与解释。将作品与社会学进行联系，被杰姆逊称为“对作品的重新打磨”。也就是说，只有进入作品本身的历史结构内部，才能真正解读作品。

其次，外部形式向内部形式运动时，它所强调的是释义运作本身。“这种运

① 费雷德里克·杰姆逊：《马克思主义与理论的历史性》，王逢振主编《杰姆逊文集》（第1卷），中国人民大学出版社2004年版，第136页。

② 费雷德里克·杰姆逊：《批评的历史维度》，王逢振主编《杰姆逊文集》（第1卷），中国人民大学出版社2004年版，第166页。

③ 费雷德里克·杰姆逊：《快感：文化与政治》，王逢振等译，中国社会科学出版社1998年版，第4页。

动，正是由表层到基础现实，从一种表面自主的客体到这客体证明是其一部分或接合部的更大基础的这样一种运动。”[①]

然而作为阐释学，由外部形式到内部形式的运动是“内容—形式—内容”的螺旋式上升运动。“文学素材或潜在内容的本质特征恰恰在于，它从来不真正地在原初就是无形式的，从来（不像其他艺术那些未经加工的实体材料那样）不是在原初就是偶然的，而是从一开始就已经具有了意义，既不多于又不少于我们具体社会生活本身的那些成分：语词、思想、目的、欲望、人们、地点、活动等等。艺术作品并不赋予这些成分以意义，而是把它们的原初意义转变成某种新的、提高了的意义建构；由于这个原因，作品的创作和释义就都不可能是一种武断的过程。（我这样说，意思并不是指作品必然是现实主义的，而是指任何对其形式的文体化或抽象化，最终必然表达出其内容的某种深刻的内在逻辑，而且这种文体化自身的存在，最终都必然依赖于社会原材料本身的结构。）”[②]一部作品由三种意义成分构成：一是由材料构成的原初意义；二是显露在外的形式的意义；三是隐含在内的最终意义。作品的创作和释义要以原初意义为基础，透过外在形式，最终指向终极意义。虽然原初的材料具有意义，但还是要经过一定的加工和扭曲，才能使原初的材料转变成新的、提高了的意义建构。原初的材料是碎片化的，由此构成的外在形式是整体性的，而最终的内在形式是深层的意义。正如席勒所说：“就我来说，我深信，美只是一种形式的形式，而且那通常称作它的材料（内容）的东西，势必被视为已经赋予了形式的材料（内容）。”[③]席勒的“形式的形式”，即终极意义，也就是杰姆逊所说的“内在形式”。

第三，文学阐释要探寻文本背后的内容，也就是探求艺术本质和内在形式，杰姆逊称之为“内容的逻辑”。“在文化领域内，相对透明并可以论证的东西，即变化在本质上是寻求以形式来充分表达自己内容的一种功能，恰恰是政治、社会和经济现实物化世界的不清晰的东西，在这个物化世界里，基础的社会或经济的‘原材料’依照它自己的逻辑而发展的观念，产生一种爆发性的解放效应。”[④]所以杰姆逊不得不说内容的逻辑在性质上是社会的和历史的。要想明确

---

① 费雷德里克·杰姆逊：《语言的牢笼：马克思主义与形式》（下），钱佼汝、李自修译，百花洲文艺出版社 2010 年版，第 361 页。

② 费雷德里克·杰姆逊：《语言的牢笼：马克思主义与形式》（下），钱佼汝、李自修译，百花洲文艺出版社 2010 年版，第 362 页。

③ 费雷德里克·杰姆逊：《语言的牢笼：马克思主义与形式》（下），钱佼汝、李自修译，百花洲文艺出版社 2010 年版，第 362 页。

④ 费雷德里克·杰姆逊：《语言的牢笼：马克思主义与形式》（下），钱佼汝、李自修译，百花洲文艺出版社 2010 年版，第 295-296 页。

表达艺术事实和它与之相应的社会和历史现实之间的关系，就要逐步扩大批评的焦点，扩大批评家的思考范围，这样由内在到外在的运动，本身就是一个意识形态行为。

杰姆逊对忽视历史思维、忽视作品个性的“新批评”十分不满，他认为辩证的批评要摆脱单一或单价值的美学理论。“新批评”追求一切艺术的同一结构，使用单一类型的释义技巧或单一的解释方式，不去探求指向政治、社会、经济的内容，这种缺少内容逻辑的理解不能实现对作品的全面而真正的理解。只有辩证的批判才能在作品与背景的关系中，解释作品形式和内容的多维度意义。

第四，杰姆逊反对忽视内容的形形色色的形式主义的批评流派，同时他并不认为作品是不可解释的。杰姆逊试图建立起马克思主义的文艺阐释学，这一阐释学力图纠正抛弃内容的批评方法，将文艺作品同历史建立起联系作为辩证的批评方法，要求做到“历史化”。也就是说，辩证的批评不是孤立地去分析作品，不是预先规定文学批评的范畴，而是把它们理解为历史情境的某个方面。

杰姆逊建立起一套完整的阐释学理论模式，主要体现在他的《政治无意识》中，总体上看，这部著作的基本思想是，在最基本的层次上，每个文本都是一种政治幻想，它以矛盾的方式连接在特定的政治经济内部构成个人的那种实际的和潜在的社会关系。他思考的核心问题是，文本究竟是以什么样的机制通过什么样的运作过程将社会组织转变成文化形式的。杰姆逊主要从心理学出发，对文化中连接个人幻想和社会组织的机制进行说明。其阐释学也正是要解决这个问题的。他的阐释模式是由文本、意识形态、历史真实等几个不同层面构成的。这种阐释是在三个同心圆的、依次增大的框架之内完成的，三个同心框架也就是三个依次增大的阐释视野。其一，一般意义上的个别历史事件。这一视野是根据一般的历史联系来看待事物的，即弄清在什么地方发生了什么以及所发生事件的具体内容和特点，即确定事物的个别性。其二，广义的社会组织方式。这是阐释体系的第二视野，是由阶级间的对抗和斗争构成的。文本不能仅仅被看成个别现象，而应看作是社会现实。与此相应，我们借以读解文本的范畴应该从第一视野中的“个别事件”换成“阶级社会”，以了解某一阶级意识形态的总体特征。对于意识形态这一马克思主义的基本概念，杰姆逊也给予了自己的解释。在《意识形态的诸理论》中梳理出七种意识形态的模式，认为意识形态是一个复杂的联合体。杰姆逊借鉴弗洛伊德的无意识与性的理论，认为意识形态之于总体性的历史正如人的意识之于力比多一样，两者之间的关系是压抑和被压抑的关系。文学艺术是政治无意识的象征性行为，在文学文本中，文学既是意识形态的又是乌托邦的。其三，作为总体的历史。第三视野是最广阔的历史视野，即生产方式。杰姆逊指出，他所要研究的是与各种生产方式相应的各种文化符号作为素材，重新构筑为一个全新的文化框架。就艺术而言，每一种艺术形式都负载着特定生产方式及意识形态所规定的意义。当过去时代的形式因素被后起的文化重新构入新的文本时，它们初始的信息并没有被消灭，而是与后继者的各种其他信息形成新的搭配关系，与它共同构成全新的意义整体。一篇文本的形式结构实际上暗含着各种特定信息的积淀方式、交叠、重构过程等等，文本结构的整体意义取法于各种信息的积淀方式。为了说明文本形式结构的特点，杰姆逊提出了“形式的意识形态”的概念。所谓“形式的意识形态”，是在一定的艺术创作过程中，如在社会结构中一样，并存着几种负荷不同信息的符号体系，而构成它们之间主要矛盾的信息便是“形式的意识形态”。

杰姆逊还强调，以上每一种视野或每一阶段都带来对文本的不同重构，并以不同的方式解释文本的结构。这个解释体系的特点在于把内在研究和外在研究真正融会贯通，这样，文学批评就不仅突破了结构主义、后结构主义的语言牢笼，而且为文学研究带来了新的视野。

杰姆逊认为“辩证的批评”在方法上最重要的步骤是在艺术与历史的基本框架内具体探索艺术品以何种隐蔽或被歪曲的形式表现了历史情境。他提出应借鉴弗洛伊德考察潜意识的方法，即区分症候和被压抑的思想，区分掩饰的行为和被掩饰的信息。

“内部形式”，作为一个阐释学概念（hermeneutic concept），也是杰姆逊所要建构的马克思主义阐释学的最重要概念之一。在辩证批评过程中，它强调的是解释本身的操作，也就是在时间中从“外部形式”向“内部形式”运动。对于批评家来说，不仅要被找回到自己的程序中，及时展示一种形式，而且还要反映他自身的具体的社会和历史境况。

与其说批评的过程是对内容的释义，不如说是对它的揭示。那么，在这一过程中如何暴露和恢复在种种稽查的歪曲之下的原初信息、原始经验呢？仔细阅读杰姆逊的著作，我们可以发现他有关文学阐释的更具体的解读方式。

对作品的解读，“必须按照关于某种激发力量等级的更为复杂的模式，重新阐释我们的内部形式观念。在这种激发力量等级的模式中，作品的各种因素都从表层开始在各个层面排列起来，而且可以说每一层面都用作更深一个层面存在的借口，因而，归根结底，作品中一切东西的存在，都是旨在让作品的最深层面即具体性本身得到表达；或者，如果按照布拉格学派的方式将这个模式颠倒过来，它们都是旨在突出作品的最本质的内容”[①]。这种释义过程，不仅在

① 费雷德里克·杰姆逊：《语言的牢笼：马克思主义与形式》（下），钱佼汝、李自修译，百花洲文艺出版社 2010 年版，第 368 页。

各个层面排列起来，而且为深度的拓展奠定基础。

杰姆逊所讲的辩证批评，“并不是脱离形式批评走向别处，而是穿越它们后获得全面的观照，使我们能够了解事物的另一面，对马克思主义者而言，另一面即人们不以为然的历史”[①]。这样的解读首先肯定了纯形式主义的合理成分，然后在此基础上继续前行——进入历史的范畴，这样才是真正的批评。

在《象征推断；或肯尼思·伯克和意识形态分析》中，杰姆逊通过对伯克象征观点的分析，认为他的意识形态的形式研究，就是“对语言方法、叙事方法或者单纯形式方法的分析，意识形态通过这些方法表达自身，并且将自己铭刻在文学文本之中”[②]。也就是说，文学作为象征活动，总是通过语言方法、叙事方法或者单纯形式的方法来表现“意识形态”。这种“意识形态”分析可以被描述成“对某一特别的叙事特征的重写，或者是具有社会、历史、政治语境的一种功能”。所以历史、社会、政治的现实作为确定的“语境”优于其衍生出的文学文本，所以“语境”就是分析的目的，把文学文本作意识形态的分析，也就是重写文学文本，或是说重写或重构一个先前的意识形态或者历史的潜文本。象征活动作为描述世界的一条途径——“世界”作为其“内容”，并且赋予内容以形式——“通过生产与它自己同时出现的语境作为开始”[③]。所以一切理解都要回到文本发生的“语境”。杰姆逊描绘的三种不同的“语境”——直接的历史层面、阶级的历史层面、最大意义上的语境：生产方式——就给人们提供了不同的认识事物的框架和阐释文本的三种视野，透过这三种视野我们可以获得全面而深刻的意义。

总之，杰姆逊的“辩证的批评”努力让历史重新焕发出生命力。尤其需要特别肯定的是，杰姆逊将马克思主义文艺批评同一般社会学的批评区别开来，他说：“对具体的领悟，真正的马克思主义文学批评的典型姿态，发生于共时性的领域，而且，正是在这一方面，马克思主义的概念运作和一般社会学文学批评运作之间的区分本身，才最精确地展示出来。”[④]杰姆逊尝试建立起一种马克思主义的阐释学批评模式，将文本重新放置到历史之中，并通过文化的视野以“理解—对话”的方式对文学文本做出阐释，而外在形式向内在形式的运动构成

---

① 费雷德里克·杰姆逊：《批评的历史维度》，王逢振主编《杰姆逊文集》（第 1 卷），中国人民大学出版社 2004 年版，第 166 页。

② 费雷德里克·杰姆逊：《象征推断；或肯尼思·伯克和意识形态分析》，王逢振主编《杰姆逊文集》第 2 卷，中国人民大学出版社 2004 年版，第 313 页。

③ 费雷德里克·杰姆逊：《象征推断；或肯尼思·伯克和意识形态分析》，王逢振主编《杰姆逊文集》第 2 卷，中国人民大学出版社 2004 年版，第 316 页。

④ 费雷德里克·杰姆逊：《语言的牢笼：马克思主义与形式》（下），钱佼汝、李自修译，百花洲文艺出版社 2010 年版，第 338 页。

了文本解释的具体过程。

第五，简要概括杰姆逊的艺术形式理论：其一，艺术形式是由内容转化而来的；其二，艺术的创作过程表现为从“外在形式”到“内在形式”的转化；其三，艺术形式还是一个阐释学概念。内形式是在进行文学阐释活动时，沟通文学与其境况的重要环节。杰姆逊认为外形式只是艺术品的表层结构，内形式则揭示出艺术品的真正含义及其与更广阔、更深厚的社会历史底蕴的内在关联。

杰姆逊运用马克思主义的总体性原则，同时吸收其他思想流派的方法，对当代资本主义的文化和艺术进行了批评和阐释，形成了颇有个性的学术研究风格，其艺术形式理论对于我们当代文艺学理论建设也有着一定参考价值和借鉴意义。